PARA UMA CRÍTICA DO PRESENTE

OBRAS COEDITADAS PELO PROGRAMA DE PÓS-GRADUAÇÃO EM SOCIOLOGIA DA FFLCH-USP:

Antônio Flávio Pierucci e Reginaldo Prandi, *A realidade social das religiões no Brasil* (Hucitec, 1996)

Brasilio Sallum Jr., *Labirintos: dos generais à Nova República* (Hucitec, 1996)

Reginaldo Prandi, *Herdeiras do axé* (Hucitec, 1996)

Irene Cardoso e Paulo Silveira (orgs.), *Utopia e mal-estar na cultura* (Hucitec, 1997)

Antonio Sérgio Alfredo Guimarães, *Um sonho de classe* (Hucitec, 1998)

Antônio Flávio Pierucci, *Ciladas da diferença* (Editora 34, 1999)

Mário A. Eufrasio, *Estrutura urbana e ecologia humana* (Editora 34, 1999)

Leopoldo Waizbort, *As aventuras de Georg Simmel* (Editora 34, 2000)

Irene Cardoso, *Para uma crítica do presente* (Editora 34, 2001)

Vera da Silva Telles, *Pobreza e cidadania* (Editora 34, 2001)

Paulo Menezes, *À meia-luz: cinema e sexualidade nos anos 70* (Editora 34, 2001)

Sylvia Gemignani Garcia, *Destino ímpar: sobre a formação de Florestan Fernandes* (Editora 34, 2002)

Antônio Flávio Pierucci, *O desencantamento do mundo* (Editora 34, 2003)

Nadya Araujo Guimarães, *Caminhos cruzados* (Editora 34, 2004)

Leonardo Mello e Silva, *Trabalho em grupo e sociabilidade privada* (Editora 34, 2004)

Antonio Sérgio Alfredo Guimarães, *Preconceito e discriminação* (Editora 34, 2004)

Vera da Silva Telles e Robert Cabanes (orgs.), *Nas tramas da cidade* (Humanitas, 2006)

Glauco Arbix, *Inovar ou inovar: a indústria brasileira entre o passado e o futuro* (Papagaio, 2007)

Zil Miranda, *O voo da Embraer: a competitividade brasileira na indústria de alta tecnologia* (Papagaio, 2007)

Alexandre Braga Massella, Fernando Pinheiro Filho, Maria Helena Oliva Augusto e Raquel Weiss, *Durkheim: 150 anos* (Argvmentvm, 2008)

Eva Alterman Blay, *Assassinato de mulheres e Direitos Humanos* (Editora 34, 2008)

Nadya Araujo Guimarães, *Desemprego, uma construção social: São Paulo, Paris e Tóquio* (Argvmentvm, 2009)

Vera da Silva Telles, *A cidade nas fronteiras do legal e ilegal* (Argvmentvm, 2010)

Heloisa Helena T. de Souza Martins e Patricia Alejandra Collado (orgs.), *Trabalho e sindicalismo no Brasil e na Argentina* (Hucitec, 2012)

Christian Azaïs, Gabriel Kessler e Vera da Silva Telles (orgs.), *Ilegalismos, cidade e política* (Fino Traço, 2012)

Ruy Braga, *A política do precariado* (Boitempo, 2012)

OBRAS APOIADAS PELO PROGRAMA DE PÓS-GRADUAÇÃO EM SOCIOLOGIA DA FFLCH-USP:

Ruy Braga e Michael Burawoy, *Por uma sociologia pública* (Alameda, 2009)

Fraya Frehse, *Ô da rua! O transeunte e o advento da modernidade em São Paulo* (Edusp, 2011)

Irene Cardoso

PARA UMA CRÍTICA DO PRESENTE

FFLCH - USP

CAPES

Universidade de São Paulo
Faculdade de Filosofia, Letras e Ciências Humanas
Programa de Pós-Graduação em Sociologia

editora 34

EDITORA 34

Editora 34 Ltda.
Rua Hungria, 592 Jardim Europa CEP 01455-000
São Paulo - SP Brasil Tel/Fax (11) 3811-6777 www.editora34.com.br

Universidade de São Paulo
Faculdade de Filosofia, Letras e Ciências Humanas
Programa de Pós-Graduação em Sociologia
Av. Prof. Luciano Gualberto, 315 Cid. Universitária CEP 05508-900
São Paulo - SP Brasil Tel. (11) 3091-3724 Fax (11) 3091-4505

Copyright © Editora 34 Ltda., 2001
Para uma crítica do presente © Irene Cardoso, 2001

A FOTOCÓPIA DE QUALQUER FOLHA DESTE LIVRO É ILEGAL E CONFIGURA UMA APROPRIAÇÃO INDEVIDA DOS DIREITOS INTELECTUAIS E PATRIMONIAIS DO AUTOR.

Edição conforme o Acordo Ortográfico da Língua Portuguesa.

Capa, projeto gráfico e editoração eletrônica:
Bracher & Malta Produção Gráfica

Revisão:
Helder Perri Ferreira, Nina Schipper

1ª Edição - 2001, 2ª Edição - 2013

Catalogação na Fonte do Departamento Nacional do Livro
(Fundação Biblioteca Nacional, RJ, Brasil)

P268c
Cardoso, Irene
    Para uma crítica do presente / Irene Cardoso.
    — São Paulo: Programa de Pós-Graduação em Sociologia
    da FFLCH-USP/Editora 34, 2013 (2ª Edição).
    288 p.

ISBN 978-85-7326-184-4

Inclui bibliografia.

1. Universidades e faculdades - Brasil.
2. Movimentos estudantis - Brasil. 3. Estudantes
universitários - Brasil - Atividades políticas. 4. Brasil -
Política e governo - 1967-1969. I. Universidade de
São Paulo. Programa de Pós-Graduação em Sociologia.
II. Título.

CDD - 378.81

PARA UMA CRÍTICA DO PRESENTE

Agradecimentos 7
Apresentação 9

1. História, memória e crítica do presente 15
2. A universidade e o poder 41
3. A modernização da universidade brasileira
   e a questão da avaliação 55
4. Imagens da universidade e os conflitos
   em torno do seu modo de ser 81
5. Maria Antonia: o edifício de n° 294 95
6. Maria Antonia: a interrogação
   sobre um lugar a partir da dor 121
7. Os acontecimentos de 1968:
   notas para uma interpretação 133
8. Memória de 68: terror e interdição do passado 147
9. A dimensão trágica de 68 163
10. O arbítrio transfigurado em lei
    e a tortura política 179
11. 68: a comemoração impossível 199
12. Foucault e a noção de acontecimento 215
13. Uma crítica do presente 233
14. A narrativa silenciada 249
15. Os silêncios da narrativa 275

À memória de meu pai, Plínio Ribeiro Cardoso
Ao Maurício, ao Fábio

AGRADECIMENTOS

Algumas presenças marcaram os diversos tempos deste trabalho: Olgária C. F. Matos, José Carlos Bruni, Marilena Chaui, Paulo Roberto Arruda de Menezes, Homero Freitas de Andrade, Heloisa Rodrigues Fernandes, Luci Gati Pietrocolla, Paulo Silveira, Leopoldo Waizbort, Sérgio Miceli, Franklin Leopoldo e Silva, Sylvia G. Garcia.

Sou grata a Paulo Silveira, Olgária C. F. Matos, Sylvia Leser de Mello, Hakira Osakabe e Paulo Ghiraldelli Júnior, membros da banca do Concurso de Livre-Docência.

Para elaboração destes ensaios obtive Bolsa de Pesquisa concedida pelo CNPq.

APRESENTAÇÃO

Os ensaios reunidos neste volume foram escritos entre 1987 e 1998. Apesar da diversidade temática que aparentemente possam demonstrar, possuem em comum questões que orientaram um certo caminho de investigação na universidade.[1] No primeiro ensaio procura-se mostrar um certo modo de interpretar que poderia ser considerado comum ao conjunto dos textos aqui apresentados, que fez da reconstrução histórica um modo de trabalhar o tempo, no qual o presente configurava-se como o lugar de uma problematização. A reconstrução histórica constituiu-se num estilo de trabalho que permite reuni-los desde que se possa explicitar que, como questão, esteve sujeita a alguns movimentos de construção que não estiveram presentes do mesmo modo em todos esses textos.

Os dois primeiros artigos sobre a universidade,[2] na continuidade de um trabalho que já se delineara anteriormente,[3] são o resultado de uma perspectiva de reconstrução que partia de uma

---

[1] Estes ensaios foram apresentados como Tese de Livre-Docência no Departamento de Sociologia da Faculdade de Filosofia, Letras e Ciências Humanas da Universidade de São Paulo, em 1998.

[2] "A universidade e o poder", *Revista da USP*, Coordenadoria Cultural, n° 6, jul./set. 1987; "A modernização da universidade brasileira e a questão da avaliação", in: Carlos Benedito Martins (org.), *Ensino superior brasileiro: transformações e perspectivas*, São Paulo, Brasiliense, 1989.

[3] *A universidade da comunhão paulista*, São Paulo, Cortez, 1982.

conjuntura problemática de um presente que se tornava objeto de uma crítica possível, quando alguns sentidos da instituição puderam ser recuperados num certo traçado da sua história. No entanto, nesses textos não estava presente ainda uma construção que tivesse sido resultado de uma reflexão mais demorada sobre a reconstrução histórica como questão a ser também problematizada. Tal reflexão foi sendo aos poucos construída a partir dos textos que focalizaram mais diretamente os acontecimentos de 1968, quando a questão dos modos de acesso a um passado a partir de um presente constituiu-se propriamente num problema para a interpretação. Neles definiu-se de modo mais explícito o presente como o lugar da construção das interpelações sobre um passado, a partir da relação da memória com o esquecimento e da memória com a história.[4] Esta localização permitiu ainda construir uma interrogação sobre o estatuto que tomava este presente na interpretação: um presente construído. Nesta perspectiva o presente torna-se simultaneamente o lugar e o objeto de uma interpretação, cuja possibilidade de construção era o resultado de um distanciamento em relação ao passado e a ele próprio. Em outros termos, tratava-se de poder construir uma diferença histórica a partir da qual esse presente e o passado pudessem constituir-se em objeto de uma problematização.[5] O desenvolvimento dessa pers-

---

[4] "Os acontecimentos de 1968: notas para uma interpretação", in: Maria Cecília L. dos Santos (org.), *Maria Antonia: uma rua na contramão*, São Paulo, Nobel, 1988; "Memória de 68: terror e interdição do passado", *Tempo Social — Revista de Sociologia da USP*, vol. 2, n° 2, 2° sem. 1990.

[5] "Maria Antonia: a interrogação sobre um lugar a partir da dor", *Tempo Social — Revista de Sociologia da USP*, vol. 8, n° 2, out. 1996; "Maria Antonia: o edifício de n° 294", in: João Roberto Martins Filho (org.), *1968 faz 30 anos*, Campinas, Mercado de Letras, 1998; "Imagens da universidade e os conflitos em torno do seu modo de ser", *Revista da USP — Dossiê Universidade/Empresa*, São Paulo, n° 25, mar./abr. 1995; "Uma crítica do presente", prefácio a Beatriz Sarlo, *Paisagens imaginárias: intelectuais, arte, meios de comunicação*, São Paulo, Edusp, 1997; "68: a comemoração im-

pectiva permitiu que a própria questão da reconstrução histórica fosse se configurando como um objeto de natureza teórica a ser problematizado,[6] mas sempre referido implícita ou explicitamente às questões surgidas de uma reflexão sobre situações concretas da história recente da sociedade brasileira.

Tais movimentos de construção da interpretação foram redefinindo não apenas o modo de compreensão como também o estatuto de objeto dos "acontecimentos de 68" e seus desdobramentos, que haviam caracterizado os primeiros textos que focalizaram mais diretamente "68" no Brasil como questão. A construção da noção de "acontecimento 68" fez então com que a anterior pudesse ser percebida como de caráter mais empírico. A noção de "acontecimento 68" expressava a possibilidade de interpretar "68" como um signo histórico caracterizado pela concentração e condensação de sentidos plurais. Podia ser visto ainda como marcado pelo traço da inatualidade, quando a interpelação que partia de um presente o atualizava como significados que excediam os limites da sua conjuntura e se faziam concernentes também ao presente.[7]

Em outro movimento, foi se explicitando a perspectiva de uma crítica do presente que resultou não apenas do fato de que este tivesse se tornado o lugar e o objeto de um questionamento, a partir do qual não era indiferente o modo como as interpretações apreendiam o passado e o próprio presente. Mas agora o foco

possível", *Tempo Social — Revista de Sociologia da USP*, vol. 10, nº 2, out. 1998; "O arbítrio transfigurado em lei e a tortura política", in: Alípio Freire, Izaias Almada e J. A. Granville Ponce (orgs.), *Tiradentes, um presídio da ditadura: memórias de presos políticos*, São Paulo, Scipione, 1997.

[6] "A dimensão trágica de 68", *Teoria e Debate*, São Paulo, Partido dos Trabalhadores, 1993; "Foucault e a noção de acontecimento", *Tempo Social — Revista de Sociologia da USP*, vol. 7, nº 1 e 2, out. 1995.

[7] "A dimensão trágica de 68", *op. cit.*; "Foucault e a noção de acontecimento", *op. cit.*; "68: a comemoração impossível", *op. cit.*.

construído sobre esse presente passou a interrogá-lo também como dimensão temporal marcada pela sua intensificação, pela sua unidimensionalidade, como traços que caracterizariam a cultura contemporânea, na qual a perda do sentido da história e da memória constituiriam uma tendência cada vez mais evidente.[8] A percepção de um "presenteísmo" que, num outro movimento ainda, conduziu à perspectiva de que pensar criticamente o presente é refletir também sobre o tipo de subjetividade nele inscrita e sobre a possibilidade de reconstrução da história dessas subjetividades numa vivência como a da cultura contemporânea, na qual estas tendem a aderir ao "existente". Uma fixação temporal no tempo histórico do presente que levou à indagação sobre a possibilidade mesma da permanência cultural da psicanálise que mantivesse a reconstrução histórica de uma subjetividade como meio de acesso a um saber sobre ela.[9]

A questão da reconstrução histórica esteve referida, num movimento diverso, à indagação, presente já no primeiro texto sobre 68,[10] acerca da possibilidade de fazer da história das subjetividades dos seus protagonistas, a partir de suas inserções numa história maior, um objeto a ser construído. Questão que permaneceu implícita em alguns textos,[11] sempre contornada, possivelmente devido à dificuldade de construção de um distanciamento subjetivo que pudesse configurá-la propriamente como objeto de

---

[8] "Uma crítica do presente", *op. cit.*.

[9] "A narrativa silenciada", in: Irene Cardoso e Paulo Silveira (orgs.), *Utopia e mal-estar na cultura: perspectivas psicanalíticas*, São Paulo, Hucitec/Programa de Pós-Graduação de Sociologia da USP, 1997.

[10] "Os acontecimentos de 1968: notas para uma interpretação", *op. cit.*

[11] "Memória de 68: terror e interdição do passado", *op. cit.*; "A dimensão trágica de 68", *op. cit.*; "Maria Antonia: a interrogação sobre um lugar a partir da dor", *op. cit.*; "O arbítrio transfigurado em lei e a tortura política", *op. cit.*

uma interpretação possível. Embora essa intenção não tivesse se concretizado desse modo, a reconstrução histórica de uma subjetividade única pôde tornar-se, pela sua escritura na forma de uma narrativa, objeto apenas de uma leitura cuja repercussão provocada traduziu-se num texto que não podia comportar, em virtude da natureza desta narrativa, a explicitação de qualquer procedimento de reconstrução daquela história.[12]

---

[12] "Os silêncios da narrativa". *Tempo Social — Revista de Sociologia da USP*, vol. 10, nº 1, mai. 1998.

1.
HISTÓRIA, MEMÓRIA E CRÍTICA DO PRESENTE

Não é indiferente para a interpretação o modo de trabalhar o tempo, quando se trata de reconstruir um acontecimento histórico que depende da relação da memória com o esquecimento e do viés que essa reconstrução toma a partir de uma problematização cujo lugar é o presente. Não são indiferentes, por isso, as concepções do passado e do presente, a explicitação ou não do presente como o lugar temporal a partir do qual se realiza a reconstrução e o modo como o presente é percebido na sua relação com o passado.

Uma formulação de Ariès permite iniciar a discussão sobre a questão da interpretação: esta é a tentativa de "um ensaio de reconstrução histórica sem desenrolar a história como um filme contínuo de acontecimentos, mas sim relacionando-a a um problema inicial, a uma diferença entre o ontem e o hoje, que estava na origem da pesquisa e continua a orientá-la" (Ariès, 1989, p. 237). Pode-se dizer que essa posição implica a explicitação de três aspectos importantes: o presente é o lugar temporal a partir do qual a reconstrução histórica é realizada; é também o lugar da construção da problematização que orienta a reconstrução histórica; esta não é o desenrolar contínuo dos acontecimentos na história.

O PRESENTE E A ATUALIDADE

A perspectiva que faz do presente o lugar da construção de uma problematização conduz à necessidade de uma distinção entre esta noção e a de atualidade. Esta implica uma temporalização do presente, que não é dado mas construído por uma problematização, ou seja, trata-se de reconhecer ou distinguir entre outros um certo elemento desse presente. Nesse sentido a atualidade é o presente como diferença histórica. A atualidade constitui-se, então, como uma alteridade em relação ao passado e ao próprio presente. Caracteriza-se como um movimento de disjunção desse presente, de uma não contemporaneidade dele em relação a si próprio (Foucault, 1972, 1984a, 1988; Derrida, 1994).

Esse tipo de perspectiva problematiza as concepções de reconstrução processuais, lineares e de continuidade da temporalidade histórica, bem como propõe a atualidade como o lugar da problematização que orienta o movimento da reconstrução histórica. Essa problematização é construída a partir da percepção da diferença entre temporalidades históricas, produzindo o questionamento que orienta aquela reconstrução.

O que está então em questão é uma discussão sobre o estatuto que toma o presente nos trabalhos de reconstrução histórica.

Alguns autores da nova historiografia francesa permitem esclarecer um pouco mais esta questão. Para Michel De Certeau e Paul Veyne, nas suas perspectivas diversas, a atualidade constitui-se como o lugar de referência da reconstrução histórica. Para De Certeau, "a atualidade é o seu começo real" e a "história está, pois, em jogo, nessas fronteiras que articulam uma sociedade com seu passado e o ato de distinguir-se dele, nessas linhas que traçam a imagem de uma atualidade, demarcando-a de seu outro (...)". O trabalho da história é um "trabalho sobre o limite, sobre a diferença", ou seja, "consiste em criar ausentes, em fazer de signos dispersos na superfície de uma atualidade vestígios de realidades históricas ausentes porque outras", em outros termos, "fazer aparecer diferenças" (De Certeau, 1982, pp. 22, 48, 51, 57, 87). Para Veyne, a atualidade é o lugar da construção da "intriga", do roteiro possível no campo dos eventos, o lugar da articulação e da produção do sentido, de um entrecruzamento de "itinerários" que pode supor "ritmos temporais" diversos. A atualidade também é, então, produtora de "diferenças" que orientam a reconstrução histórica, pela construção da intriga (Veyne, 1983, pp. 15, 53, 48).

Para ambos os autores, a noção de atualidade é diversa da noção de presente, na medida em que rompe com uma perspectiva de continuidade histórica na qual o presente estaria constituído como figura enquadrada pelo futuro e pelo passado. A noção de atualidade implica a coexistência de temporalidades diversas, de descompassos e ritmos temporais diferentes.

ACONTECIMENTO HISTÓRICO

A perspectiva que constrói a atualidade como o lugar da reconstrução histórica tem como referência uma outra noção importante: a de acontecimento histórico. Esta noção é a que permitirá perceber e construir a diferença histórica, a partir das disjunções temporais no presente ou da relação de tensão entre presente-passado e passado-presente. Perspectiva inteiramente distinta da visão processual da história na qual a instância interpretativa é a própria noção de processo, que constrói a significação dos acontecimentos particulares, dissolvendo-os no seu interior, integrando-os numa compreensão totalizante (Arendt, 1972). Na perspectiva processual da história, os acontecimentos podem ser pensados como acidentais, desprezíveis ou como perturbações temporais, quando não conformes à totalização interpretativa (Foucault, 1979).

A perspectiva da reconstrução histórica que parte da atualidade e faz do acontecimento o seu núcleo orientador da interpretação não o dilui no interior dos processos totalizantes, mas, pelo contrário, faz dele o que seria o efetivamente singular na história, no sentido do que é "único e agudo", como expressão de uma diferença histórica constitutiva de uma problematização.

Nessa perspectiva, o acontecimento não é o esperado a partir de uma visão totalizante e integradora do processo histórico, mas o que interrompe uma historicidade, o que a recorta, aquilo que constitui a fronteira ou o limite dela. O acontecimento pela sua irrupção revela as diferenças temporais no interior de uma historicidade que se apresenta como homogênea.

O eixo dessa discussão referida à historiografia francesa contemporânea está ligado às proposições teóricas de Foucault sobre a história, embora não se possa estabelecer uma identidade entre este autor e aqueles historiadores. No entanto, a influência de Foucault se faz sentir especialmente no que concerne às questões da descontinuidade histórica, da atualidade e do acontecimento, construídas em seus trabalhos no final dos anos 60 e início dos 70.

No entendimento de Foucault, o descontínuo era para a história, na sua forma tradicional, "ao mesmo tempo o dado e o impensável, o que se oferecia sob a capa dos acontecimentos dispersos — decisões, acidentes, iniciativas, descobertas — e o que devia ser, pela análise, contornado, reduzido, apagado, para que aparecesse a continuidade dos acontecimentos. A descontinuidade era o estigma da dispersão temporal que o historiador se encarregava de suprimir da história" (Foucault, 1972, p. 16). A noção de descontinuidade, tomando um lugar maior nas disciplinas históricas, passa então a exigir do historiador a atenção aos "limites de um processo, o ponto de inflexão de uma curva, a inversão de um movimento regulador (...)" (p. 16). Nesse sentido, a descontinuidade passa a ser simultaneamente "instrumento e objeto de pesquisa" (p. 16).

Contrariamente às tradições teleológico-racionalistas da história, que tendiam a "dissolver o acontecimento singular em uma continuidade ideal", a "história efetiva" faria "ressurgir o acontecimento no que ele pode ter de único e agudo", de singular, como a expressão de uma relação de forças produtora de sentido. Esta perspectiva problematiza ainda o lugar em que está situado o historiador e o ângulo a partir do qual ele olha (Foucault, 1979). A noção de atualidade, que se diferencia da noção de presente, constitui-se então como o lugar da interpretação e da reconstrução histórica. É percebida como "a borda do tempo que envolve nosso presente, que o domina e que o indica em sua alteridade" (Foucault, 1972, pp. 162-3).

O acontecimento histórico então, como o que interrompe uma historicidade, como o que a recorta, pode ser entendido como um signo histórico (Foucault, 1984a). A partir da atualidade, a sua reconstrução permite considerá-lo um "entre-tempo" (Deleuze, 1993, p. 88), como o "ins-tante", como o conjunto de tudo o que do "porvir" e do "vigor de ter sido" se concentra e se condensa na dinâmica de uma unidade (Heidegger, 1990). Este modo de reconstrução do acontecimento histórico está no registro de uma concepção da temporalidade histórica na qual o presente não é o anterior futuro que já se desenhava na sua própria forma, nem é o passado por chegar que conserva a identidade do seu conteúdo (Foucault, 1980). Mas a noção de acontecimento histórico implica coexistência de temporalidades diversas.

A questão do efeito de concentração e condensação de tempos, que fez do acontecimento um signo histórico na formulação de Foucault, foi construída ainda a partir de outras perspectivas de autores que, de algum modo, a enfrentaram ao problematizar a questão da reconstrução histórica. Perspectivas que só puderam ser aproximadas no movimento de construção da noção de acontecimento histórico, porque, de um modo ou de outro, o percebem como o que interrompe uma historicidade que se apresenta como homogênea.

Para Nicole Loraux (Loraux, 1992b), o efeito de concentração e condensação de tempos históricos poderia ser pensado como a dimensão trágica de um acontecimento, revelada por uma transmutação significativa que é também temporal. Ao referir-se ainda à concepção grega das "revoluções de conjuntura" de Tucídides, explica-as como "o tempo específico à revelação da natureza humana", como as "viravoltas", os "desarranjos", os "suspenses" que dão a um conflito a sua temporalidade, o que permitiria ao historiador pensar num "outro tempo no interior da trama temporal do seu relato" (Loraux, 1992a).

Na perspectiva de Walter Benjamin, segundo a qual a relação entre memória e história é problematizada mais diretamente, o acontecimento histórico pode ser reconstruído a partir da noção de "pontos de concentração" que se constituem em "atualizações temporais". Para Benjamin "a história é objeto de uma construção cujo lugar não é o tempo homogêneo e vazio, mas um tempo saturado de agoras" (Benjamin, 1985a, p. 229). Tanto o passado quanto o presente são objetos de construção para o historiador, quando retirados do fluxo desse tempo vazio e homogêneo. O acontecimento histórico como o "instante" que se constitui em momento de "interrupção do curso da história" pode expressar uma "experiência histórica" surgida da ligação entre um passado submerso e o presente. O acontecimento histórico ao fazer essa ligação entre o passado e o presente constrói uma outra temporalidade histórica diversa daquelas do presente e do passado. O surgimento do passado no presente transforma este passado e este presente. O passado não é a repetição de si mesmo e o presente está modificado pelo questionamento que dele fez o passado (Benjamin, 1985a; 1985b).

É possível dizer que essas perspectivas teriam em comum um traço importante do acontecimento histórico: o da sua inatualidade. Essa noção, que significa a "faculdade de exceder os limites de uma época" (Loraux, 1992b), implica a ideia de uma "desatualização de um hoje" como um relançar de sentidos no tempo. Tal traço do acontecimento histórico permite pensar o passado, não como um estado do que já se deu, mas como algo que faz sentido num dar-se agora, num movimento de atualização, constituindo-se num campo de experiências possíveis para o pensamento e a interpretação (Heidegger, 1990; Foucault, 1984a, 1984b; Deleuze e Guattari, 1992).

Haveria ainda outras perspectivas de construção do acontecimento histórico que estão referidas às contribuições da Psicanálise para a História. Uma primeira, que constrói o acontecimento a partir da questão freudiana do estranho e do familiar (Freud, 1976d), como a eclosão de algo insólito, estrangeiro, singular, a partir de uma dissolução da norma e de uma subversão do que parecia tranquilizante. A "fabricação do estranho" como um traço constitutivo do acontecimento implicaria um movimento de "desfamiliarização" da interpretação (Figueiredo, 1994a, 1994b). Perspectiva cuja ênfase estaria na construção de uma interpretação caracterizada pela "inquietante estranheza", que marcaria a obra de Foucault segundo De Certeau, para quem "o problema aberto pela irrupção do outro (...) não se põe mais apenas em busca das compreensões que tiveram êxito. Retorna aos objetos que não se compreende mais" (De Certeau, 1982, p. 50). Uma posição da interpretação que leva a "história a se tornar um trabalho sobre o limite: a se situar com relação a outros discursos, a colocar a discursividade na sua relação com o eliminado, a medir os seus resultados em função dos objetos que lhe escapam" (p. 50). Uma segunda perspectiva mais diretamente relacionada à questão da memória como linguagem, e à construção do acontecimento, propõe o "lugar" da interpretação como o "lugar do estrangeiro", que poderia levar à produção de "lugares da memória". A construção do acontecimento como expressão desses "lugares da memória" realiza-se pelo descongelamento de um espaço inominado, pela sua temporalização a partir da atualidade, por um trabalho interrogativo da memória que constrói as suas diversas figurações. "Lugares" caracterizados por um "passado anacrônico" e por um "presente reminiscente" (Fédida, 1991).

A QUESTÃO DO ANACRONISMO

Algumas objeções poderiam ser levantadas contra essa perspectiva de reconstrução histórica que vem sendo delineada, no que se refere ao problema do anacronismo em História. Esta questão, que aparentemente poderia não ter sentido num trabalho de construção referente à história recente da sociedade brasileira, coloca-se como o que deve ser pensado por alguns motivos importantes.

Um primeiro liga-se ao fato de que algumas perspectivas teóricas de construção do acontecimento histórico incorporadas neste trabalho referem-se a temporalidades históricas distantes daquela do presente, do ponto de vista de um tempo cronológico, mas se fazem próximas dele pelas interrogações que orientam aquela construção. Certos elementos de um passado anacronizam-se num presente pelas questões que os aproximam a despeito de uma distância temporal cronológica.

Um segundo motivo está referido à questão da intensificação do tempo histórico do presente na cultura contemporânea, como uma extensão temporal homogênea, que vem produzindo um tipo de percepção do passado, como uma intensidade cada vez mais anacrônica, desprovido de sentido para este presente, a despeito de sua proximidade temporal cronológica. Sentidos próximos do ponto de vista cronológico, mas cada vez mais distantes como questões que pudessem ser concernentes ao presente. Em outros termos, a evidência que vem se acentuando de uma perda do sentido mesmo da história e da memória como meios de uma compreensão possível do tempo histórico do presente.

Um outro motivo, ainda, refere-se ao problema da construção do acontecimento histórico a partir do recorte da memória na sua relação com o esquecimento, que, ao fazer surgir constelações de sentido que não coincidem imediatamente com nenhum "fato histórico específico", pode reunir significados entrecruzados por temporalidades históricas diversas e distanciadas do ponto de vista cronológico. A memória tensionada pelo esquecimento pode se constituir num movimento que anacroniza significados de um passado, ao torná-los presentes pela rememoração.

Como diz Nicole Loraux (Loraux, 1992a), o anacronismo em História constitui-se como o "pesadelo do historiador" diante da acusação de um manejo "do tempo e dos tempos de maneira errônea" (p. 57). Indaga, de modo pertinente, se o temor diante do anacronismo não seria "bloqueador", ao postular a necessidade de que a sociedade seja interpretada apenas no 'interior do quadro bem balizado dos conceitos contemporâneos e das atitudes da época". Segundo ela, tal temor impediria "qualquer consideração de um 'outro tempo' no interior do tempo dos historiadores (...) o tempo que se experimenta quando o tempo está, de maneira muito shakespeariana, 'fora dos eixos'" (p. 57).

Sugerindo a possibilidade de uma prática controlada do anacronismo, Loraux chama atenção para a cautela necessária: "é preciso saber ir e vir, e sempre se deslocar para proceder às necessárias distinções. Em outros termos, nenhuma identificação com sentido único é duradouramente possível" (p. 64).

Essas proposições explicitam um ângulo importante da questão que vem sendo tratada. A perspectiva da reconstrução histórica parte de uma atualidade que comporta simultaneamente questões contemporâneas e questões "anacrônicas", que formam uma constelação de sentidos constituindo o campo das problematizações possíveis.

A questão do anacronismo em História, diretamente problematizada por Loraux, não está ausente em outras perspectivas que, ao tratar do mundo contemporâneo, constroem problemas, a partir dos quais interrogam momentos históricos distantes do ponto de vista do tempo cronológico, mas próximos do ponto de vista dessas mesmas interrogações. Trata-se de um certo modo de reconstruir a história, a partir da atualidade, orientando essa reconstrução pelas problematizações construídas.

Em Foucault, poder-se-ia dizer que a problematização orientadora, em seus últimos trabalhos (Foucault, 1984a, 1988, 1984b), teria como eixo as questões da possibilidade da liberdade e da autonomia, diante de um presente caracterizado em grande medida por um dispositivo disciplinar, cuja genealogia permitiu mostrar a constituição do indivíduo moderno como sujeitado por aquele dispositivo. A sua inserção na tradição crítica da *Aufklärung* e a questão da *Aufklärung* que formula aos gregos (Foucault, 1990) não toma o espaço de liberdade do sujeito ético grego, nem "o entusiasmo diante da Revolução" francesa como modelos, mas como acontecimentos que se atualizam como questões para pensar criticamente o presente. Como diferenças históricas que se inscrevem na atualidade, como questões que permitem pensar "o que somos nós, hoje?" e "qual o campo das experiências possíveis?" — uma construção crítica do presente.

Hannah Arendt ao problematizar a questão da significação na História parte da experiência contemporânea dos totalitarismos, caracterizada pela absoluta "arbitrariedade" em que "tudo é possível". A dissolução da dimensão significativa na história constrói-se como questão diante da dominância de uma concepção de processo histórico "que separa a época moderna do passado mais profundamente que qualquer outra ideia tomada individualmente. Para nossa moderna maneira de pensar, nada é significativo em si e por si mesmo (...) O que o conceito de processo implica é que se dissociaram o concreto e o geral, a coisa ou evento singulares e o significado universal. O processo, que torna por si significativo o que quer que porventura carregue consigo, adquiriu assim um monopólio de universalidade e significação" (Hannah Arendt, 1972, pp. 95-6). A construção da sua crítica é marcada, então, por um movimento de aproximação "anacrônica" dos primeiros historiadores gregos, Heródoto e Tucídides, e mais anacronicamente ainda de Homero, para pôr em relevo o problema da significação na história, a partir de um tipo de perspectiva na qual esta significação é construída a partir de eventos singulares, "interrupções" que iluminam "segmentos específicos dos problemas humanos" (p. 72). Na perspectiva de H. Arendt, a "imortalidade" que constitui as questões gregas, preservadas pela concepção da história como rememoração (p. 78), permite reinscrevê-las na contemporaneidade, não porque sejam abstratas, mas porque podem interrogar o contemporâneo, num movimento construído por uma problematização.

MEMÓRIA E ESQUECIMENTO

A memória, na sua relação com o esquecimento, constitui-se em questão a ser enfrentada quando se trata de reconstruir a história da sociedade, e isto porque a ligação entre memória e história não pode ficar obscurecida nesta reconstrução. Quando a interpretação histórica do passado é concebida como uma *construção*, é preciso considerar que as análises das ciências históricas e sociais podem se constituir na expressão de uma certa configuração da memória coletiva das sociedades mesmo que a relação entre memória e história não esteja explicitada. A escolha dos temas a serem abordados, a variação temática, a retomada ou o silenciamento de outros, a emergência de novos estão relacionados a modos de percepção da história, datados historicamente, que podem significar os modos diversos de expressão de configurações da memória coletiva das sociedades. Isto significa que a historiografia ou as ciências sociais estão constituídas numa historicidade e referidas a movimentos diversos de temporalização da história e da memória.

Uma distinção importante formulada por Lefort entre "memória histórica" e "memória coletiva" permite refletir sobre o destino de alguns acontecimentos na história marcados seja por um "esquecimento voluntário" ou mesmo por um "recalque", como diz, cuja possibilidade de reconstrução histórica passa pela possibilidade mesma de problematização da memória. A memória coletiva "é elaborada no interior e na conjunção de múltiplos agrupamentos que apenas retêm do passado o que convém à sua representação do presente. E é moldada em nossa época, cada vez mais insistentemente, pelo pequeno número que dispõe dos meios para difundir essas representações (...)" (Lefort, 1983, pp. 167-8).

Esta posição é construída numa direção semelhante aos estudos contemporâneos sobre a questão da memória histórica caracterizados pela incorporação de perspectivas vindas da filosofia, da literatura, da psicanálise, da psicologia social (Le Goff, 1990) que enfatizam, na memória, o ponto de vista da sua *construção*. Tal perspectiva permite questionar os tipos de forças e os modos como elas operam na construção da memória coletiva produzindo a sua manifestação como uma representação solidificada e dotada de durabilidade, de estabilidade e de continuidade.

Perspectiva que permite ainda perceber na história os momentos do "não dito", dos silenciamentos, dos esquecimentos necessários à construção daquelas representações, que os estudos cuja ênfase está na força "quase institucional da memória coletiva" das sociedades tendem a desconsiderar (Pollak, 1989). Esta força quase institucional prioriza, por uma seletividade, aqueles aspectos de durabilidade, de continuidade e de estabilidade de uma "memória comum", as suas "funções positivas" de coesão social, analisadas por Halbwachs (Halbwachs, 1990).

A perspectiva da memória como construção teve uma influência inegável da psicanálise freudiana (Freud, 1976a, 1976b, 1976c). Não propriamente como aplicação direta de conceitos, fazendo deles "figuras de retórica" (De Certeau, 1982, p. 282), mas como incorporação do que Peter Gay chama de um certo "estilo de ver o passado" (Gay, 1989, p. 166), a partir da possibilidade, que os próprios historiadores encontraram na psicanálise, de pensar os esquecimentos, os silenciamentos, as repetições na história. Um estilo de trabalho do historiador no qual, "nos espaços que o imaginário de uma sociedade organiza antecipadamente, ele opera deslocamentos, acrescenta outras peças, estabelece distâncias e comparações entre elas, discerne nesses indícios o vestígio de outra coisa, remete assim a uma *construção* desaparecida. Em suma, cria ausências" (De Certeau, 1982, p. 282 — destaque meu).

A influência da Psicanálise fez-se sentir ainda, mais diretamente, no enfrentamento da questão da memória na sua relação com o esquecimento referida a situações históricas extremas sob formas autoritárias ou totalitárias. Uma situação na qual "o domínio de um passado, retornando na forma de pesadelo sobre um presente não redimido, só poderia ser rompido pela força analítica de uma recordação que não compra a presentificação histórica permitida pelo acontecido com sua neutralização moral" (Habermas, 1987). Um modo de pensar ou interpretar a história que provém da psicanálise, mas, como diz Mezan, com o devido cuidado de trabalhar com analogias, quando se trata de um tipo de intervenção que tem como referência o social. Um trabalho com a história que se desenvolve a partir de um tipo de atenção para o que nela está reprimido, sabendo que este não significa simplesmente o ausente, mas o que, do seu "lugar do não dito", "exerce seu poder sob a forma da repetição" (Mezan, 1987). Um trabalho sobre a memória histórica referido a "um passado que não passou", cuja construção passaria pelos "movimentos de denegação, de recusa ou de repressão" que produzem os esquecimentos, os silenciamentos, as ausências ou os encobrimentos desse passado.

A perspectiva da memória como construção pôde tomar como referência ainda, de modo "anacrônico", a concepção grega arcaica da memória, ao procurar pensar alguns dos seus sentidos que permitiriam questionar o modo de funcionamento dominante da memória no mundo contemporâneo. Referência que pode ser construída, com os devidos cuidados já anteriormente enunciados na discussão sobre o anacronismo em história, sem se constituir em modelo, mas significando a possibilidade, como diz Loraux, de colocar a esse "objeto grego questões que já não são gregas", construir "interrogações que os antigos não se fizeram". Aplicar ao "passado questões do presente", para poder "voltar para o presente, com o lastro dos problemas antigos" (Loraux, 1992a, pp. 61 e 64).

Para os gregos a mais dolorosa das experiências era o esquecimento, a "verdadeira morte" e a rememoração era o modo de enfrentá-lo sem angústia, na perspectiva de um presente que se prolongaria num tempo sem limite, o da imortalidade (Vernant, 1990). Importância concedida à memória que caracteriza ainda os primeiros historiadores gregos, para quem, como diz H. Arendt: "A História acolhe em sua memória aqueles mortais que, através de feitos e palavras, se provaram dignos da natureza, e sua fama eterna significa para eles, em que pese sua mortalidade, poderem permanecer na companhia das coisas que duram para sempre" (Arendt, 1972, p. 78).

Experiência inteiramente diversa daquela do mundo contemporâneo, para o qual o esquecimento é condição da própria existência e fazer "tabula rasa" do passado (Horkheimer, 1976)

— a irrelevância da memória e da história — define uma concepção da cultura, de modo cada vez mais intenso. A vivência de uma temporalidade na qual o próprio "fluxo do tempo ajuda os homens a esquecerem o que foi e o que poderia ser" (Marcuse, 1968, p. 200).

A concepção grega arcaica da memória constrói-se como um movimento de tensão entre esquecimento e a memória que é constitutivo da rememoração. A memória poderia ser compreendida como uma concepção arcaica da linguagem, como expressão de uma experiência também arcaica do tempo, do ser e da verdade (Torrano, 1981, p. 12). O que está oculto, o não presente, é o que se encontra no reino do esquecimento. O que se mostra à luz, ao ser nomeado, o não ausente, é o que a memória recolhe na forma da voz, das palavras, que são as musas. A linguagem como força de nomear configura o "poder de trazer à presença, o não presente, coisas passadas e futuras". É força também ao manter "a coisa nomeada" na "luz da presença". Força ainda de não nomeação, o "poder" de manter uma ausência, o "esquecimento" (pp. 31-3).

Essas leituras referidas a experiências culturais do tempo e da memória muito distantes da vivência temporal contemporânea permitem, justamente por meio dessa distância, aproximá-las, produzindo os sentidos irremediavelmente separados desse tempo presente. Aproximação de uma distância dimensionando e intensificando de um tal modo o que está próximo, que permite a construção de um distanciamento crítico do tempo presente. Como diz Paul Ricoeur, uma "distância na proximidade, a proximidade na distância, é o paradoxo que domina hoje todos os nossos esforços por reatar com as heranças culturais do passado, por reativá-las num modo atual". Uma aproximação "daquilo de que nos distanciamos", a partir de uma "desconfiança que em nós se insinua" relativa a esse tempo presente, uma crítica a esse tempo (Ricoeur, 1975, pp. 38-9). A possibilidade, então, de dimensionar e intensificar alguns sentidos importantes: o peso do esquecimento no presente histórico contemporâneo; a perda do sentido da memória e da história; a dificuldade de percepção da memória e do esquecimento como forças ativas; a relação de tensão entre memória e esquecimento; a memória e o esquecimento como construções de representações estáveis ou de ausências.

CRÍTICA DO PRESENTE

Essas reflexões conduziram a pensar de modo mais explícito o tempo histórico do presente como o lugar e o objeto de uma crítica, cuja construção está referida à cultura contemporânea. Esta construção incorpora algumas perspectivas teóricas que focalizaram criticamente o presente como uma extensão temporal homogênea.

Para Foucault, o presente está constituído pela temporalidade disciplinar homogeneizadora da sociedade (Foucault, 1977). Para Adorno e Benjamin, trata-se do eterno presente e do sempre igual. Para H. Arendt, do presente opaco, cujo sentido se perde no esgarçamento da tradição (Arendt, 1972). Um "presenteísmo" — conceito proposto por Hobsbawm, autor que não será tratado diretamente, embora a sua concepção esteja na mesma linha dessas reflexões — de um "presente contínuo" que opera um corte com o passado (Hobsbawm, 1995, 1997).

De modos diversos, essas perspectivas indicam o que se poderia chamar de uma "intensificação do presente" na cultura contemporânea, a sua "unidimensionalidade", um presente cindido do "fluxo denso da temporalidade" (Sarlo, 1997).

Para essas perspectivas, a crítica do presente seria justamente um movimento de pensar essa cisão e ao mesmo tempo pensar o presente repondo-o naquele fluxo denso da temporalidade. O que significa temporalizá-lo, distanciando-se do que seria o "imediatamente presente" e o "existente" — o lugar da cisão e da impossibilidade da crítica —, construindo por meio desse distanciamento em relação ao próprio presente uma relação com o passado que permitisse pensar também as implicações desse passado no presente. Implicações que não significam identificações, retomadas, meras repetições, mas questões que possam incidir sobre o presente no sentido de problematizá-lo.

Como se pôde ver, embora de modo conciso, na discussão anterior sobre o anacronismo, Foucault realiza, por meio do movimento da crítica, uma construção do presente, a sua atualidade, distanciando-se de um "presenteísmo", na qual a relação com o passado, que traz as questões relativas a um modo de ser diverso caracterizado pela possibilidade do exercício da autonomia e da liberdade, confronta-se com o presente, para poder pensar os seus limites ou a sua finitude. Uma "história do presente" que ganha especial relevo nas suas últimas obras (Foucault, 1984a, 1984b, 1988).

A perspectiva de Walter Benjamin constitui-se também numa crítica da cultura contemporânea na qual a problematização da temporalidade do presente é central. Diante desse tempo que caracteriza a modernidade, o "tempo infernal", "em que transcorre a existência daqueles aos quais não é dado realizar nada daquilo que começaram" (Benjamin, 1980, p. 46), um fluxo "homogêneo e vazio", é necessária uma perspectiva construtivista. Tanto o passado quanto o presente são, então, objetos de construção, retirados daquele fluxo (Muricy, 1995). Passado e presente seriam repostos no "fluxo denso da temporalidade" por uma problematização que, ao questionar a possibilidade de uma "distensão temporal" no tempo presente, relaciona-a com a tendência ao fim da "experiência". Benjamin refere-se às "experiências" que pudessem ser "transmitidas como um anel, de geração em geração" (Benjamin, 1985c, p. 114), que significavam a existência de uma tradição ou de um patrimônio transmissíveis, uma dimensão simbólica a ser compartilhada, que perde qualquer sentido numa cultura caracterizada pela "intensificação do presente". Nesse sentido, a história e a sua reconstrução significam para Benjamin a "construção de novas relações com o tempo" (Muricy, 1995, p. 43), o que quer dizer aproximar o passado e o presente "numa intensidade temporal diferente de ambos". "Ao ressurgir no presente, o passado se mostra como sendo irremediavelmente perdido enquanto passado, mas também transformado por este seu ressurgir: o passado é outro e no entanto semelhante a si mesmo" (Gagnebin, 1992, p. 47). O presente também nesta "relação de interpelação pelo passado" tampouco permanece igual a si mesmo. É dessa construção de uma nova relação com o tempo que surge a possibilidade de o historiador construir uma "experiência" com o passado (Benjamin, 1985a, p. 231), que permitiria uma crítica do presente e da sua cultura.

A problematização do presente de modo crítico é também o objetivo de H. Arendt (Arendt, 1972, 1997). No prefácio a *Entre o passado e o futuro*, analisa o que chamou de "lacuna entre o passado e o futuro", que significa a crise da cultura contemporânea, caracterizada pelo esgarçamento da tradição. "Sem testamento ou, resolvendo a metáfora, sem tradição — que selecione e nomeie, que transmita e preserve, que indique onde se encontram os tesouros e qual o seu valor — parece não haver nenhuma continuidade consciente no tempo, e portanto, humanamente falando, nem passado nem futuro, *mas tão somente a sempiterna mudança do mundo e o ciclo biológico das criaturas que nele vivem*" (Arendt, 1972, p. 31 — destaque meu).

Essa última referência pode ser aproximada da noção, já indicada, de "intensificação do presente", que implica uma "debilitação do passado" e uma ausência de futuro. Um tempo que é "puro presente", ou "retorno do sempre igual", que indica, nessa ausência de temporalização, não poder haver "configuração do passado, compreensão do presente, nem projeto" (Sarlo, 1997).

H. Arendt, ao problematizar essa lacuna, se a identifica com uma extensão temporal homogênea, ao mesmo tempo procura dela fazer um lugar construído pelo pensamento. O seu problema é o de "como movimentar-se nessa lacuna" — "talvez a única região onde algum dia a verdade venha a aparecer" —, tarefa de uma construção, como ela diz, de uma "pavimentação", resultado de uma reinserção crítica reiterada do pensamento entre o passado e o futuro. O "entre o passado e o futuro" é o "pequeno espaço intemporal no âmago mesmo do tempo", a partir do qual o tempo histórico da tradição é interrogado como possibilidade de compreensão dessa tradição e de crítica do presente (Arendt, 1972, pp. 40-1). Se o advento do totalitarismo representou para H. Arendt, talvez de modo mais brutal, a possibilidade de percepção dessa lacuna, constituiu-se também, como objeto de sua análise no prefácio a *Origens do totalitarismo*, na oportunidade de enunciação de uma questão importante. O sentido daquela "pavimentação" é construído por um certo tipo de possibilidade de compreensão do que ocorre na história, que não pode "negar nos fatos o chocante, eliminar deles o inaudito", diminuir "o impacto de realidade e o choque da experiência". Como ela diz: "Já não podemos nos dar ao luxo de extrair aquilo que foi bom no passado e simplesmente chamá-lo de nossa herança, deixar de lado o mau e simplesmente considerá-lo um peso morto, que o tempo, por si mesmo, relegará ao esquecimento" (Arendt, 1997, pp. 12-3).

Tal construção crítica relativa ao passado e à sua herança, permitida pela inserção do pensamento na lacuna, é também crítica do presente pela identificação da profunda crise da cultura contemporânea. E esta crítica tem necessariamente uma posição instável, um *movimentar-se* na lacuna, na busca dos ângulos e das questões a serem construídos.

Dentre as perspectivas de análise em questão, a de Adorno talvez seja a que melhor permita pensar o que se vem nomeando de "unidimensionalidade" do tempo histórico do presente. A sua teoria crítica da cultura, que tem como um dos seus objetos o que conceitua como "sociedade administrada" — cuja expressão histórica exacerbada pode tomar a forma de um totalitarismo —, permite pensar a intensificação do presente como a preservação do "existente", cujo sentido é o da aceitação dos "homens como são, isto é, como autênticos produtos da cultura de massa padronizada, quase inteiramente desprovidos de autonomia (...)". Por ser preservação do existente, essa cultura "jamais fixa objetivos capazes de transcender o *status quo* psicológico ou social" (Adorno, *apud* Rouanet, 1986, p. 137). Nesse sentido, mais do que preservação, é adaptação ao existente. Essa cultura caracterizada por uma racionalidade de tipo instrumental tem como referência o "imediatamente presente", cuja condição é um corte com o passado. "A cultura converteu-se totalmente numa mercadoria, difundida como uma informação, sem penetrar nos indivíduos dela informados. O pensamento perde o fôlego e limita-se à apreensão do factual isolado. Rejeitam-se as relações conceituais porque são um esforço incômodo e inútil. O aspecto evolutivo do pensamento e tudo que é genético e intensivo nele é esquecido e nivelado ao imediatamente presente, ao extensivo" (Adorno, 1985, p. 184). O corte com o passado é o esquecimento do trajeto percorrido pela cultura — ausência da história e dos seus nexos — e a fixação num presente "sempre igual" cuja aparência é a do incessantemente novo.

Para Adorno, a crítica do presente, como condição também da crítica àquela fixação temporal, significa, então, a construção de um distanciamento em relação a ele, na qual uma relação com o passado tem como objetivo a identificação das dimensões lacunares de uma memória, que possa reconstruir significações que se constituam em vieses críticos do presente e também do passado. A possibilidade de "produzir perspectivas nas quais o mundo (...) se desloca, se estranha, revelando suas fissuras e fendas (...)". Perspectivas que pressuporiam "um ponto de vista afastado" do "círculo mágico da existência". Tarefa difícil, quase impossível para um pensamento que, para não ficar "entregue ao mundo", deve pensar criticamente essa própria impossibilidade (Adorno, 1993, pp. 215-6).

Para Adorno, pensar criticamente o presente é pensar também o tipo de subjetividade nele inscrita e o funcionamento dos seus mecanismos psíquicos — quando se apoia na psicanálise — que conduzem essa subjetividade a uma aderência ao "existente". Incorpora, na sua análise da cultura, a perspectiva da psicanálise (Freud), da reconciliação impossível entre os interesses do indivíduo e os da civilização (Rouanet, 1986, pp. 110 e ss.) e, nessa medida, a condição do "mal-estar na cultura" a que estaria sujeita a existência desses mesmos indivíduos. Se, se poderia dizer que Adorno incorpora da psicanálise aquela condição, como o lugar de um conflito pulsional dos sujeitos, constitutivo deles próprios no interior da cultura, é preciso salientar também a forte crítica que dirige a uma certa orientação dela, quando destaca a dimensão integradora que vem tomando na cultura contemporânea. Uma assimilação da psicanálise pela cultura, por meio da dissolução do seu potencial crítico, tornando-se "ela própria parte da higiene", em uma sociedade que não pode ver que a "doença de nossa época consiste precisamente no que é normal". Para ela, os "conflitos perdem o seu aspecto ameaçador", são "encaixados na superfície da vida padronizada", são "absorvidos como um mal geral, pelo mecanismo de identificação imediata do indivíduo com a instância social, o qual há muito já se apoderou dos modos de comportamento supostamente normais" (Adorno, 1993, pp. 50 e 56).

Tais questões abriram a possibilidade de pensar as contribuições que a psicanálise poderia trazer para uma crítica da cultura contemporânea, como uma crítica do presente. O eixo dessa discussão está referido a uma das questões centrais na psicanálise, já indicado quando da explicitação da posição de Adorno: a do "mal-estar na cultura". Refere-se ainda ao modo como a psicanálise está refletindo sobre o seu próprio "mal-estar" no interior da cultura contemporânea, reflexão que se constitui ao mesmo tempo em uma crítica dessa cultura.

A partir da tese de uma reconciliação impossível entre os interesses do indivíduo e os da civilização, Freud conceitua o "mal-estar na cultura" como referido a uma situação de conflito pulsional constitutivo dos sujeitos, uma "dor de existir" para a qual só existiriam "medidas paliativas", mostrando a impossibilidade de supressão desse "mal-estar" (Freud, 1988, p. 140). Este seria a condição existencial do homem socializado, a percepção daquela reconciliação impossível (Rouanet, 1986, p. 114). Se Freud já havia reconhecido aquela condição no momento histórico em que a problematizava, Adorno a caracteriza num momento histórico posterior, como hiperdimensionada, numa sociedade cada vez mais densamente socializada (Adorno, 1986, p. 35). Se temia, a partir dessa situação, a possibilidade de uma "revolta brutal" contra a civilização que indicava como o comportamento das massas sob os fascismos e totalitarismos, já percebia também pelo caráter integrador da psicanálise, como já foi indicado, uma profunda mutação cultural contemporânea.

Em outra formulação, poder-se-ia dizer que essa mutação cultural expressa uma alternativa ao "mal-estar" sob a forma de uma "ideologia do bem-estar" (Costa, 1994, pp. 42-3). A busca do "bem-estar" significaria, então, a possibilidade de uma vida sem conflitos, que não poderia comportar o que a negaria, ou seja, a possibilidade de uma singularização individual e sobretudo psíquica. Tratar-se-ia da recusa da ideia do mal-estar, como o lugar de um conflito pulsional dos sujeitos, constitutivo deles próprios no interior da cultura, cujo reconhecimento é a condição da sua possibilidade de singularização. A busca do "bem-estar" está voltada exclusivamente para o presente, constituindo-se num tipo de vivência que o intensifica e que está referida basicamente à "posse dos objetos", sejam eles reais ou imaginários, signos de uma "individualização", de uma "promessa de felicidade", de um "bem--estar individual" (Costa, 1994, p. 48), de produção ainda de *estilos* cada vez mais individualizados daquela vivência. Essa vivência, referida ao que Adorno nomeava de "imediatamente presente" e de "existente", constituir-se-ia mais propriamente num *espelhamento* da cultura contemporânea, apesar da incessante e diversificada particularização das individualidades por meio dos seus *estilos*. A recusa cultural do mal-estar significaria, então, a impossibilidade de um *distanciamento* em relação a essa mesma cultura, ao imediatamente presente: a construção de um lugar, por meio da posição do "mal-estar", que a pudesse pensar criticamente, para além de uma descrição e justificação da sua funcionalidade (Horkheimer, 1980).

Ligada a tal questão, como um desdobramento, é possível tomar as problematizações que a própria psicanálise vem realizando em relação ao seu "mal-estar próprio" (Moscovici, 1994, p. 18; Fédida, 1988, 1991) e que têm se constituído, a partir desse viés, em possibilidade também de crítica à cultura contemporânea. Esta crítica está referida à questão da assimilação da psicanálise pela cultura, causada pela orientação do "bem-estar" e às consequências que incidem sobre uma experiência do tempo e da linguagem profundamente transformadas por aquela orientação.

A psicanálise constitui-se, quando do seu surgimento, numa resposta cultural ao mal-estar na cultura. Como diz Fédida, "é exatamente onde o homem encontra os obstáculos próprios à sua condição", no mal-estar, que está "engajada a descoberta analítica como processo de cultura e civilização" (Fédida, 1991, p. 94). A psicanálise supôs sempre uma experiência do tempo e da linguagem, hoje cada vez mais distante da vivência contemporânea. No momento presente, seria possível perceber, no entanto, o que poderia ser a possibilidade do seu fim, no sentido de um "desaparecimento cultural" (Fédida, 1988, p. 111), caracterizado pela sua quase completa assimilação pela cultura contemporânea, pelo recuo do seu potencial crítico. A questão desse desaparecimento cultural não é sequer problematizada nessa cultura, a não ser no interior da própria psicanálise, a partir de setores que o identificam com o seu "mal-estar próprio". Para além disso, o que existe é o diagnóstico da ineficácia funcional da psicanálise para a produção do bem-estar e do seu longo tempo de elaboração dos processos psíquicos, incompatível com as exigências sociais da vida imediata.

Esse processo de desaparecimento cultural da psicanálise corresponde simultaneamente à sua total inserção no tempo histórico do presente. O recuo da experiência de uma linguagem "metafórica" substituída pela funcionalidade exacerbada da comunicação, uma linguagem prático-comunicativa. O recuo, ainda, de uma experiência do tempo caracterizada, do ponto de vista subjetivo, pela descontinuidade e reversibilidade — um passado que é anacrônico e um presente que é reminiscente (Fédida, 1985) — e a sua substituição pela vivência de uma temporalidade que intensifica o tempo presente, debilita, se não anula, o passado, e principalmente abole a tensão entre essas duas temporalidades. De modo conciso, é possível, então, construir o viés que seria próprio da psicanálise, para uma crítica da cultura do presente, a partir da construção do "mal-estar" como o lugar dessa crítica, que ela dirige também a si própria, como uma das manifestações dessa mesma cultura, embora caracterizada presentemente pelo traço do seu desaparecimento cultural.

(1998)

REFERÊNCIAS BIBLIOGRÁFICAS

ADORNO, T. *Minima moralia*. São Paulo: Ática, 1993.

_____. "A educação depois de Auschwitz". In: COHN, G. (org.), *Theodor Adorno*. São Paulo: Ática, 1986.

ADORNO, T.; HORKHEIMER, M. "Elementos do antissemitismo". In: *Dialética do esclarecimento*. Rio de Janeiro: Zahar, 1985.

ARENDT, H. *Entre o passado e o futuro*. São Paulo: Perspectiva, 1972.

_____. *Origens do totalitarismo*. São Paulo: Companhia das Letras, 1997.

ARIÈS, P. "A história existencial". In: *O tempo da história*. Rio de Janeiro: Francisco Alves, 1989.

BENJAMIN, W. "Sobre o conceito de história". In: *Obras escolhidas — Magia e técnica, arte e política*. São Paulo: Brasiliense, 1985a.

_____. "A imagem de Proust". In: *Obras escolhidas — Magia e técnica, arte e política*. São Paulo: Brasiliense, 1985b.

_____. "Experiência e pobreza". In: *Obras escolhidas — Magia e técnica, arte e política*. São Paulo: Brasiliense, 1985c.

_____. "O narrador". In: *Benjamin, Adorno, Horkheimer, Habermas — Os Pensadores*. São Paulo: Abril Cultural, 1980.

COSTA, J. *A ética e o espelho da cultura*. Rio de Janeiro: Rocco, 1994.

DE CERTEAU, M. *A escrita da história*. Rio de Janeiro: Forense, 1982.

DELEUZE, G. "As dobras ou O lado de dentro do pensamento (subjetivação)". In: *Foucault*. São Paulo: Brasiliense, 1988.

DELEUZE, G.; GUATTARI, F. *O que é a filosofia?* Rio de Janeiro: Editora 34, 1992.

DERRIDA, J. *Espectros de Marx*. Rio de Janeiro: Relume-Dumará, 1994.

FÉDIDA, P. "Passé anachronique et présent réminiscent: epos et puissance mémoriale du langage". *L'Écrit du Temps*, n° 10, outono 1985.

_____. *Clínica psicanalítica: estudos*. São Paulo: Escuta, 1988.

_____. *Nome, figura e memória: a linguagem na situação psicanalítica*. São Paulo: Escuta, 1991.

FIGUEIREDO, L. C. *Escutar, recordar, viver: encontros heideggerianos com a clínica psicanalítica*. São Paulo: Escuta, 1994a.

_____. "A fabricação do estranho: notas sobre uma hermenêutica "negativa". *Boletim Pulsional*, ano VII, n° 57, jan. 1994b.

FOUCAULT, M. *A arqueologia do saber*. Petrópolis: Vozes, 1972.

_____. "Nietzsche, a genealogia e a história". In: *Microfísica do poder*, Roberto Machado (org.). Rio de Janeiro: Graal, 1979.

_____. *Vigiar e punir: nascimento da prisão*. Petrópolis: Vozes, 1977.

_____. *Nietzsche, Freud e Marx — Theatrum Philosophicum*. Porto: Anagrama, 1980.

_____. "O que é o Iluminismo". In: ESCOBAR, C. H. (org.). *Michel Foucault (1926-1984) — O dossier: últimas entrevistas*. Rio de Janeiro: Taurus, 1984a.

_____. *História da sexualidade II — O uso dos prazeres*. Rio de Janeiro: Graal, 1984b.

_____. "Que es la Ilustración? (Was ist Aufklärung)". *Sociologia*, México, Universidad Autonoma Metropolitana, ano III, n° 7-8, mai./dez. 1988.

_____. "Qu'est-ce la critique? (*Critique et Aufklärung*), Séance du 27 mai 1978". *Bulletin de la Société Française de Philosophie*, Paris, ano 84, n° 2, abr./jun. 1990.

FREUD, S. "O mecanismo psíquico do esquecimento". In: *Sigmund Freud: edição standard brasileira das obras psicológicas completas.* Rio de Janeiro: Imago, vol. 3, 1976a.

_____. "Lembranças encobridoras". In: *Sigmund Freud: edição standard brasileira das obras psicológicas completas.* Rio de Janeiro: Imago, vol. 3, 1976b.

_____. "Recordar, repetir e elaborar". In: *Sigmund Freud: edição standard brasileira das obras psicológicas completas.* Rio de Janeiro: Imago, vol. 12, 1976c.

_____. "O estranho". In: *Sigmund Freud: edição standard brasileira das obras psicológicas completas.* Rio de Janeiro: Imago, vol. 17, 1976d.

_____. "O mal-estar na civilização". In: *Freud — Os Pensadores.* São Paulo: Abril Cultural, 1988.

GAGNEBIN, J. M. "História e cotidiano em W. Benjamin". *Revista da USP,* nº 15, set./nov. 1992.

GAY, P. *Freud para historiadores.* Rio de Janeiro: Paz e Terra, 1989.

HABERMAS, J. "Nenhuma normalização do passado". *Folha de S. Paulo,* Folhetim, 18/09/1987.

HALBWACHS, M. *A memória coletiva.* São Paulo: Vértice, 1990.

HEIDEGGER, M. *Ser e tempo.* Petrópolis: Vozes, 1990.

HOBSBAWM, E. *Era dos extremos: o breve século XX.* São Paulo: Companhia das Letras, 1995.

_____. "Entrevista". *Folha de S. Paulo,* Caderno Mais!, 22/06/1997.

HORKHEIMER, M. *Eclipse da razão.* Rio de Janeiro: Labor, 1976.

_____. "Teoria tradicional e teoria crítica". In: *Adorno, Horkheimer, Benjamin, Habermas — Os Pensadores.* São Paulo: Abril Cultural, 1980.

LEFORT, C. *A invenção democrática.* São Paulo: Brasiliense, 1983.

LE GOFF, J. *História e memória.* Campinas: UNICAMP, 1990.

LORAUX, N. "Elogio do anacronismo". In: NOVAES, Adauto (org.), *Tempo e história.* São Paulo: Companhia das Letras, 1992a.

_____. "A tragédia grega e o humano". In: NOVAES, Adauto (org.), *Ética.* São Paulo: Companhia das Letras, 1992b.

MARCUSE, H. *Eros e civilização*. Rio de Janeiro: Zahar, 1968.

MOSCOVICI, M. *A sombra do objeto: sobre a inatualidade da psicanálise*. Rio de Janeiro: Zahar, 1994.

MEZAN, R. "Esquecer? Não: in-quecer". *Folha de S. Paulo*, Folhetim, 18/09/1987.

MURICY, K. "O heroísmo do presente". *Tempo Social — Revista de Sociologia da USP*, vol. 7, n° 1 e 2, out. 1995.

POLLAK, M. "Memória, esquecimento, silêncio". *Estudos Históricos*, Rio de Janeiro, vol. 2, n° 3, 1989.

RICOEUR, P. "Introdução". In: RICOEUR, P. *et al.* (orgs.), *As culturas e o tempo*. Petrópolis: Vozes, 1975.

ROUANET, S. *Teoria crítica e psicanálise*. Rio de Janeiro: Tempo Brasileiro, 1986.

SARLO, B. "Não esquecer a Guerra das Malvinas". In: *Paisagens imaginárias: intelectuais, artes e meios de comunicação*. São Paulo: Edusp, 1997.

TORRANO, J. *Estudo e tradução da* Teogonia *de Hesíodo*. São Paulo: Massao-Ohno, 1981.

VERNANT, J.-P. "Aspectos míticos da memória e do tempo". In: *Mito e pensamento entre os gregos*. Rio de Janeiro: Paz e Terra, 1990.

VEYNE, P. *Como se escreve a história*. Lisboa: Edições 70, 1983.

2.
A UNIVERSIDADE E O PODER

É grande a perplexidade ao constatar que vinte anos depois os posicionamentos relativos à questão do poder na universidade brasileira estão num mesmo registro ideológico, no qual os fantasmas de 68 continuam, não só presentes, mas constituem referências explícitas nos discursos enunciados. Perplexidade, ainda, ao constatar também que, se as categorias esquerda e direita pareciam equacionar diferentes registros ideológicos nos anos da ditadura militar, hoje são inteiramente insuficientes como categorias explicativas, provocando mais confusão do que dando margem à identificação de posições.

Chamou a atenção a entrevista de Pierre Bourdieu publicada no *Libération*, transcrita pela *Folha de S. Paulo*, em 15 de dezembro de 1986, a propósito das manifestações estudantis contra o projeto de reforma universitária de Alain Duvaquet. Referindo-se aos anos 60, Bourdieu ressalta como naquele momento sociólogos franceses e norte-americanos anunciavam o "fim das ideologias" e foram surpreendidos pouco depois pela grande explosão de 68; em 86 constatam o fim das ideias de 68 e surgem movimentos vivos e profundamente sérios que balançam a ideologia do fim das ideologias. "Os que são partidários do fim das ideologias, quer dizer, do retorno ao realismo, às realidades da empresa, da produtividade, da balança do comércio exterior, dos imperativos da política internacional da França e repudiam as esperanças ilusórias, a igualdade, fraternidade, solidariedade, falam como o pai burguês falava a seus filhos: como velhos. O fim das ideologias é o envelhecimento em escala coletiva, a resignação à ordem das coisas, essa 'sabedoria' que consiste em fazer da necessidade uma virtude. A esquerda no poder: que retrocesso! A esquerda anti-institucional, libertária, sendo excluída do poder, os *apparatchiks* (líderes da esquerda) começaram a pregar a modernização ideológica, quer dizer, a renúncia às ilusões que os levaram ao poder. Tudo que a direita se empenhava em repetir, sem se fazer acreditar, a esquerda disse e redisse: e não conseguiu mais crédito por isso. As pessoas não acreditam mais na esquerda..." (Bourdieu, 1986).

A leitura da entrevista provocou de imediato uma sensação de grande similaridade entre o que estava acontecendo na França e no Brasil (excetuando, evidentemente, a explosão das manifestações estudantis). Especialmente provocou a impressão de uma dança de significados de *direita* e *esquerda* nas conjunturas.

O confronto com o regime militar, no pós-68, consegue uma grande unanimidade nas esquerdas, na universidade, contra as cassações e prisões, contra a presença de representantes dos órgãos de segurança nas reitorias interferindo nas contratações de professores, contra o modelo de exclusão cultural construído a partir do AI-5. Unanimidade na denúncia do abandono do ensino público pelo regime militar e a consequente implantação do modelo de privatização da universidade brasileira, com o rebaixamento do nível de ensino provocado por esta política; na denúncia da limitação de despesas com as universidades públicas e com a educação pública de um modo geral; na denúncia das licenciaturas curtas, do apoio financeiro a certos programas de pós-graduação e de pesquisa que pareciam importantes para o desenvolvimento econômico ou militar; na denúncia da política dos governos militares de ênfase na prestação de serviços pelas universidades às empresas privadas e públicas, com o surgimento das fundações nas universidades estaduais e federais.

Com relação à questão da estrutura de poder na universidade, o confronto se constrói basicamente em torno do processo de excessiva concentração desse poder, nos seus órgãos centrais, e da hipertrofia de todo o aparelho burocrático; da necessidade, portanto, de descentralização dos poderes de decisão que deveriam estar necessariamente mais próximos daqueles que cumprem efetivamente os objetivos fundamentais da universidade, que são realizados, de fato, pelos professores e alunos, auxiliados pelo corpo de funcionários. A convivência diária com os problemas de ensino e pesquisa daria a eles, e só a eles, o real conhecimento de suas necessidades. Considera-se que a universidade deve ser um órgão de funcionamento democrático, aberto à participação de seus membros, sendo necessária a garantia da justa representação de todas as categorias nos órgãos deliberativos e executivos.

Esse conjunto de posicionamentos constitui o discurso unânime das esquerdas, nos anos 70, e é encampado pelas associações de docentes das universidades que começam a ser organizadas a partir de meados da mesma década.

O discurso dissonante e então considerado de direita pelas esquerdas, mantendo uma grande coerência desde 68, dispara críticas contundentes ao movimento de professores filiados à Associação de Docentes da Universidade de São Paulo — ADUSP. Tais críticas questionavam a representatividade e mesmo a legitimidade da Associação de Docentes, denunciavam o "populismo universitário" e definiam o que entendiam por "poder legítimo na universidade". Apontavam, ainda, as semelhanças entre os movimentos universitários dos anos 60 e os que novamente estavam se organizando na universidade. Vale a pena detalhar um pouco essas posições, na medida em que apontam para a questão do poder.

A Associação de Docentes é entendida como uma "simples associação civil", um "clube" sem qualquer representatividade, que não pode falar em nome da universidade, "sob pena de uma total subversão da ordem e da hierarquia universitárias" (*O Estado de S. Paulo*, editorial de 09/04/1978).

O "populismo universitário" é a designação verdadeiramente apropriada para o movimento que se intitula "democratização da universidade", pois este "o que deseja, de fato, não é democratizar a instituição, isto é, tornar o acesso a ela — e à carreira universitária — unicamente dependente do *mérito*, criando uma verdadeira igualdade de oportunidades, mas tumultuar a ordem". O populismo sendo definido como "a política fundada no aliciamento das classes sociais de menor poder aquisitivo", transposto para a vida universitária, "significaria uma política de aliciamento das categorias de menor expressão cultural, isto é, os aprendizes, os que se estão iniciando na carreira" (*O Estado de S. Paulo*, editorial de 15/05/1981). O poder legítimo na universidade é caracterizado pela posição de que "os membros da comunidade universitária não são aderentes, implícitos ou explícitos, de um pacto social genérico, que justificaria uma igualdade de direitos e responsabilidades no que diz respeito à gerência da instituição. A universidade tem uma destinação específica, vinculada à conservação e ao crescimento do saber, que por si só lhe dá uma característica peculiar. Professores e estudantes ocupam seus lugares, como mestres e aprendizes, nos quadros das atividades-fim da instituição, enquanto os funcionários se ocupam, genericamente, das atividades-meio. E, entre os próprios professores, há os que são ainda aprendizes (...) e os que já atingiram uma posição ensinante indiscutível, atestada, precisamente, pela própria ideia de *carreira universitária*, baseada, ao menos idealmente, em competência e maturidade". O governo legítimo da universidade é aquele que atenta para o fato de que ela não é um "Estado democrático em miniatura", mas um "organismo voltado para a conservação e criação da cultura" que deve governar-se em função de "exigências culturais" — que se exprimem exatamente pela carreira docente (*O Estado de S. Paulo*, editorial de 09/12/1980).

Resta salientar, ainda, a aproximação realizada por esse discurso, entre os anos 60 e o movimento universitário do final dos anos 70, começo dos 80. Tal aproximação tem como principal objetivo chamar a atenção dos que ainda acreditam poder *salvar* as instituições universitárias da barbarização que precede a instauração da ordem total e do rebaixamento provocado pela politização da universidade.

"*Depois do vazio dos movimentos de 1968 — que esta folha caracterizou, como a* primavera do nada —

chegou-se a ter a impressão que alcançávamos a idade do fim das utopias desvairadas que, geradas no século XIX, marcaram tão tragicamente o nosso século. Entretanto, a situação é muito mais complexa; infelizmente, os anos 80, pelo menos nos países latinos, seja nos europeus, seja nos da América, não se distanciaram o suficiente dos anos 60."

São as "mesmas diretrizes", as "mesmas grandes Centrais, hoje, como ontem, à espera de que da anarquia possa brotar a ordem total" (*O Estado de S. Paulo*, editoriais de 07/06/1981 e 09/12/1980).

Esse equacionamento dos discursos, que caracteriza as discussões sobre a universidade brasileira durante os anos 70, quebra-se de um modo explícito em 1986, com a divulgação do Relatório GERES — Grupo Executivo para a Reformulação da Educação Superior e com o conjunto de discussões que são travadas, seja por via de artigos na imprensa, seja por meio de documentos produzidos pela Associação Nacional de Docentes do Ensino Superior — ANDES, e por intelectuais envolvidos no debate sobre a questão universitária. De fato, essa quebra começa a explicitar-se já em 1985, quando Tancredo Neves, diante do sentimento de crise da universidade brasileira, anunciou no seu discurso de posse, lido pelo então vice-presidente José Sarney, a intenção de criar uma comissão de alto nível para estudar a situação e encaminhar propostas. Possivelmente, um estudo mais aprofundado que levasse em conta não apenas o registro da documentação produzida no final dos anos 70, início dos 80, mas também as práticas de política universitária, no interior das associações de docentes, pudesse fazer recuar ainda no tempo o momento dessa quebra. Outro elemento importante de inflexão, ainda a ser pesquisado, possivelmente seja o da criação da ANDES em 1981. De qualquer modo, pode-se afirmar, com segurança, que a conjuntura política iniciada com a Nova República coloca em discussão, em nível nacional, temas e questões que permitem visualizar, com clareza, a quebra do equacionamento esquerda-direita que marcou os anos 70.

O Relatório GERES destaca, dentre as tendências múltiplas que caracterizam o debate sobre a universidade, na transição democrática, duas, que define como: *universidade alinhada* e *universidade de conhecimento*.

A primeira é caracterizada como aquela em que suas "atividades são meios para atingir certos objetivos políticos para a sociedade e cujos paradigmas são ditados não pelo desempenho acadêmico dos agentes, mas pelo grau de compromisso político--ideológico com as forças populares".

A segunda "restaura o projeto modernizante de uma universidade do conhecimento, baseada em paradigmas de desempenho acadêmico e científico, protegida das flutuações de interesses imediatistas, sem inviabilizar contudo sua interação com as legítimas necessidades da sociedade". Na perspectiva do Relatório, é a partir do paradigma dessa universidade do conhecimento que se organizará o sistema de avaliação, um dos pontos-chave do documento. No item relativo à gestão da universidade, o Relatório GERES afirma que "na universidade do conhecimento, as formas de gestão precisam respeitar a natureza e as condições peculiares da produção e transmissão de conhecimentos", na medida em que as "funções e múltiplas atividades nela desenvolvidas se ordenam e se hierarquizam". A universidade "não é a sociedade em miniatura, mas sim uma instituição específica, em que as várias atividades e interesses a ela ligados devem subordinar-se à missão central de geração e transmissão de conhecimentos. A cidadania acadêmica, diferentemente da que se concebe na sociedade global, não igualiza, ao contrário, diferencia, em função do mérito e da competência". Sem a clareza desses posicionamentos, a "universidade falhará em sua missão". Poderá ser "uma universidade politizada, democrática, mas dificilmente será uma boa universidade", pois se constituirá apenas em "arma na luta política maior, instrumento utilizado pelo poder em regimes políticos de mobilização".

Foi bastante surpreendente encontrar no Relatório, exatamente no item relativo à Gestão da Universidade, um breve histórico que liga a situação presente dos movimentos de docentes e funcionários aos movimentos universitários que ocorreram nos anos 60. Perceber que talvez os anos da ditadura militar tenham obscurecido o fato de que permanecemos num mesmo registro ideológico. A longa citação do trecho que abre o item acima referido elucida essa afirmação.

"*Desde os fins da década de 1960, sacudiu as sociedades ocidentais amplo movimento, tanto no plano ideológico, quanto no da ação prática, de contestação das estruturas de poder existentes. Essa contestação se deu não apenas no âmbito da sociedade global, mas também, e com mais força, no interior de instituições específicas, como a Igreja, o Partido, o Sindicato e a Universidade. Extremaram-se, dentro da visão democrática, os componentes de origem rousseauniana, radicados na ideia de que a verdadeira democracia deve exercer-se na forma direta, sem as mediações representativas e ressuscitaram-se posturas anarquistas. Essas ideias chegaram rapidamente a nosso país, onde o autoritarismo propiciou solo fértil para que germinassem com vigor. Dentro da universidade, que enfrentava prolongada conjuntura adversa, brotaram com ímpeto, numa lógica reativa, os movimentos de professores e servidores, empunhando, entre outras bandeiras, a da democratização interna das instituições.*" (Relatório GERES, 1986)

Restabelecida a continuidade entre o final dos anos 60 e a situação presente da universidade brasileira, elaborada no próprio discurso oficial da Nova República, vai ficando cada vez mais difícil discernir o que significa esquerda e direita, categorias aparentemente tão claras nos anos da ditadura militar. A então consagrada direita do final dos anos 60 empunhava a bandeira da modernização da universidade e identificava o movimento universitário como "contestação da autoridade" e até mesmo como "guerrilha universitária". A tal estado de coisas, contrapunha a ideia de que a autoridade e a hierarquia universitárias deviam basear-se na evidência do mérito objetivamente comprovado e na maior experiência e maturidade. Nos anos 70, quando as esquerdas defendiam unanimemente a "democratização da universidade", a então ainda consagrada direita identificava essa posição como o "populismo universitário", também contrapondo a ela o "poder legítimo da universidade moderna", fundado na "competência e maturidade" e nas "armas da razão". Se no final dos anos 60, a impossibilidade do exercício do poder legítimo da universidade levaria ao caos, nos anos 70, além dessa referência que continua presente, acrescenta-se a ideia de que a politização leva ao *rebaixamento* da universidade, pela massificação (massa de docentes, massa de funcionários, massa de estudantes).

Nos anos 80, eis que o Relatório GERES coloca em pauta a oposição "universidade alinhada/universidade do conhecimento", "universidade politizada e comprometida com as forças populares" contraposta ao "projeto modernizante, baseado em paradigmas do desempenho acadêmico e científico". A impossibilidade de construção da universidade do conhecimento produzirá uma universidade "politizada e democrática", mas não uma "boa universidade". O Relatório expressa de fato um posicionamento em relação à questão do poder presente nos inúmeros textos e artigos de jornal publicados, que antecedem e sucedem a sua divulgação (Durham, 1986a, 1986b, 1987; Giannotti, 1985a, 1985b, 1985c; Schwartzman, 1985, 1986).

A questão do poder na universidade brasileira é aí também balizada no mesmo registro expresso nas seguintes oposições:
- Sábios *x* sabidos;
- Orientação acadêmica *x* orientação sindical;
- Poder acadêmico *x* populismo;
- Competência *x* sindicalistas e participacionistas;

- Setor docente qualificado *x* grande massa de docentes;
- Competência *x* mediocridade.

Talvez a novidade dos anos 80 seja a articulação das lideranças intelectuais empenhadas na defesa da competência acadêmica que encontra apoio das sociedades científicas, proposta que se encaminha para a organização de um grupo político composto por aqueles que, preocupados em ensinar e pesquisar bem, possam efetivamente propor um projeto para a universidade. Proposta que indica claramente a necessidade que tal grupo tem de chegar ao poder, condição *sine qua non* para realizar o seu projeto de competência. Esse posicionamento é indicativo também do debate que vinha sendo travado, mais especialmente na última reunião anual da Sociedade Brasileira para o Progresso da Ciência — SBPC, em 1986, sobre a despolitização da entidade, de um lado, e de outro, a consciência de uma terceira fase, atual, em que a entidade discute as questões da política científica e tecnológica, após haver passado por outras duas, identificadas como a da ciência pura e a da resistência à ditadura militar.

Restaurado o discurso da competência, restaura-se também a postura da desqualificação com que esse discurso constrói as figuras da oposição. Esta passa a ser designada por termos como "esquerda radical", "baixo-clero", "populismo", assim como lhe são conferidos atributos como "mediocridade", "imobilismo", "paranoia", "histeria" e outros. Nos anos 70, o discurso da competência da então consagrada direita assumia a postura da desqualificação no mesmo registro ideológico: "populismo universitário", "categorias de menor expressão cultural", "barbarização", "rebaixamento" e outros. Há referência ainda ao perigo do "caos" que caracteriza também o discurso do final dos anos 60, marcado pelas construções: da "guerrilha universitária", "permissividade" e "massificação". É curioso lembrar, ainda, que essas construções marcaram parte do debate que se fazia na década de 30 sobre a universidade no Brasil, pela utilização dos termos "incompetência das massas" e "rebaixamento moral".

A universidade e o poder

"Última chance para as universidades", "perigo do imobilismo", "perigo de submersão no caos", "para salvar a universidade", são expressões reiteradas desse discurso, que aliás tem, como sempre teve, dimensão bem mais abrangente do que o nosso debate nacional. Evidência disso é o polêmico livro de Laurent Schwartz: *Para salvar a universidade*, de 1983 (em edição brasileira de 1984), sobre a questão do ensino e da pesquisa no sistema universitário francês. Interessa destacar especialmente as questões relativas ao exercício do poder nas universidades e as suas repercussões sobre a qualidade do ensino e da pesquisa. Trata-se de um alerta contra a ameaça de politização da universidade e mesmo do Centre National de la Recherche Scientifique — CNRS, que põe em risco não só o ensino como a própria pesquisa. O receio de que especialmente os conselhos científicos das universidades acabem sendo compostos não em função de critérios de competência, mas de critérios sindicais. Constatando que a tendência atual consiste em introduzir muito mais política do que ciência na universidade, alerta para o fato de que, em matéria de pesquisa, a competência deve superar a política e o sindicalismo, sendo medida pela experiência e pela qualidade dos trabalhos e não pela militância sindical. Democracia não deve ser sinônimo, ainda, de mediocridade. O paralelismo com a situação brasileira é, aliás, ressaltado pelo apresentador da edição brasileira do livro, Roque Spencer Maciel de Barros,[1] que procura extrair lições para a vida universitária brasileira, "dadas por um grande matemático que é, ao mesmo tempo, um homem de esquerda, como pretendem sê--lo os sindicalistas e participacionistas da universidade brasileira que a estão levando, de fato, para a completa mediocrização".

---

[1] Membro do Grupo de Trabalho criado pelo Decreto nº 62.937/68, Ministério da Educação e Cultura, Ministério do Planejamento e Coordenação Geral, Ministério da Fazenda, o GT, que propunha "estudar a reforma da universidade brasileira, visando a sua eficiência, modernização, flexibilidade administrativa e formação de recursos humanos de alto nível para o desenvolvimento do país", 02/07/1968.

Outro paralelismo a ser destacado é o da criação da associação *Qualité de la Science Française*. Temendo que a universidade seja não defendida, mas ameaçada pelas inquietantes propostas dos sindicatos de esquerda, tal associação tem por função intervir sem concessão, todas as vezes em que sentir a qualidade abalada. Enquanto se permanece no mesmo registro ideológico do discurso da competência, que necessita da desqualificação do outro para a sua própria construção como discurso, que se autoidentifica como o poder acadêmico legítimo e que define o que é qualidade na universidade, por oposição à politização medíocre, é desalentador constatar que pouco andamos nos últimos vinte anos. Discurso que parece não se dar conta dos usos políticos do saber, ocupa grande parte dos espaços institucionais e de divulgação existentes, nos últimos dois anos. Fala, repete, insiste e produz a mesma impressão a que se refere Bourdieu, em relação à França, de que essa esquerda ("não radical") diz e rediz tudo o que a direita se empenhava em repetir sem conseguir se fazer acreditar.

(1987)

REFERÊNCIAS BIBLIOGRÁFICAS

ASSOCIAÇÃO DE DOCENTES DA UNIVERSIDADE DE SÃO PAULO. "Subsídios para uma política de ensino superior e pesquisa". *Jornal ADUSP*, (10), fev. 1985, pp. 13-5.

_____. *A Associação dos Docentes da Universidade de São Paulo e os anteprojetos de reforma do estatuto e do regimento geral da universidade*. São Paulo: ADUSP, 1978. (documento distribuído)

ASSOCIAÇÃO NACIONAL DE DOCENTES DO ENSINO SUPERIOR. "Proposta das associações de docentes e da ANDES para a universidade brasileira". *Cadernos ANDES*, Juiz de Fora, (2), jul. 1986.

ANTUNHA, H. *Universidade de São Paulo: fundação e reforma*. São Paulo, CRPE, Estudos e Documentos, vol. 10, 1974.

BOURDIEU, P. "Entrevista". *Folha de S. Paulo*, 15/12/1986.

CARDOSO, I. *A universidade da comunhão paulista.* São Paulo: Cortez, 1982.

CHAUI, M. "Sábios e sabidos, uma discussão ociosa". *Folha de S. Paulo*, Folhetim, 22/09/1985.

COMISSÃO DE ESTUDOS DA SBPC SOBRE A UNIVERSIDADE. "A universidade brasileira e o projeto GERES". *Jornal ADUSP*, (17), mar. 1987.

CUNHA, L. A. *A universidade reformanda: o golpe de 1964 e a modernização do ensino superior.* Rio de Janeiro: Francisco Alves, 1988.

DUHARCOURT, P. "Enseignement supérieur et recherche: l'enjeu d'une transformation". *La Pensée*, (254), nov./dec. 1986.

DURHAM, E. R. "A universidade brasileira: os impasses da transformação". *Ciência e Cultura*, São Paulo, 38 (12): 2.004-18, dez. 1986a.

_____. "A universidade novamente em debate". *Folha de S. Paulo*, Tendências e Debates, 21/11/1986b.

_____. "A reforma da universidade". *Revista da USP*, São Paulo, (4): 9-42, mar. 1987.

EDITORIAIS. *O Estado de S. Paulo.* 1978, 1980, 1981.

FERNANDES, F. *Universidade brasileira: reforma ou revolução.* São Paulo: Alfa-Ômega, 1975.

FRANCO, M. S. "Novos e últimos bárbaros". *Folha de S. Paulo*, Ilustrada, 28/06/1986.

GIANNOTTI, J. A. "O mérito do poder e o poder do mérito". *Folha de S. Paulo*, Folhetim, 04/08/1985a.

_____. "A douta incompetência". *Folha de S. Paulo*, Folhetim, 29/09/1985b.

_____. "A universidade e a crise". *Ciência e Cultura*, São Paulo, 37 (7): 235-44, jul. 1985c.

_____. *Universidade em ritmo de barbárie.* São Paulo: Brasiliense, 1986.

GIANNOTTI, J. A.; CHAUI, M. "Entrevista". *Folha de S. Paulo*, 04/01/1987.

GRUPO EXECUTIVO PARA A REFORMULAÇÃO DA EDUCAÇÃO SUPERIOR (GERES). *Relatório.* Brasília, Ministério da Educação, set. 1986. (documento distribuído).

LA NOUVELLE VAGUE. *Libération*, Paris, n° hors série, jan. 1987.

LEBRUN, G. "Da rentabilidade". *Folha de S. Paulo*, Tendências e Debates, 31/08/1986.

MOTA, C. G. "O AI-5 e o modelo de exclusão cultural". *O Estado de S. Paulo*, 09/07/1978.

SCHWARTZ, L. *Para salvar a universidade*. São Paulo: Edusp, 1984.

SCHWARTZMAN, S. "O que fazer com a universidade?". *Ciência e Cultura*, São Paulo, 37(7): 229-34, jul. 1985.

_____. "Última chance para as universidades". *Folha de S. Paulo*, Tendências e Debates, 19/10/1986.

TOURAINE, A. "A situação atual; a ordem em questão; os movimentos sociais paralisados; a crise do ensino". In: *Cartas a uma jovem socióloga*. Rio de Janeiro: Paz e Terra, 1976.

_____. "O fim das universidades: projeto para uma nova instituição". In: *Cartas a uma jovem socióloga*. Rio de Janeiro: Paz e Terra, 1976.

3.
A MODERNIZAÇÃO DA UNIVERSIDADE BRASILEIRA E A QUESTÃO DA AVALIAÇÃO

AS COMISSÕES DE ALTO NÍVEL

A questão da avaliação irrompe na vida universitária brasileira com as considerações da Comissão Nacional para a Reformulação da Educação Superior, que produziu o documento "Uma nova política para a Educação Superior", e especialmente com o Relatório GERES (Grupo Executivo para a Reformulação da Educação Superior). A Comissão de Alto Nível, criada pelo Decreto nº 91.177, de 29 de março de 1985, apresentou seu relatório final ao Ministro da Educação em 21 de novembro de 1985. O grupo Executivo para a Reformulação da Educação Superior, criado como grupo interno no MEC, pela portaria nº 100 de 6 de fevereiro de 1986, foi instalado pela portaria nº 170 de 3 de março de 1986 e apresentou seus resultados em setembro de 1986.

Com esse procedimento, a Nova República retoma os piores momentos da tradição centralizadora do Estado brasileiro: a formação de comissões nomeadas pelo Executivo para elaborar projetos de reformulação do ensino brasileiro. Cabe lembrar a nomeação do "Grupo de Trabalho sobre a Reforma Universitária", em 1968, GT que elabora a reforma votada em regime de urgência pelo Congresso, sob ameaça de decurso de prazo, e que com pequenas alterações se transformou na Lei 5.540, promulgada em novembro de 1968. Essa tradição que em 1931 produziu o "pacote" que instituiu o Estatuto das Universidades Brasileiras e a Reforma do Ensino Secundário, elaborado por Francisco Campos, entre 1968 e 1971 realiza uma reforma de alto a baixo na organização escolar brasileira, que na prática consistiu na outorga pura e simples de leis, decretos e decretos-lei (Lei 5.692 de reformulação do ensino secundário, em 1971; o decreto sobre a unificação do vestibular, em 1971; o decreto-lei que institui a Educação Moral e Cívica, em 1969; a criação da Fundação MOBRAL, a partir da lei do final de 1967).

No período ditatorial, especialmente de 1968 em diante, a questão da educação foi tratada fundamentalmente na escala do poder Executivo, em função da desmontagem política dos fóruns de discussão então existentes. Houve momentos, porém, em que apesar da tradição centralizadora do Estado brasileiro, a educação pôde ser discutida neste país como coisa pública e se constituir em objeto de amplos movimentos e campanhas que envolveram todos aqueles que trabalhavam no ensino primário, secundário e superior. A campanha em defesa da Escola Pública, do final da década de 50, talvez tenha sido o exemplo mais expressivo, na medida em que, surgindo da indignação provocada pelo projeto da lei sobre "Diretrizes e Bases de Educação Nacional", produziu um debate nacional, por via de manifestações que partiram dos meios universitários, de entidades estudantis, de escritores, de jornalistas, de trabalhadores e líderes sindicais, de lideranças partidárias e de órgãos patronais que exigiam a rejeição do projeto para posterior reformulação. Tentava-se impedir a desagregação do sistema público de ensino e o predomínio de forças não democráticas na educação. Na década de 60 (mesmo depois de 1964), o Movimento pela Reforma Universitária ainda assume contornos de um debate de amplitude nacional, até o seu silenciamento definitivo em 1968 (Cardoso, 1984). Nesse período, ainda, puderam se confrontar no debate (apesar da repressão já em curso) projetos para a universidade de distintas orientações: os oriundos de posições partidárias presentes no âmbito do movimento estudantil, outros produzidos na própria instituição universitária, mas provindos de grupos de professores e estudantes excluídos de qualquer influência na estrutura de poder na universidade (as comissões paritárias) e outros ainda provenientes da estrutura de poder da universidade e do governo federal, estes elaborados por comissões de alto nível.[1] Esse momento, porém, é marcado também pela postura da tradição centralizadora do Estado brasileiro de desqualificação do debate e, no limite de seu silenciamento, pela repressão. No final dos anos 60, especialmente a partir de 68, a exigência da discussão e o próprio debate eram desqualificados como "contestação da autoridade" e até mesmo como "guerrilha universitária". Essa

---

[1] Documentos do movimentos estudantil sobre a reforma universitária (UEE e UNE). Projetos das comissões paritárias: da Faculdade de Filosofia, Ciências e Letras, USP (que na época tinha na sua estrutura a maior parte dos atuais institutos e faculdades da USP de hoje); da Faculdade de Medicina de Ribeirão Preto, USP; da Faculdade de Agronomia de Piracicaba, USP; da Faculdade de Higiene, USP; da Faculdade de Engenharia de São Carlos, USP; da Faculdade de Ciências Econômicas, USP.

Outras propostas de Reforma Universitária oriundas de discussões no interior da universidade entre alunos e professores: Documento das escolas isoladas no II Congresso de Rio Claro, envolvendo as seguintes escolas: Filosofia (Araraquara, Assis, São José do Rio Preto, Presidente Prudente, Marília, Ribeirão Preto e Franca); Odontologia (Araraquara, São José dos Campos, Ribeirão Preto e Araçatuba); Agronomia (Jaboticabal); Engenharia (Guaratinguetá); Medicina, Agronomia, Veterinária e Biologia (Botucatu) e Escola de Educação Física de São Paulo. Havia, ainda, a proposta de Reforma Universitária do Instituto Mackenzie.

Surgiram, ainda, duas propostas sobre Reforma Universitária elaboradas, uma pelo Professor Cesarino Júnior, da Faculdade de Direito da USP, e outra elaborada pelo Professor Goffredo da Silva Telles Jr., então Vice-Diretor da Faculdade de Direito da USP.

Finalmente, os documentos produzidos pelas Comissões de Alto Nível, nomeadas pelo Executivo: o Relatório Meira Mattos elaborado pela Comissão Especial para Assuntos Estudantis, presidida pelo então coronel Meira Mattos, criada pelo Decreto n° 62.024, de 29 de dezembro de 1967; o Memorial sobre a Reestruturação da Universidade de São Paulo, o Memorial Ferri, elaborado por Comissão, instituída pela Portaria GR n° 278, de 14/10/1966, pela Reitoria da USP, e que apresenta os seus resultados em junho de 1968; o Relatório do Grupo de Trabalho sobre a Reforma Universitária, o GT federal, criado pelo Decreto n° 62.937/68.

postura afirmava-se em contraposição à ideia da "autoridade e hierarquia", fundadas no "mérito, na experiência e na maturidade". Nos anos 70, o debate era desqualificado como "populismo universitário" e a contraposição era construída enfatizando a postura do "poder legítimo da universidade moderna", fundado na "competência" e nas "armas da razão".

A Nova República retoma a mesma postura de desqualificação do debate e da crítica ao caracterizar as figuras da oposição pelas seguintes designações: "esquerda radical", "baixo clero", "assembleísmo", "populismo", "mediocridade", "imobilismo", "paranoia", "histeria". Em contraposição, são afirmadas as figuras dos "sábios", do "poder acadêmico", da "competência" (Cardoso, 1987).

Como muito bem aponta Roberto Romano, na tradição centralizadora do Estado brasileiro "os princípios democráticos e liberais são ridicularizados *a priori*, sempre em nome da ciência, do realismo político, das gestões eficientes — pelos 'sábios' — da república". Essa tradição implica ainda que "a premissa de que caberia aos governados no país, ou em estruturas menores no seu interior, legislar sobre o seu próprio agir, é descartada sem maiores exames" (Romano, 1987).

A recusa do debate sob a forma da desqualificação, retomada na Nova República, tem implicado a necessidade da afirmação dos "critérios científicos" e a adoção da "lógica da eficiência" na condução da política universitária. Essa condução, seguindo ainda as reflexões de Roberto Romano, retoma de fato a discussão dos caros princípios da "cultura política e autoritária positivista e orgânica" que marcou a formação das nossas instituições universitárias, assim como marcou a Universidade e a Ciência de um modo geral, no mundo ocidental. É muito sugestiva ainda a aproximação que estabelece entre as comissões nomeadas pelo Executivo e o Conselho de Newton — "reunião de alguns sábios, experimentados e competentes, que regeriam toda a ciência e a ordem jurídica da sociedade" — contra a qual se insurge Benjamim Constant, um liberal do século XIX, defendendo o "livre-

-exame" e a crítica. Na mesma linha de reflexão, mostra ainda o autor que, iniciada já no século XIX, e fortemente presente nos dias de hoje, a reação conservadora ao programa apresentado pelas Luzes ("no academicismo liberal, a Constituição política deveria ser produzida através da discussão, brotando dos próprios sujeitos políticos") passa a definir a crítica e a dúvida como "origem da indecisão, ineficiência e anarquias modernas". Constrói--se, então, a ideia de que o comando deve se erigir "em busca da *eficácia* mensurável na política e no saber, pelos sábios competentes, que tudo ordenam verticalmente" (Romano, 1987, pp. 78-9, 83-5).

Com essas considerações, é possível perceber que a lógica do procedimento da formação de comissões de alto nível, a eficácia, é a mesma que constitui a perspectiva modernizante que propõe a reformulação da universidade brasileira a partir da ótica central da avaliação. A eficácia constitui-se em princípio norteador e necessário da concepção de avaliação, elemento-chave das recentes propostas da Nova República para a universidade.

O BINÔMIO AUTONOMIA-AVALIAÇÃO

Para discutir a questão da avaliação, é preciso retomar o tema da autonomia da universidade, relação aliás estabelecida no âmbito do próprio Relatório GERES. Segundo esse relatório, "na tradição clássica esta autonomia é o fundamento mesmo da ideia de universidade e está relacionada com a independência da instituição para a 'busca da verdade sem restrições', para usar a expressão consagrada por Jaspers. Esta independência significaria que a sociedade, ou o Estado em nome dela, não pode impor regras, limites ou restrições à atividade estritamente acadêmica da instituição. A liberdade acadêmica da universidade implica a sua capacidade para decidir por si só, autonomamente, o que ensinar e como ensinar. É também da tradição clássica que a pesquisa é a própria pedagogia da universidade. O que ela ensina não é a verdade pronta e acabada mas sim o método da busca da verdade (...). Supõe-se que a instituição que tem a capacidade para decidir o que e como ensinar terá também capacidade para decidir como se organizar para fazê-lo e para definir os meios de que necessita para isso. O controle dos meios por entes fora da universidade — o Estado, por exemplo — não pode ser instrumento de limitação da capacidade ou da liberdade acadêmica da instituição. A verdadeira autonomia que é inerente à ideia de universidade é de natureza acadêmica, mas acaba por se estender aos meios, na medida em que a limitação destes pode tolher aquela".

Segundo esse ponto de vista do relatório essa seria a "universidade de ensino", na medida em que é construída a partir de uma visão de universidade que é "coerente com a existência de uma instituição em que a *pesquisa científica não é uma atividade-fim*, um objetivo em si mesmo, mas em que o uso do método científico se incorpora à prática didática do cotidiano" (destaques meus).

O Relatório GERES propõe como paradigma da universidade brasileira, em contraposição ao modelo da "tradição clássica", o que denomina "Universidade do Conhecimento". Considera que apesar do princípio da indissociabilidade entre o ensino e a pesquisa estabelecido pela Lei 5.540/68, teria havido de fato a introdução de um elemento estranho ao ensino superior brasileiro: a pesquisa. A tentativa homogeneizadora da lei teria gerado um sistema complexo e heterogêneo no qual se distinguem as instituições que de algum modo realizaram o desenvolvimento da pesquisa e da pós-graduação de outras que nem sequer tentaram este modelo.

A realização do paradigma da "Universidade do Conhecimento", que tenha condições efetivas de realizar a ideia da Universidade de Pesquisa, supõe, na concepção do relatório, que esteja baseada em critérios de "desempenho acadêmico e científico, protegida das flutuações de interesses imediatistas, sem inviabilizar contudo sua interação com as legítimas necessidades da sociedade" (e, poder-se-ia dizer, do Estado). É a partir desse paradigma da Universidade do Conhecimento que deverá ser organizado, ainda, o sistema de avaliação da universidade brasileira.[2]

Nessa perspectiva, a autonomia didático-científica da universidade passa a estar subordinada ao critério de "eficiência" do sistema universitário, especialmente em relação ao "investimento" a ele destinado. O controle da universidade não pode ignorar mais a avaliação de seus fins e ficar restrito, como até o presente, ao mero controle burocrático dos meios (orçamentos, número de docentes etc.). Pois, se até agora, apesar da legislação se referir a "um controle finalístico das instituições", na prática este controle nunca foi realizado; o *investimento* de recursos públicos supõe o seu controle "como dever inalienável do Estado". Nesse sentido a autonomia de gestão universitária é inseparável de um controle que "terá que assumir formas outras que o simples controle dos meios": o "controle finalístico" da instituição realizado a partir de um "sistema de avaliação do desempenho".

O sistema de avaliação organizado a partir do paradigma da Universidade do Conhecimento "cumpre então papel importante, não apenas do ponto de vista do controle social da utilização dos recursos, mas também do processo de *formulação de políti-*

---

[2] O Relatório GERES, incorporando a sugestão da Comissão Nacional para a Reformulação do Ensino Superior, propõe a figura do "reconhecimento do *status* universitário" para efeito de obtenção da autonomia didática, administrativa e financeira, realizado pelo sistema de avaliação, para as instituições isoladas de ensino superior, distintas da universidade. Considera que "ainda que o ideal humboldtiano da universidade de pesquisa permaneça como um paradigma, não há como negar que instituições existem, e continuarão a existir em qualquer nação, cujas funções, por mais úteis que sejam à sociedade, não se ajustam a esse padrão". É interessante notar que este procedimento, do "reconhecimento do *status* universitário" para os institutos isolados que comprovarem a sua competência através de mecanismos de avaliação, pode ser aproximado do conceito de "autonomia relativa" da universidade definida pelo decreto de 1931, de Francisco Campos. Verificando a história do ensino superior brasileiro pode-se constatar que esse decreto é o único que explicita restrições ou controles da autonomia universitária.

cas e de estabelecimento de normas para o sistema educacional — o controle finalístico" (destaques meus).

O "projeto modernizante da Universidade do Conhecimento", que assume a perspectiva de que a autonomia didático-científica da universidade deve estar subordinada ao critério de eficiência e ao controle finalístico da instituição pelo Estado (ou pela sociedade por via do Estado), vem constituindo-se nos últimos três anos num grande monólogo institucional. Precisando: monólogo, porque aqui também está presente o registro da ridicularização (como apontava Roberto Romano) ou da desqualificação do debate e dos discursos dos interlocutores de oposição.[3]

---

[3] Cf. especialmente o próprio Relatório GERES que constrói a figura da "Universidade Alinhada" (à qual é contraposta a Universidade do Conhecimento) definida como aquela "cujas atividades são meios para atingir certos objetivos políticos para a sociedade cujos paradigmas são ditados, não pelo desempenho acadêmico dos agentes, mas pelo seu grau de compromisso político-ideológico com as forças populares". A desqualificação política está aqui implicitamente dirigida ao discurso opositor da ANDES, que acentua a "dimensão pública das instituições de ensino superior que se efetiva simultaneamente pela sua capacidade de representação social, cultural, intelectual e científica". Acentua, ainda, que a "condição básica para o desenvolvimento desta representatividade é a capacidade de assegurar uma produção de conhecimento inovador e crítico, que exige respeito à diversidade e ao pluralismo". Defendendo que a universidade é uma instituição social de interesse público, "exige que todas as decisões estejam submetidas a critérios públicos e transparentes". Não assume sequer uma postura contrária à avaliação (evidentemente que a partir de outra perspectiva) quando afirma que o "trabalho docente (ensino, pesquisa e extensão) precisa ser avaliado sistematicamente, a partir de critérios definidos de forma pública e democrática, não só para se defender da tutela e da influência do capital, mas também de qualquer esquema de privilégios corporativos da categoria" (Associação Nacional de Docentes do Ensino Superior, "Proposta das associações docentes e da ANDES para a universidade brasileira", *Cadernos ANDES*, Juiz de Fora, nº 2, jul. 1986).

Cf. ainda: Eunice Durham, "A reforma da universidade", *Revista da USP*, São Paulo, nº 4, mar. 1987; José Arthur Giannotti, *Universidade em*

Embora se tenha perfeita consciência de que o projeto modernizante para a universidade não é nem conjuntural, nem especificamente brasileiro, as posições que se contrapõem ao grande monólogo devem ser explicitadas, mesmo que sob o risco de serem desqualificadas.[4] Explicitadas mesmo diante da magnitude do projeto modernizante, que pode significar, como muito bem aponta Gérard Lebrun, que a "universidade, que foi — desde o começo do século XIX — o principal veículo para a difusão da cultura, bem pode haver completado o seu tempo" e que "pode ser que o século XXI necessite inventar novas modalidades institucionais de aprendizagem". Contra as propostas de controle, subordinadas às ideias de eficácia e rentabilidade, no limite ainda é possível dizer, com Lebrun, que "afinal de contas, a universidade ainda existe — e acontece que em alguns lugares a sua vocação formadora não se exauriu por completo. Nessas condições, eu me espanto de ver que os médicos mais zelosos dessa velha senhora lhe prescrevem uma beberagem que lhe será fatal. Todos devem ter o direito de morrer em paz" (Lebrun, 1986).

ritmo de barbárie, São Paulo, Brasiliense, 1986, e do mesmo autor "O mérito do poder e o poder do mérito", *Folha de S. Paulo*, Folhetim, 04/08/1985; Simon Schwartzman, "Última chance para as universidade", *Folha de S. Paulo*, Tendências e Debates, 19/10/1986.

[4] Cf. o livro de Laurent Schwartz, *Para salvar a universidade* (São Paulo, Edusp, 1984), que defende também a modernização da universidade na França e um sistema de avaliação com paradigmas muito semelhantes aos propostos atualmente no Brasil (ao que tudo indica, o autor foi uma referência importante para os intelectuais brasileiros que têm participado da elaboração de propostas sobre a avaliação). Preocupado com o distanciamento da França na competição internacional, especialmente diante dos Estados Unidos e do Japão, no que se refere à pesquisa, defende, tomando como padrão a Alemanha, que esta seja a *"primeira* das funções da universidade".

O CONTROLE FINALÍSTICO
DA UNIVERSIDADE
E A QUESTÃO DA AUTONOMIA

Um dos pontos prioritários, embora pouquíssimo desenvolvido no Relatório GERES, é o da proposta de unificação dos regimes jurídicos das autarquias e fundações universitárias numa só instituição: a "universidade", "novo ente" jurídico. Essa alteração, com a qual desaparece a figura da autarquia, tem profundas implicações no que se refere à concepção da autonomia da universidade e é absolutamente coerente com a proposta do seu controle finalístico. Essa proposta implica a modificação da Lei 5.540 de 1968 que manteve a forma da autarquia para as universidades públicas tal como instituída pela Lei de Diretrizes e Bases de 1961.

As reflexões desenvolvidas por Franklin Leopoldo e Silva sobre o significado e as implicações da *autarquia* universitária são fundamentais para a discussão de uma concepção de autonomia, que possa ser contraposta à expressa no "binômio autonomia-avaliação" (Silva, 1987b).

O autor, indagando sobre o siginificado da autarquia, mostra como "na raiz da expressão está definida, semanticamente, a ideia de autossuficiência. Mas a própria autossuficiência se define como meio para atingir um fim, e acaba se confundindo com ele. (...) A autossuficiência ganha sentido, portanto, quando conjugada com uma meta a ser atingida. Pois a autossuficiência não é senão o estado adequado à obtenção de certa finalidade, a qual, por outro lado, só pode ser alcançada *na* e *pela* autossuficiência" (destaques meus).

Tal definição da autarquia como forma de ser da universidade é absolutamente central para entender a sua relação com a sociedade e com o Estado. É "no entremeio desta relação (função social e dependência do Estado) que a autonomia da universidade se define e se afirma o seu caráter autárquico. Se a função social da universidade fosse atender às demandas imediatas da sociedade estaria justificada a identificação entre função social e controle do Estado, pois a universidade estaria orientada para uma relação que consistiria em suprir a sociedade por meio de serviços diretos e especificamente delimitados. Nesse caso, a sua própria função excluiria a organização autônoma da sua atividade. A universidade organiza-se autarquicamente na exata medida em que sua função social caracteriza-se pela *mediação* que deve existir entre necessidades sociais e a maneira como a universidade busca atendê-las. Nesse sentido, a função social da universidade caracteriza um campo de relações indiretas com as necessidades sociais e, por isso, também um espaço de relações indiretas com o Estado enquanto intérprete e coordenador dessas necessidades. Há, portanto, uma descontinuidade entre a representação estatal da sociedade e aquilo que a universidade se representa como sendo a forma de cumprir sua função social" (Silva, 1987b).

Na autarquia, está contido o pressuposto de que a autonomia da universidade "significa a independência diante do poder governamental, respeitada a obrigação que tem a universidade de prestar contas e justificar o custo de suas atividades". Não se trata de "divórcio entre universidade e sociedade ou entre universidade e Estado". Trata-se apenas de que "a relação que a universidade mantém com o Estado é moldada numa instância específica caracterizada pela autonomia do trabalho acadêmico". A autarquia, supondo independência da universidade, e não divórcio, implica que a "autonomia é condição do desenvolvimento do trabalho universitário e da obtenção das finalidades acadêmicas. (...) Esta independência é pois a condição primordial para que a universidade possa prestar serviços e inserir-se produtivamente no contexto social" (Silva, 1987b).

Essa perspectiva, como deve ter ficado claro, não supõe de modo algum um controle finalístico da universidade pelo Estado. Menos ainda supõe um *controle finalístico* na ótica investimento-custo/benefício que insere definitivamente a universidade na lógica do planejamento econômico, como qualquer outra instituição estatal ou privada.

A INSERÇÃO DA UNIVERSIDADE NA LÓGICA DO PLANEJAMENTO RACIONAL

A concepção da universidade em que a pesquisa é uma *atividade-fim*, defendida pelo Relatório GERES como condição da modernização da sociedade brasileira, coincide, por um lado, com a pressão da chamada comunidade científica, no sentido da obtenção de mais recursos para a pesquisa na universidade pública e, por outro, com a intenção do Estado da Nova República de voltar a investir efetivamente verbas para a formação de recursos humanos e para o desenvolvimento da pesquisa na universidade.[5]

O Plano de Metas para a Formação de Recursos Humanos e Desenvolvimento Científico, da CAPES-CNPq (1987-1989), indica claramente que "para *poder* atingir a sua independência econômica, científica e tecnológica no próximo século, o Brasil precisa cuidar já, e muito *seriamente*, da formação de sua base científica, isto é, precisa formar seus cientistas em *quantidade, qualidade* e *perfil* adequados ao seu modelo de desenvolvimento".

Os *déficits* na formação de mestres e doutores no país deverão ser compensados por treinamento no exterior e por "medidas para possibilitar a melhoria de produtividade". No seu diagnóstico, o documento afirma ainda que "todas as áreas de conhecimento são deficitárias em *estoque* de cientistas". Isso porque "sabe-se que a distribuição de pesquisadores por áreas, existentes no país hoje, desenvolveu-se de maneira espontânea e aleatória, sem alguma política que orientasse esses processos de tamanha complexidade. Seguiu-se muito mais uma lógica interna de

---

[5] Nem toda a pressão da comunidade científica para obtenção de mais verbas para pesquisa para a universidade coincide com a perspectiva da pesquisa como *atividade-fim*. Por outro lado, a postura da Nova República de voltar a investir na pesquisa na universidade significa efetivamente uma alteração da orientação do Estado, na medida em que nos anos 70 o investimento foi prioritariamente alocado nas instituições de pesquisa extrauniversitárias, como será tratado mais adiante neste texto.

desenvolvimento de cada área do que um *planejamento racional* face às necessidades de desenvolvimento global do país" (destaques meus). Impõe-se, portanto, "uma nova estratégia que tente orientar de maneira ordenada e progressiva os rumos e o novo perfil a ser coberto pelas áreas, face às necessidades do país definidas pelos programas prioritários e áreas estratégicas" — Informática, Engenharia e Ciências dos Materiais, Biotecnologia e Química Fina (Plano Nacional de Desenvolvimento da Secretaria de Planejamento da Presidência da República — PND-SEPLAN). Ao destacar a necessidade de uma "reserva" para as áreas prioritárias, afirma que isso "não impede que cada área do conhecimento reavalie sua situação e reoriente seus esforços no sentido de atender as necessidades de desenvolvimento global do país".

A modernização da universidade supondo o planejamento racional de suas atividades, em especial de sua atividade-fim, a pesquisa, insere-se no movimento típico da sociedade contemporânea que, como afirma Giannotti, "resulta na conversão da Ciência em força produtiva e fonte do monopólio em que o capital contemporâneo haure a sua força" (Giannotti, 1985, p. 115). De um outro ângulo teórico, trata-se da inserção da Universidade e da Ciência, portanto, da esfera da cultura, no processo de racionalização crescente da sociedade moderna e contemporânea. No limite, a burocratização crescente da esfera da cultura (e da ciência), com a transformação da universidade numa grande organização de caráter racional, na qual esta racionalidade de caráter funcional, instrumental, ou formal, está subordinada à ideia de *cálculo* (Chaui, 1985).

A universidade inserida na lógica do capital como produtora de uma ciência que se converte em força produtiva configura-se como uma instituição subordinada à uma gestão econômica tecnicamente viável.

Não há planejamento racional possível, em qualquer esfera da sociedade, sem *avaliação* permanente dos alvos a serem atingidos em função das metas propostas. A avaliação é um *procedimento técnico* inerente ao planejamento racional e nesse sentido supõe *metodologias* adequadas à sua realização, que permitem mensurar a *eficácia real* da organização, assim como a sua *eficácia possível*.

Nesse sentido, a *avaliação*, como técnica de controle inerente ao planejamento racional, de mensuração da rentabilidade, da produtividade das organizações, tem apenas uma aparência de neutralidade, porque ao estar subordinada ao processo de planificação da sociedade, expressa tecnicamente os projetos *políticos* de desenvolvimento do Estado, para a sociedade. Além disso, o processo de inserção da Universidade e da Ciência na lógica do capital, ou no processo de racionalização crescente da cultura, significa também a definição de uma *política* universitária e de uma *política científica*, a partir de uma determinada *opção política* pelo desenvolvimento.[6]

AVALIAÇÃO DO ENSINO SUPERIOR: DA CONSCIÊNCIA DA NECESSIDADE À PRÁTICA

Decorrido apenas um ano da divulgação do Relatório GERES, a discussão passa hoje para um novo registro: da consciência da necessidade da avaliação à prática avaliativa. Configuram-se já nesse registro propostas relativas a funções e metodologias

---

[6] Para essa discussão, consultar Luiz Pereira, *História e planificação: ensaios de sociologia do desenvolvimento*, São Paulo, Pioneira, 1970. Atentar, ainda, para a distinção que esse autor estabelece entre as duas modalidades de planificação no sistema capitalista: a planificação indicativa e a planificação flexível, cuja diferença é de extensão e intensidade. Na primeira, há ausência de plano econômico estatal explícito e detalhado, e a ação estatal é basicamente indireta, realizada sobretudo pela manipulação dos instrumentos de política econômica conhecidos como estabalizadores (maior predominância das regras de mercado). Na segunda, o Estado erige-se em diretor de atividade econômica e há elaboração de plano estatal em que se fixam as metas das economia nacional e os meios para alcançá-las. A ação do Estado não é apenas *indireta*, mas também direta (pp. 38-9).

de avaliação do ensino superior, assim como experiências-piloto de avaliação a partir de metodologias já construídas.[7] Indicativo dessa tendência é o texto de Simon Schwartzman (também relator da Comissão Nacional para a Reformulação da Educação Superior), "Funções e metodologias de avaliação do ensino superior" (Schwartzman, 1987). Nesse texto, escrito por um acadêmico de reconhecido valor, fica explícito o discurso do técnico em planejamento institucional, ou planejamento das organizações.

Referindo-se à questão da *qualidade* a ser trazida para o primeiro plano nas discussões que afetam a vida universitária, propõe o diagnóstico de que "instituições de ensino, *como quaisquer outras instituições*, funcionam muitas vezes em situações em que a qualidade de seu trabalho é estimulada, e em outras em que essa qualidade é desestimulada, ou impedida de florescer" (destaque meu). Outro pressuposto apresentado é o de que existe uma "tendência natural à entropia" nas instituições de modo geral e que, portanto, "são necessários estímulos específicos para que as condições de excelência e bom desempenho se desenvolvam".

Essa análise aplicada a instituições de ensino superior supõe a existência de um *mercado educacional*: onde "estudantes podem escolher com liberdade suas escolas, os professores podem optar por se transferir de uma universidade para outra e instituições de apoio à pesquisa podem escolher que projetos e que instituições financiar".[8]

---

[7] Cf. Léa Maria L. S. Velho, "Elaboração de uma estratégia experimental de avaliação do desempenho em pesquisa da USP" (documento distribuído). Confronte ainda da mesma autora, "Avaliação do desempenho científico", in: *Quanto vale uma universidade?*, Caderno USP, CODAC-USP, out. 1986. Consultar ainda, Cláudio C. Neiva, "Avaliação do ensino superior: diretrizes e bases para uma política", in: *Dois Pontos*, edição especial, Brasília, SESU/MEC, nº 37, set. 1987.

[8] A esta perspectiva que supõe a existência de um "mercado educacional", podem ser contrapostas as sérias reflexões de Pierre Bourdieu sobre os efeitos da "lógica de concorrência" aplicada à educação, na França. "Pro-

Os "processos avaliativos" seriam o principal instrumento para o desenvolvimento de um "mercado de qualidade". E o que deixa absolutamente explícito que o discurso do planejamento racional, que visa a organização, não distingue se esta é uma empresa privada, uma instituição pública, ou uma universidade, são os termos da analogia estabelecida entre a universidade e a fábrica. "Uma fábrica que produz um produto que o mercado não compra, ou que perde seus melhores funcionários por não lhes dar condições adequadas de trabalho, perde competitividade e é forçada a melhorar o seu desempenho ou fechar suas portas. Instituições públicas podem perdurar indefinidamente, a existência de alternativas de trabalho para seus profissionais mais qualificados pode ajudar a diminuir a pressão interna para melhoria de desempenho e assim reforçar os elementos de estagnação."

A existência do "mercado de qualidade", segundo Schwartzman, é absolutamente essencial, ainda, para que os "recursos externos de todo tipo" sejam preferencialmente alocados nas instituições melhor avaliadas e de maior prestígio, servindo simultaneamente de "estímulo a que situações de estagnação e mau desempenho se tornem inaceitáveis".

Na proposta, ainda, são sugeridas técnicas para a avaliação tanto do desempenho acadêmico dos estudantes ("testes padronizados de conhecimento aos alunos dos cursos — Phi Delta Kappan — 1985"), que permitem tanto a comparação entre os resultados iniciais e finais dos cursos, quanto dos "requisitos técnicos e profissionais requeridos" — a avaliação do desempenho. Essa análise, que supõe o mercado de trabalho como o lugar da demanda das qualificações necessárias, precisa prever também, nas si-

---

por como ideal a empresa e a concorrência, e depois o modelo americano, o modelo japonês, é instalar um vazio no centro do sistema de valores". Efetivamente a questão é séria quando se sabe que no Brasil (como também na França, segundo Bourdieu) a educação está marcada pela presença dos *lobbies* pedagógicos, dos "grupos de pressão corporativos", dos "serviços de ministérios". Cf. Pierre Bourdieu, "Entrevista", *Folha de S. Paulo*, 15/12/1986.

tuações de "grande mudança", de "avanço de tecnologia", as demandas futuras de "determinados perfis profissionais, ou a obsolescência de outros".[9] A "técnica de Delphi" permitiria a construção das características das futuras demandas, a partir de previsões elaboradas por pessoas mais qualificadas nas suas especialidades, que passariam, a seguir, por um processo de consolidação por via de "discussões e reavaliações".

A questão da eficácia do planejamento institucional, *em qualquer que seja a instituição*, como ficou claro no discurso que está sendo analisado, evidenciada e mensurada pela avaliação como procedimento técnico, é absolutamente central quando se trata de explicitar os processos avaliativos.

No texto "Funções e metodologias de avaliação do ensino superior", ainda, a questão é discutida em item específico, valendo a pena uma análise mais detalhada do seu teor. A partir da distinção entre *eficácia* e *eficiência*, o texto considera que "estudos de avaliação distinguem geralmente entre *eficácia*, que é a capacidade de obter determinados resultados, e *eficiência*, que é uma medida de produtividade, ou seja, da capacidade de produzir determinado resultado por unidade de custo. O termo *efitividade* é às vezes utilizado para caracterizar uma combinação entre eficiência e eficácia (...)".

---

[9] Diante desse tipo de proposição é preciso estar bastante atento à função que caberia às humanidades quando da construção de um paradigma científico-tecnológico para a universidade. É altamente coerente com esse paradigma a colocação das humanidades como "apêndice" do sistema de produção do saber e, no limite mesmo, a "recusa" do lugar e da função cultural das humanidades. Para essa discussão, confronte o texto de Franklin Leopoldo e Silva, "O papel das humanidades no contexto tecnológico", *Revista da USP*, n° 4, mar. 1987a. É interessante notar que esse tipo de preocupação é revelado também por Bourdieu, em relação à França, quando diante da proposta governamental de ajustar a produção de diplomas à demanda econômica, aponta a eventual inutilidade dos estudantes de Letras, por exemplo. Segundo ele, esse tipo de proposta significaria a "desqualificação de toda forma de pesquisa 'gratuita', artística ou científica" (Pierre Bourdieu, *op. cit.*).

Ressalta que, embora as discussões propostas (funções da avaliação e dimensões de qualidade) tenham sido até determinado momento do texto elaboradas a partir da categoria *eficácia*, ou seja, a "análise do desempenho conseguido, independentemente dos custos", a categoria *eficiência* (capacidade de produzir determinado resultado por unidade de custo) permite colocar os resultados evidenciados pela eficácia, "em perspectiva". Dentre as várias *medidas* possíveis de *eficiência* estariam: taxa de evasão dos cursos, número de professores por curso, custo *per capita* de um aluno formado, ou de um aluno cursando, número de funcionários administrativos por professores, ou alunos, indicadores aproximados de desempenho científico (publicações, número de doutorados etc.). Seria possível, ainda, estabelecer *padrões de desempenho* para instituições do mesmo tipo e compará-las entre si.

Pondera, no entanto, que "a análise de eficiência não deve perder de vista os objetivos finais da educação superior, aos quais ela deve sempre se subordinar". Ressalta, porém, ainda, que é evidente que "a utilização *adequada* de recursos humanos e materiais deve ser uma preocupação constante em qualquer processo avaliativo (*Review of Higher Education*, 1985)".

É interessante ressaltar a ponderação de que a análise da eficiência deve estar subordinada aos objetivos finais da educação superior. Como se procurou mostrar, até o momento, os próprios objetivos finais da instituição estão inscritos na lógica do planejamento do ensino superior, que se pretende implantar, e que define a pesquisa como *atividade-fim* subordinada ao modelo de desenvolvimento econômico do país, portanto submetida à lógica da eficiência de sua implantação.

A avaliação como expressão técnica dos projetos *políticos*, seja na definição de políticas científicas como na de políticas para a universidade, fica absolutamente evidente quando os processos avaliativos se defrontam com as diferentes concepções do que seja *qualidade*. O texto "Funções e metodologias" enfrenta essa questão afirmando que estas diferentes concepções, que resultam "dos diversos setores que participaram da atividade educativa", deverão ser identificadas ao mesmo tempo em que se deve realizar a escolha de quais dimensões de qualidade serão objeto do processo avaliativo. Essa escolha seria também *"política*, na medida em que supõe uma decisão a respeito de quais valores devem merecer maior ou menor atenção" (destaques meus). O texto recomenda ainda que em função desta dimensão política dos processos avaliativos, estes "devem ser da responsabilidade de instituições ou setores dotados de grande *legitimidade e autoridade* no meio acadêmico" (destaques meus).

Retomamos com isso o primeiro ponto discutido neste trabalho, o das "Comissões de Alto Nível". Em nome da ciência, da afirmação de critérios científicos e da adoção da lógica da eficácia, fica a responsabilidade da avaliação atribuída à "comunidade dos sábios". Fica também claro que a lógica da eficácia é inteiramente incompatível com o debate e a discussão ampla dos processos avaliativos, realizadas pelos sujeitos envolvidos na atividade universitária. Mais do que isto, implica no puro descarte que estes sujeitos possam "legislar sobre o seu próprio agir" (Romano, 1987, p. 82).

A universidade incorporada ao processo de planificação global da sociedade, realizado pelo Estado, na dependência ainda das "Comissões de Alto Nível", nomeadas pelo Executivo (seja no nível do Estado ou de outras estruturas menores do poder) fica subordinada ao mesmo realismo político e técnico que informa os processos de decisão relativos às demais dimensões da sociedade, quaisquer que elas sejam.

O BINÔMIO PLANEJAMENTO-AVALIAÇÃO NÃO É UMA NOVIDADE NA HISTÓRIA DA UNIVERSIDADE BRASILEIRA

O impacto causado hoje pela linguagem técnica do discurso do planejamento, formulado pelo Estado, para a universidade — sentido por alguns de seus setores — pode ser explicado pelo fato de que a partir dos anos 70, a universidade brasileira, em graus diferentes, ficou de algum modo preservada, como objeto desse discurso e dessa prática. Preservada, ironicamente, porque deixou de ser, para o Estado do regime militar, área prioritária para capacitação e investimento em pesquisa científica e tecnológica, processo que implicou acentuada diminuição de recursos para a universidade de modo geral e para a pesquisa em particular.

O modelo implantado pelo regime militar nesse período consistiu basicamente: na montagem de uma estrutura extrauniversitária de pesquisa, na tendência à diminuição acentuada das verbas para as universidades, no repasse de recursos públicos ao setor privado e no incentivo à criação de fundações.

Como demonstram Fernanda A. da Fonseca Cabral, Maria Francisca Sales Pinheiro e Sadi Dal Rosso, houve, nos anos 70, a montagem de uma estrutura extrauniversitária de pesquisa, definida pela política de desenvolvimento do país (projeto Brasil Grande). O planejamento estatal estabeleceu de fato uma divisão do trabalho entre as universidades e as instituições de pesquisas extrauniversitárias, cabendo à universidade a tarefa de formação de recursos humanos e àquelas instituições a atividade de pesquisa científica e tecnológica (Sobral, Pinheiro, Rosso, 1987).

Apesar dessa política, a pesquisa universitária, sobretudo a básica, é realizada nesse período, ainda que desprovida de grandes investimentos públicos. As áreas estratégicas ou de retorno econômico imediato ficaram com as instituições de pesquisas extrauniversitárias que contaram com investimento maciço por parte do Estado.

O modelo foi caracterizado, ainda, conforme demonstra o trabalho já citado e também a investigação de Carlos Benedito Martins, pela privatização do ensino superior que significou o estímulo à expansão das instituições de ensino superior privado, com subsídio do Estado, e na consequente diminuição das verbas para as universidades com o repasse de recursos públicos para o setor privado (Martins, 1989).

Finalmente, a política desse modelo produziu o surgimento das fundações, por meio do seguinte mecanismo: acentuada diminuição de verbas para a universidade associada ao incentivo ao estabelecimento de convênios entre as universidades e as empresas privadas. A criação das fundações correspondia ao pressuposto de que o serviço público é intrinsecamente *ineficiente* e que a universidade só poderia funcionar bem se fosse semelhante a uma empresa. Realizando pesquisas com maior "agilidade" (eficácia), captavam recursos de empresas e agências de financiamento com o objetivo principal de prestação de serviços (ADUSP, 1985).

Com o advento da Nova República há uma reorientação explícita do modelo anterior e se passa a propor a urgente necessidade de avanço da capacitação técnica e científica do país, por meio do estímulo ao setor privado e *a partir da recuperação a curto prazo da capacidade de pesquisa e pós-graduação nas instituições universitárias*. Para essa recuperação seriam destinadas dotações do Tesouro assim como haveria o suporte da FINEP e do CNPq em estreita articulação com o MEC e suas agências. Propõe-se ainda a integração entre universidade e empresa, através da remoção dos entraves burocráticos existentes.[10]

Esta reorientação do Estado da Nova República reintroduz o discurso do planejamento em relação à universidade, submetida, a partir de então, à linguagem técnica do economista, tal como evidenciam os planos elaborados. Fica posto, desse modo, o binômio planejamento-avaliação, na medida em que, como se demonstrou anteriormente, não há planejamento racional possível sem avaliação permanente das metas a serem atingidas.

O binômio planejamento-avaliação não é no entanto uma novidade na história da universidade brasileira. Mesmo a constituição das comissões de alto nível nomeadas pelo Executivo tem raízes bem mais antigas do que as apresentadas até o momento neste texto.

Rudolph Atcon, conhecido pelo famoso "Relatório Atcon", tão combatido pelo movimento estudantil dos anos 60, esteve no

---

[10] Programa de Metas para a Ciência e Tecnologia (SEPLAN, documento distribuído).

Brasil entre 1953 e 1956 prestando serviços à Campanha (depois Coordenação) de Aperfeiçoamento de Pessoal de Nível Superior (CAPES) do Ministério de Educação. Conforme aponta Luiz Antônio Cunha, retorna logo após o golpe de 64 e é então contratado pela Diretoria do Ensino Superior, em 1965, para propor alterações estruturais para as universidades brasileiras. Visitando 12 universidades elabora um "diagnóstico" (avaliação) que lhe dá condições para a realização do seu relatório. Simultaneamente, no primeiro semestre de 1965, realiza-se o primeiro acordo entre o Ministério da Educação e Cultura (MEC) e a United States Agency for International Development (USAID) para organizar a "Equipe de Assessoria ao Planejamento do Ensino Superior" (Comissão de Alto Nível).

Ambas as iniciativas visavam o planejamento do ensino superior brasileiro propondo a modernização da universidade.

Por proposta de Atcon é criado em 1966 o Conselho de Reitores das Universidades Brasileiras (CRUB) para servir de ligação direta entre a USAID e as universidades. Atcon foi o seu primeiro secretário. O objetivo do CRUB (Comissão de Alto Nível) era o de se constituir em agente da reforma universitária, pela via da sua modernização administrativa, tomando como modelo a universidade americana (Cunha, 1986).

A proposta modernizante para a universidade nesse período, que partia de Atcon e dos acordos MEC-USAID, implicava: a concepção da educação como "instrumento de aceleração do desenvolvimento", a proposição de que a universidade deveria estar a serviço da produção prioritária; a criação de condições racionais para a administração da universidade; a concepção da universidade como *sendo* ou *devendo funcionar como* uma empresa privada; a proposição de que a universidade deveria estar subordinada ao "máximo de rendimento, com a menor inversão".[11]

---

[11] Cf. Acordo MEC-USAID e Relatório Atcon, in: *Revisão*, São Paulo, nº especial, maio de 1967.

Introduziu-se, com estas formulações, um novo tipo de pensador da educação no país: o economista. Desta maneira tomou forma, de modo acentuado, a tradução das questões educacionais nos termos da linguagem "investimento/custo-benefícios". Como aponta Luiz Antônio Cunha, a partir do golpe de 64, dissemina--se amplamente este modo de pensar (Cunha, 1986, p. 320).

Esse tipo de concepção chega a influenciar o GT federal da Reforma Universitária de 1968, embora "a composição heterogênea do GT, abrangendo pessoas de formação filosófica idealista e economistas tecnicistas" tenha levado a "uma concepção dualista da universidade" (Cunha, 1986, p. 303). De todo modo o texto do GT, no que incorpora da linguagem tecnicista, está impregnado pela ideia de racionalização da universidade, e estabelece as suas diretrizes a partir das categorias da eficácia e da produtividade.

É difícil explicar, de um modo mais rigoroso, porque este modelo nos anos 70 não foi inteiramente aplicado às universidades, ou seja, porque estas deixaram de ser para o Estado do regime militar, nesse período, áreas prioritárias para a capacitação e investimento em pesquisa científica e tecnológica. É possível supor, na ausência de uma investigação mais aprofundada, que a resistência explícita das universidades até o final de 1968 a esse modelo, e mesmo a resistência, mais ou menos silenciosa, a partir de 1969, tenham levado à reorientação das prioridades de investimento em educação e em pesquisa pelo regime militar, tal como foi caracterizado anteriormente.

De todo modo, o que é interessante marcar é que a análise da história da universidade brasileira, a partir de 1964, permite verificar que no "novo" discurso para a universidade da Nova República ressoa a mesma linguagem, tão combatida nos anos 60. E o que é pior, hoje como a linguagem absolutamente normal das sociedades contemporâneas, para os mesmos ouvidos críticos do passado.

(1989)

REFERÊNCIAS BIBLIOGRÁFICAS

ACORDO MEC-USAID E RELATÓRIO ATCON. *Revisão*, São Paulo, n° especial, mai. 1967.

ASSOCIAÇÃO DE DOCENTES DA UNIVERSIDADE DE SÃO PAULO. "Subsídios para uma política de ensino superior e pesquisa". *Jornal ADUSP* (10), fev. 1985.

ASSOCIAÇÃO NACIONAL DE DOCENTES DO ENSINO SUPERIOR. "Proposta das associações de docentes e da ANDES para a universidade brasileira". *Cadernos ANDES*, Juiz de Fora, (2), jul. 1986.

ANTUNHA, H. *Universidade de São Paulo: fundação e reforma*. São Paulo, CRPE, Estudos e Documentos, vol. 10, 1974.

BOURDIEU, P. "Entrevista". *Folha de S. Paulo*, 15/12/1986, p. A-14.

CARDOSO, I. "Amor à pátria: ensino pago e cabeça vazia". *Senhor*, número especial: "1964-1984", São Paulo, n° 159, 04/04/1984.

_____. "A universidade e o poder". *Revista da USP*, São Paulo, n° 6, jul./set. 1987.

CHAUI, M. "Sábios e sabidos, uma discussão ociosa". *Folha de S. Paulo*, Folhetim, 22/09/1985.

COMISSÃO DE ESTUDOS DA SBPC SOBRE A UNIVERSIDADE. "A universidade brasileira e o projeto GERES". *Jornal ADUSP* (17), mar. 1987.

COMISSÃO NACIONAL PARA A REFORMULAÇÃO DA EDUCAÇÃO SUPERIOR. "Uma nova política para a educação superior", relatório final, Brasília, MEC/SESU, nov. 1985.

CUNHA, L. A. *A universidade reformanda: o golpe de 1964 e a modernização do ensino superior*. Rio de Janeiro: Francisco Alves, 1988.

DUHARCOURT, P. "Enseignement supérieur et recherche: l'enjeu d'une transformation". *La Pensée* (254), nov./dec. 1986.

DURHAM, E. R. "A universidade brasileira: os impasses da transformação". *Ciência e Cultura*, São Paulo, 38 (12): 2.004-18, dez. 1986.

_____. "A universidade novamente em debate". *Folha de S. Paulo*, Tendências e Debates, 21/11/1986.

_____. "A reforma da universidade". *Revista da USP*, São Paulo, (4): 9-42, mar. 1987.

FERNANDES, F. *Universidade brasileira: reforma ou revolução*. São Paulo: Alfa-Ômega, 1975.

FRANCO, M. S. "Novos e últimos bárbaros". *Folha de S. Paulo*, Folha Ilustrada, 28/06/1986.

GIANNOTTI, J. A. "O mérito do poder e o poder do mérito". *Folha de S. Paulo*, Folhetim, 04/08/1985.

_____. "A douta incompetência". *Folha de S. Paulo*, Folhetim, 29/09/1985.

_____. *Universidade em ritmo de barbárie*. São Paulo: Brasiliense, 1986.

_____. "A universidade e a crise". In: *Filosofia miúda e demais aventuras*. São Paulo: Brasiliense, 1985.

GIANNOTTI, J. A.; CHAUI, M. "Entrevista". *Folha de S. Paulo*, 04/01/1987.

LEBRUN, G. "Da rentabilidade". *Folha de S. Paulo*, Tendências e Debates, 31/08/1986.

MARTINS, C. B. "O novo ensino superior privado no Brasil (1964-1980)". In: *Ensino superior brasileiro: transformações e perspectivas*. Brasiliense: São Paulo, 1989.

NEIVA, C. C. "Avaliação do ensino superior: diretrizes e bases para uma política". *Dois Pontos*, edição especial, Brasília, SESU/MEC, n° 37, set. 1987.

PEREIRA, L. "História e planificação". In: *Ensaios de sociologia do desenvolvimento*. São Paulo: Pioneira, 1970.

ROMANO, R. "Universidade, estatuto e constituição política". In: *Lux In Tenebris: meditações sobre filosofia e cultura*. São Paulo/Campinas: Cortez/Ed. Unicamp, 1987.

SCHWARTZ, L. *Para salvar a universidade*. São Paulo: Edusp, 1984.

SCHWARTZMAN, S. "O que fazer com a universidade?". *Ciência e Cultura*, São Paulo, 37(7): 229-34, jul. 1985.

_____. "Última chance para as universidades". *Folha de S. Paulo*, Tendências e Debates, 19/10/1986.

_____. "Funções e metodologias de avaliação do ensino superior — primeira parte". *Dois Pontos*, edição especial, Brasília, SESU/MEC, nº 37, set. 1987.

SILVA, F. L. "O papel das humanidades no contexto tecnológico". *Revista da USP*, São Paulo, nº 4, mar. 1987a.

_____. "Universidade: meios e fins". São Paulo, 1987b. (texto inédito)

SOBRAL, F. A. F. *et al.* "Ensino superior: descompromisso do Estado e privatização". *Revista Educação e Sociedade*, São Paulo, nº 28, dez. 1987.

TOURAINE, A. "O fim das universidades: projeto para uma nova instituição". In: *Cartas a uma jovem socióloga*. Rio de Janeiro: Paz e Terra, 1976.

VELHO, L. M. L. S. "Elaboração de uma estratégia experimental de avaliação do desempenho em pesquisa da USP". (documento distribuído)

_____. "Avaliação do desempenho científico". In: *Quanto vale uma universidade?* Cadernos USP, CODAC/USP, out. 1986.

4.
IMAGENS DA UNIVERSIDADE E OS CONFLITOS EM TORNO DO SEU MODO DE SER

Cooperação universidade-empresa-Estado, parceria universidade-empresa, transferência de conhecimento da universidade para o setor produtivo, interface da universidade com o sistema empresarial, a universidade como prestadora de serviços — são algumas das formulações presentes nos discursos que circulam em diferentes fóruns: universidades, sociedades científicas, secretarias de ciência e tecnologia, instituições de fomento à pesquisa. Esses discursos têm apontado para a consciência crescente, da universidade e das instituições de fomento à pesquisa, quanto à necessidade dessas instituições poderem e deverem contribuir para o desenvolvimento tecnológico e econômico do país. Velhos dogmas e tabus da comunidade acadêmica, cristalizados em posições puristas contrárias a uma ligação imediata da universidade com o Estado ou a sociedade, ou posições especificamente contrárias à interação universidade-empresa, viriam, paulatinamente, sendo substituídos por uma nova consciência, em que a questão da inovação tecnológica se coloca, para a universidade, não mais como uma opção, mas como uma exigência.[1]

---

[1] Cf. o conjunto de textos: José Fernando Perez, "Universidade-empresa: a parceria necessária", *Folha de S. Paulo*, 06/01/1995, p. 1.3; Flávio Fava de Moraes, "Entrevista", *Jornal da USP*, 12-18/12/1994, p. 3; Oscar de Paula, "País ainda enfrenta muitos obstáculos para crescer", *Jornal da USP*, 24-30/10/1994, p. 3; Rogério Meneghini, "O perfil desejado de um docente", *Jornal da USP*, 05 a 11/12/1994, p. 2; Emerson Kapaz, "Desenvolvimento, conhecimento e cidadania", *Folha de S. Paulo,* jan. 1995, p. 1-3.

Propositalmente refiro-me a discursos que circulam e não propriamente a um debate, já que este, no momento, é quase inexpressivo. Mas apesar disso, outros discursos, com menor poder de abrangência pública, também estão em circulação, apontando para uma outra direção, a do engajamento necessário da universidade nas lutas populares recentes do país, condição da superação do estado ainda oligárquico e patrimonialista da sociedade brasileira (Iokoi, 1994).

As duas orientações de discursos referem-se a uma questão comum: a da definição da relação da universidade com o seu contexto. De maneiras diferentes, procuram definir o modo de ser da instituição no interior dessa relação.

Velhos dogmas e tabus? Novas questões? Ou será que se trata de uma mesma questão que atravessa a história da universidade, tanto na dimensão da longa duração, quanto na do passado mais recente dessa instituição no Brasil?

Permanecer numa posição inteiramente marcada pelas condições do presente, sujeita às suas exigências ou aos necessários engajamentos, significa, por um lado, adotar a perspectiva da relação imediata da universidade com a sociedade ou o Estado e, por outro lado, levando em conta as diferentes orientações discursivas apontadas anteriormente, considerar que o modo de ser da instituição estará determinado pela capacidade de poder dessas orientações.

Colocar-se numa outra posição, qual seja, a de problematizar em si mesma a relação da universidade com o seu contexto, suscita a indagação sobre a permanência dessa questão na história da universidade. Essa permanência, que emerge no presente quando se toma o passado como referência, constituirá propriamente o problema a ser enfrentado.

O recurso à pesquisa historiográfica sobre a universidade, focalizando esse problema, permite perceber que ela é permanentemente atravessada por conflitos em torno de seu sentido, que tomam formas diversas nas conjunturas históricas, mas que indicam também a repetição de uma mesma questão.

A origem da universidade, assim como da Igreja e do Estado moderno, não é recente. A universidade surpreende pela sua longevidade e pela sua capacidade de decair e ressurgir (Minogue, 1981). A reconstrução de algumas imagens a partir de recortes históricos permitirá visualizar a questão.

A universidade tem origem na Idade Média como corporação legal que adota o termo *universitas*, que designava qualquer espécie de associação legal. Antes de sofrer os efeitos dos poderes da Igreja ou do Estado, a universidade era apenas uma associação, isto é, uma "reunião de pessoas — professores e alunos — que partilhavam o ensino e debates numa cidade (...) A universidade não era ainda organizada com padrões e regras rígidas: sua finalidade — o estudo comum e o debate — sobrepunha-se aos meios que lhe serviam" (Romano, 1988, p. 64).

Esta primeira imagem é significativa porque de algum modo expressa o início de um conflito permanente, na história da universidade, entre um modo de ser que preserva a autonomia na produção do saber e um outro que faz da instituição o lugar de respostas a demandas externas (seja em relação ao poder da Igreja, ao poder do Estado ou à própria Sociedade). "Liberdade e autonomia, na instituição universitária, foram conseguidas em séculos de conflitos com os poderes laicos, religiosos, econômicos" (Romano, 1988, p. 64). A sua longevidade, enquanto instituição, atesta o fato de que, apesar de ter servido, não raramente, "como fiel mantenedora dos limites a serem impostos ao pensamento" (Romano, 1988, p. 64) manteve, sob a forma de conflito, permanentemente, o sentido daquela primeira imagem, qual seja, a da independência em relação ao seu contexto, sob a forma de uma autonomia da produção do saber.

A reconstrução histórica da universidade na temporalidade da longa duração permite perceber esse traço estrutural constitutivo da sua trajetória. Alguns exemplos, aqui rapidamente esboçados, permitirão visualizar como essas demandas externas, que tomam formas diversas nas conjunturas históricas, expressam aquele conflito.

Assim é que numa outra imagem é possível perceber a tensão que foi produzida entre a *livre dignitas* e a sustentação socioeconômica.

"No interior da cidade comercial, o trabalho acadêmico *é ofício: negotia scholaria*. E isso exige meios econômicos para manter a vida e os estudos (livros, moradia, mestres etc.). Recusando o trabalho manual como fonte de manutenção própria ou coletiva, os acadêmicos enfrentaram diretamente o dilema espesso dos limites materiais (e não só religiosos ou políticos) à sua liberdade de pensamento. Entre a dignidade, ideal laico e pagão subsumido no orgulhoso título de 'filósofo' (...), e a subsistência pecuniária, foi preciso encontrar uma saída. No século XV, como ainda demonstra J. Le Goff, o conflito entre a *livre dignitas* e a sustentação econômica resolveu-se pela adesão à segunda alternativa" (Romano, 1988, p. 67).

Esta imagem, além de permitir a percepção do conflito na relação da universidade com o seu contexto — a sociedade —, traz para a atualidade uma outra questão, que não será objeto deste artigo, mas que vale a pena apontar: o conflito entre a universidade concebida dos pontos de vista da vocação e da profissão. Este conflito ainda atravessava a universidade brasileira, especialmente a USP, num passado recente e talvez, de um modo mais tênue, ainda a atravesse, em alguns de seus âmbitos.

A construção de uma terceira imagem conduz à percepção da relação da universidade com os poderes do Estado e da Igreja. Para o reitor da Universidade de Paris, a esta caberia a tarefa de "fornecer ao poder três técnicos de governo. Pelo seu estudo da medicina, ela ajudaria a conduzir os corpos. A prática das Faculdades de Artes e Decretos orientaria a política. E à Faculdade de Teologia, finalmente, caberia controlar a vida divina: primeiro, a teologia, depois os estudos jurídicos, finalmente a medicina" (Romano, 1988, p. 67). Como comenta Le Goff, "desse modo se apaga o papel intelectual da universidade, diante de seu papel político e espiritual. Papel político que, aliás, é definido como subordinado aos fins propriamente espirituais" (Le Goff, *apud* Romano, 1988, p. 67).

Uma quarta imagem pode ser reconstruída a partir dos séculos XVI-XVII, quando da emergência da ciência e da universidade modernas. Origina-se aí uma visão funcional e utilitária da ciência e da universidade (Bacon, Hobbes). Se houve na Idade Média, ainda que sob a forma de conflito, uma valorização das universidades, em função do seu afastamento do mundo das necessidades, agora o homem moderno começa a exigir a reformulação da instituição: trabalhar pela riqueza e pelo poder nacionais.

A solução adequada para esses conflitos foi encontrada nos séculos XVII e subsequentes, com a criação de um grande número de academias de artes e ciências, escolas de comércio, seminários, institutos técnicos, politécnicos etc. Todos esses cuidavam da difusão do conhecimento útil (Minogue, 1981, pp. 24-5).

Esta quarta imagem é significativa porque marca a origem de um processo de consolidação de uma visão funcionalista da universidade que se estende até o mundo contemporâneo. É como se esse sentido, historicamente datado, desse origem a um modo de ser a-histórico da universidade. Todavia, o conflito permanece e no século XVIII pode ser percebido, no caso da universidade alemã, por via das questões formuladas por Kant no texto *Conflito das faculdades*. Nesta quinta imagem, o problema das demandas externas, a relação com o Estado, é visto sob o prisma da luta entre faculdades, ou seja, da internalização do conflito na própria universidade. Assim é que, diante das novas exigências do mercado e da sociedade civil, a ingerência do Estado na universidade, por meio de seus estatutos, se impõe no sentido de forçar uma "nova compreensão acadêmica, nos espartilhos estreitos da eficiência e rentabilidade, próprias à nova forma capitalista que se formava" (Romano, 1988, p. 73). O conflito das faculdades, em torno de seus estatutos impostos pelo Estado, vai explicitar uma grande divisão no interior da universidade: as "faculdades superiores", teologia, direito e medicina, que sofrerão diretamente as injunções do contexto externo, e a faculdade de filosofia, que dada a natureza da produção do conhecimento e da sua não utilidade imediata, ficará relativamente preservada daquelas injunções, podendo nela vigorar a autonomia da pesquisa. Fundamentalmente o conflito constrói-se, então, em termos da heteronomia e da autonomia: "as faculdades 'superiores', com suas regras vindas de fora, eram *menores e heterônomas*; (...) a faculdade 'inferior' (a Faculdade de Filosofia) pensa com a sua própria cabeça (autonomia) estabelecendo-se nela o ideal de publicidade tão caro ao liberalismo democrático" (Romano, 1988, pp. 74-5).

Esta imagem tem um duplo significado, importante para a atualidade. Por um lado, aponta para a consolidação da visão funcional e utilitária da universidade (quarta imagem). Por outro, emerge, a partir dela, um modo de ser constituído pelo conflito interno, que se manifestou, no passado recente, por exemplo, na criação da própria Universidade de São Paulo — o conflito entre as escolas profissionais e a Faculdade de Filosofia — e que contemporaneamente continua a atravessar a universidade e, curiosamente, essa faculdade. Embora não seja objetivo deste artigo, não há como deixar de apontar que no conflito que hoje se dá no interior da Faculdade de Filosofia, em torno da sua divisão em institutos — que de fato reatualiza aquele que emergiu em 1968 na então Faculdade de Filosofia, Ciência e Letras —, um dos sentidos envolvidos é o da sua funcionalidade em relação às demandas externas.

Na construção de uma sexta e última imagem da universidade, relativa ao mundo moderno e contemporâneo, é importante retomar a análise weberiana do processo de racionalização da cultura, que é caracterizado por uma diferenciação de suas esferas, cada vez mais autônomas: a ciência e a técnica, a arte, a moral e o direito. Cada uma delas passa a ter uma legalidade e uma lógica próprias e supõe contextos institucionais definidos. A racionalização também se manifesta na vida econômica por meio do cálculo racional, do trabalho assalariado e da incorporação da ciência e da técnica ao processo produtivo. Nesse processo, a universidade é um contexto institucional típico da esfera da ciência e da técnica e está cada vez mais constituída pelos procedimentos de incorporação destas ao processo produtivo (mercado), pelo cálculo racional (relação custos — benefícios), pela presença do trabalho assalariado, por uma divisão do trabalho racional, por quadros administrativos de caráter burocrático, racional — legal. Esse processo é também marcado pela especialização crescente que caracteriza e diferencia as várias áreas da produção do conhecimento, assim como a especialização no interior de cada uma delas, produzindo subáreas cada vez mais especializadas. Weber, pensando na universidade alemã, percebia que esta caminhava na mesma direção das universidades americanas. E ao mesmo tempo em que diagnosticava e reconhecia este processo no mundo contemporâneo, não o via sem preocupação: nele não haveria mais lugar para os ideais éticos, para os valores, a partir da instauração de um tipo de racionalidade dominante, a racionalidade formal, uma pura relação técnica entre meios e fins.[2]

Esta tendência dominante analisada por Weber é, evidentemente, a que melhor caracteriza as questões que envolvem a universidade hoje, formuladas no início deste artigo: a da relação da universidade com a empresa, a da transferência de conhecimento para o setor produtivo.

No entanto — e esse foi o objetivo da reconstrução de algumas imagens da universidade na perspectiva da temporalidade histórica da longa duração — o que é importante reter é que essa perspectiva indica que a relação da universidade com o seu contexto é uma permanência problemática na sua história, que essa relação é constituída sempre por um conflito em torno do seu modo de ser.

Antes de levar adiante essa discussão seria interessante tomar outros exemplos relativos a essa questão construindo alguns recor-

---

[2] Cf. o conjunto de textos: Max Weber, "A ciência como vocação", in: *Ensaios de sociologia*, Rio de Janeiro, Zahar, 1963; Max Weber, *Sobre a universidade: o poder do Estado e a dignidade da profissão acadêmica*, São Paulo, Cortez, 1989; J. Habermas, "La teoria de la racionalización de Max Weber", in: *Teoria de la acción comunicativa I: racionalidad de la acción y racionalización social*, Madrid, Taurus, 1987.

tes da história da universidade no Brasil, no passado recente (dos anos 30 aos anos 60), que permitam iluminá-la um pouco mais.

O primeiro recorte refere-se ao projeto de criação da Universidade de São Paulo, em 1934. Nele, as demandas externas já aparecem como questão, constituindo um conflito originário da instituição: a Faculdade de Filosofia, concebida como centro de altos estudos e da cultura livre e desinteressada, o lugar da produção da cultura filosófica, científica, literária e artística, tinha como objetivo também a formação das elites dirigentes de São Paulo e da nacionalidade. Além disso, foi definida, embora de maneira vaga, no projeto, a *função social* da universidade, qual seja, a de atender à variedade e *necessidades* dos grupos sociais (Cardoso, 1982).

Um segundo recorte permite visualizar a Escola de Sociologia e Política de São Paulo, criada em 1933, por inspiração de Roberto Simonsen, que tinha por objetivo formar a "elite instruída sob métodos científicos apta a estabelecer as ligações do homem com o meio social", concebida como uma elite administrativa e empresarial (Cardoso, 1982, p. 157).

Um terceiro recorte aponta para a criação, em 1947, a partir de estudos do Ministério da Aeronáutica, do ITA (Instituto Tecnológico de Aeronáutica), "escola de engenharia que deveria oferecer cursos de mecânica, eletrônica, e aeronáutica, e de um Instituto de Pesquisa e Desenvolvimento, destinado a apoiar a aviação comercial e a indústria mediante encomendas". A criação do ITA, com suas inovações acadêmicas, foi vista no interior do debate sobre necessidade de modernização da universidade brasileira como uma referência importante: "ilha de ensino superior moderno num mar de escolas arcaicas, animou os reformadores do ensino, principalmente aqueles que viam na sua modernização o caminho necessário para que o país adquirisse a maioridade científica e tecnológica" (Cunha, 1983, pp. 153-4).

Em 1951, foi criado o CNPq — Conselho Nacional de Pesquisa — dois anos depois do início do funcionamento do ITA, por via de projeto elaborado por comissão presidida pelo almirante

Álvaro Alberto da Mota e Silva, que deveria estudar medidas para a pesquisa científica e tecnológica no Brasil. "Os objetivos do CNPq resultaram de uma combinação complexa de promoção da segurança e do desenvolvimento, entendidos ora numa perspectiva autonomista de rompimento dos laços de dependência, ora numa perspectiva de reforço desses laços, reeditados sob a forma modernizada" (Cunha, 1983, p. 156).

No mesmo ano foi criada a CAPES (Campanha — depois Coordenação — do Aperfeiçoamento de Pessoal de Nível Superior) do Ministério da Educação. Seu objetivo era o da "distribuição de bolsas de estudos no Brasil e no exterior, de modo a assegurar a existência de pessoal especializado em quantidade e qualidade suficientes para atender às necessidades dos empreendimentos públicos e privados que visam o desenvolvimento econômico e social do país" (Cunha, 1983, p. 159).

Um quarto recorte permite apreender o momento caracterizado pelo acordo MEC-USAID e pelo Relatório Atcon. Após uma série de acordos de cooperação técnica que se iniciaram em 1950, entre os governos do EUA e do Brasil, celebra-se o acordo entre MEC e a USAID, para organizar a Equipe de Assessoria ao Planejamento do Ensino Superior. R. Atcon foi contratado pela Diretoria do Ensino Superior para propor alterações que julgasse necessárias para as universidades brasileiras (Cunha, 1988, p. 167ss e p. 204). Essa proposta, que indicava a necessidade de uma modernização da universidade, tendo em vista o desenvolvimento do país, concebia: a educação como "instrumento de aceleração do desenvolvimento"; a universidade como estando a "serviço da produção prioritária"; a criação de "condições racionais para a administração universitária"; a universidade como sendo e devendo funcionar como uma empresa privada; a universidade estando subordinada ao "máximo de rendimento, com a menor inversão" (Atcon, 1967).

Um outro recorte, que evidencia ainda a questão da relação da universidade com seu contexto, é relativo à forma que tomou a extensão universitária nos anos 60. Basicamente a ideia era que a universidade deveria colocar seus recursos materiais, humanos e de pesquisa *a serviço* da comunidade, sem intermediação do mercado de trabalho. Essa posição no contexto político do momento, visava especialmente o movimento estudantil e propunha que "as universidades, o empresariado e o próprio governo" deveriam "canalizar as demandas de participação política, de crítica ao subdesenvolvimento e ao imperialismo (...) para objetivos que reforçassem a ordem social e o próprio regime". Foram atos expressivos dessa posição a criação dos CRUTACs (Centro Rural Universitário de Treinamento e Ação Comunitária), na Universidade Federal do Rio Grande do Norte, em 1966 e do Projeto Rondon, em 1967. O primeiro tinha um caráter basicamente assistencialista e o segundo, além desse caráter, incorporava também a doutrina da Escola Superior de Guerra (Cunha, 1988, pp. 66-70).

Um último recorte permite apreender um outro tipo de relação da universidade com o seu contexto. Dentro de uma diversidade de posicionamentos, apontarei alguns relativos ao momento em que o movimento estudantil, nos anos 60, teve como eixo político a questão da Reforma Universitária. É significativa a posição de Álvaro Vieira Pinto, diretor do Instituto Superior de Estudos Brasileiros (ISEB) e professor catedrático da Faculdade Nacional de Filosofia da Universidade do Brasil, expressa no livro *A questão da universidade*, que foi editado pela UNE (União Nacional dos Estudantes). Dentre outras questões, Vieira Pinto propunha o abandono da reivindicação da autonomia universitária. "Ele defendia que a autonomia universitária, nas condições existentes, seria uma ficção jurídica, 'nociva aos interesses do povo', pois estaria destinada a tornar a '*clique* universitária dominante' livre para melhor desempenho da função de reprodutora da classe dominante" (Cunha, 1983, pp. 232-3). "No caso brasileiro o que há a fazer é justamente reduzir cada vez mais a autonomia didática e administrativa da universidade, a fim de torná-la mais dependente das forças sociais progressistas, as massas e o povo em geral, representados pelos agentes políticos da comunidade, sobretudo pelos estudantes" (Vieira Pinto, 1962, p. 78). Essa posição — do abandono da reivindicação da autonomia universitária — e a relativa às medidas assistencialistas às "classes desvalidas" foram incorporadas pela Carta do Paraná, da UNE, de 1962. Essa Carta propunha como um dos objetivos da reforma universitária a criação da "intelectualidade revolucionária". "A universidade reformada deveria se transformar na 'vanguarda da revolução brasileira', dirigindo e sendo dirigida por esse processo" (Cunha, 1983, pp. 234-8).

* * *

A questão mais imediata suscitada pela reconstrução dos recortes históricos da trajetória da universidade nas duas dimensões — da longa duração e do passado recente no Brasil — é relativa ao critério definidor do seu modo de ser. Se esse critério for o das demandas externas, que se configuram como "exigências" do presente, na definição da orientação ou do sentido que a universidade deve tomar, o que definiria propriamente que essas "exigências" fossem a da parceria com a empresa ou a do engajamento nas lutas populares? Indo um pouco mais longe, o que definiria que a universidade se constituísse como "vanguarda da revolução brasileira" ou como representante da doutrina da Escola Superior de Guerra? O que definiria, ainda, se deveria estar sujeita às normas e regulamentos eclesiásticos ou sujeita à proteção do rei? Se o critério definidor for o da capacidade de poder que cada uma dessas forças tiver nas conjunturas históricas diversas, para imprimir a sua orientação política, ideológica ou doutrinária à universidade, o que explicaria então a surpreendente longevidade da instituição?

Parece-me que o que as várias imagens e recortes reconstruídos permitem supor é que essa instituição tão antiga, a universidade, é constituída permanentemente por uma tensão em torno de seu sentido, que toma formas diversas nas conjunturas históricas. E que essa tensão pode ser percebida como construída na relação entre um modo de ser, a vontade de saber, que não pode ter os limites cerceadores do seu contexto (a sociedade, o Estado, o mercado). Formulada de outro modo, a tensão entre uma produção de saber caracterizada por um movimento de saber ainda mais — essa posição é inteiramente diversa daquela que postula a neutralidade ou o isolamento da universidade em relação às questões que o seu contexto lhe coloca — e a sujeição às demandas externas, que objetiva imprimir-lhe uma orientação ou um sentido.

O reconhecimento dessa tensão talvez permita perceber a universidade como constituída por um traço de *inatualidade* que poderia ser caracterizado pela sua capacidade de exceder os limites de sua época, de seu presente. Possivelmente, a esse traço possa ser atribuída a sua longevidade enquanto instituição.

Como questão final, decorrente dessas ponderações, poder-se-ia indagar se o que está sendo denominado de vontade de saber, como produção do conhecimento que não tem limites cerceadores, e que em momentos diferentes da história da universidade contrariou — sob a forma da liberdade e da autonomia do pensamento — as demandas externas da Igreja, do Estado ou da sociedade, não se constituiria propriamente num *traço* de um valor universitário, que deveria ser o núcleo da reflexão, hoje, sobre a instituição.

(1995)

REFERÊNCIAS BIBLIOGRÁFICAS

ATCON, R. "Relatório". *Revisão*, número especial, Grêmio da Faculdade de Filosofia, Ciências e Letras, mai. 1967.

CARDOSO, I. *A universidade da comunhão paulista*. São Paulo: Cortez, 1982.

CUNHA, L. A. *A universidade crítica*. Rio de Janeiro: Francisco Alves, 1983.

_____. *A universidade reformanda*. Rio de Janeiro: Francisco Alves, 1988.

HABERMAS, J. "La teoria de la racionalización de Max Weber". In: *Teoria de la acción comunicativa I — Racionalidad de la acción y racionalización social*. Madri: Taurus, 1987.

IOKOI, Z. M. G. "Intelectuais, democracia e poder: as elites acadêmicas no Brasil". *Revista ADUSP*, ano 1, n° 1, dez. 1994.

KAPAZ, E. "Desenvolvimento, conhecimento e cidadania". *Folha de S. Paulo*, jan. 1995.

LE GOFF, J. *Os intelectuais na Idade Média*. São Paulo: Brasiliense, 1988.

_____. "Conscience de l'université médievale". In: *Pour un autre Moyen Age*. Paris: Gallimard, 1977.

MENEGHINI, R. "O perfil desejado de um docente". *Jornal da USP*, 05 a 11/12/1994.

MINOGUE, K. *O conceito de universidade*. Brasilia: Ed. UnB, 1961.

MORAES, F. F. "Entrevista". *Jornal da USP*, 12 a 18/12/1994.

PAULA, O. "País ainda enfrenta muitos obstáculos para crescer". *Jornal da USP*, 24 a 30/10/1994.

PEREZ, J. F. "Universidade-empresa: a parceria necessária". *Folha de S. Paulo*, 06/01/1995.

ROMANO, R. "Universidade, estatuto e constituição política". In: *Lux In Tenebris: meditações sobre filosofia e cultura*. São Paulo/Campinas: Cortez/Ed. Unicamp, 1987.

VIEIRA PINTO, A. *A questão da universidade*. Rio de Janeiro: Editora Universitária/UNE, 1962.

WEBER, M. "A ciência como vocação". In: *Ensaios de sociologia*. Rio de Janeiro: Zahar, 1963.

_____. *Sobre a universidade: o poder do Estado e a dignidade da profissão acadêmica*. São Paulo: Cortez, 1989.

5.
MARIA ANTONIA: O EDIFÍCIO DE Nº 294

Dentre os acontecimentos do ano de 1968, um deles ficou conhecido como o da "guerra da Maria Antonia": um conflito entre os estudantes da Faculdade de Filosofia, Ciências e Letras da USP, então situada no centro da cidade, à rua Maria Antonia, e os da Universidade Mackenzie, cujo prédio ocupava parte da mesma rua. Deste conflito resultou a morte de um estudante e um edifício depredado, incendiado e definitivamente interditado pelas forças policiais. Este edifício, de nº 294, era o da Faculdade de Filosofia, da USP, um próprio do Estado, destruído com a complacência e/ou conivência do governo do Estado, do governo federal e de parte das autoridades universitárias. Um acontecimento que, no momento mesmo em que ocorria, produziu a perplexidade da própria Faculdade, ou pelo menos de parte dela, diante da aparente desproporção entre as suas causas e os efeitos produzidos.

Este acontecimento, como outros daquele ano de 68 no Brasil, talvez esteja dentre aqueles a que se refere Hannah Arendt, cuja possibilidade de compreensão implica não negar o que têm de "chocante", em não eliminar o "inaudito", em não diminuir o "impacto da realidade e o choque da experiência" (Arendt, 1997, p. 12). Mas fazer justamente desta posição, o lugar da perplexidade do pensamento, que diante do agora passado não pode mais se ater ao que seria uma herança que não discrimina as suas dimensões destrutivas dos seus aspectos criadores. Uma posição que não transforme aquelas dimensões destrutivas num "peso morto, que o tempo, por si mesmo, relegará ao esquecimento" (Arendt, 1997, p. 13). Quase trinta anos se passaram e no presente a relação com o passado da Maria Antonia — o modo como a Faculdade de Filosofia era identificada com o nome da rua onde estava situada — (Cardoso e Silva, 1996) se dá ou pela preservação nostálgica de um mito identitário, de origem, no qual prevalece uma visão de harmonia, através do esvaecimento dos conflitos (Trigo, 1997, p. 18) ou de uma perda de qualquer sentido daquela herança. Num caso, o refúgio num bom passado que pudesse ser preservado intacto, no outro, uma sensibilidade estritamente voltada para o presente, que assim produz a invisibilidade, ou a negação mesma desse passado e da própria herança que ele constituiu (Cardoso, 1996a).

Ambas as posições impedem a construção daquele lugar de perplexidade do pensamento. Uma por fazer do passado a extensão homogênea de uma temporalidade que toma todas as dimensões do presente, dissolvendo-o. A outra, operando uma ruptura com aquele passado, não se compromete mais com ele, fazendo-o submergir. Seja como fixação no passado, seja como fixação no presente, ambas as perspectivas, embora de modos diferentes, não podem se confrontar criticamente com aquela herança e estabelecer as possíveis implicações da experiência do passado no presente.

Este lugar da perplexidade do pensamento, construído pela possibilidade da escuta do "inaudito", do "chocante", é também o lugar de uma percepção do tempo, numa posição instável, que ao não se fixar no passado, nem no presente, permite movimentos de ida e volta, do presente para o passado e do passado para o presente, um vaivém, que constrói a tensão temporal, condição da crítica.

Diante do registro histórico da "guerra da Maria Antonia", chamam a atenção especialmente dois dos depoimentos tomados, que na atualidade do próprio acontecimento, projetam uma interpretação dele, para além do relato do ocorrido e apesar do tempo vertiginoso a que estiveram submetidos os fatos bem como a possibilidade da sua percepção. Chama a atenção ainda a estranha história à qual esteve sujeita a documentação oficial produzida pela Congregação da FFCL da USP, para a apuração daqueles fatos, durante o mês que se seguiu àqueles acontecimentos dos dias 2 e 3 de outubro na rua Maria Antonia.

A documentação organizada, na atualidade do próprio acontecimento, constituiu-se no *Livro branco sobre os acontecimentos da rua Maria Antonia (2 e 3 de outubro de 1968)*, elaborado por decisão da Congregação, por uma Comissão especialmente designada pelo seu então Diretor "a fim de permitir o estabelecimento da verdade, esclarecendo a opinião pública em geral, as autoridades e os próprios professores e estudantes, nem todos cientes dos pormenores". A Comissão foi presidida pelo professor Simão Mathias, teve como relator o professor Antonio Candido de Mello e Souza e concluiu o seu trabalho um mês após os acontecimentos, estando este datado de 06/11/1968.[1]

O *Livro branco* reconstruía aqueles acontecimentos a partir de uma documentação exaustiva composta por 22 longos depoimentos assinados, daqueles que os testemunharam: de professores, na sua maioria, um funcionário, uma antiga aluna, um comerciante e um fazendeiro e evitando acolher os de estudantes, por terem sido parte atuante e involuntariamente poderem apresentar uma visão deformada dos fatos. Constavam também da documentação inúmeros recortes de vários jornais e revistas que foram utilizados como elementos de confirmação ou comprovação dos depoimentos. Acompanhava ainda uma grande quantidade de fotografias que corroboravam os depoimentos ou valiam elas próprias como informação original. Registrou ainda pronunciamentos de entidades e grupos que, embora exprimissem "uma

---

[1] Esta Comissão foi também constituída pelos professores Carlos Alberto Barbosa Dantas, Carlos Benjamin de Lyra, Eunice Ribeiro Durham e Ruth Correia Leite Cardoso. Em 1988 foi publicado parte do trabalho da Comissão, pela Faculdade de Filosofia, Letras e Ciências Humanas, a partir da documentação preservada pelo professor Antonio Candido: *Livro branco sobre os acontecimentos da rua Maria Antonia (2 e 3 de outubro de 1968)*. São Paulo, FFLCH/USP, 1988. O trecho citado está na p. 5.

outra ordem de juízos, pois são feitos para tomar partido e convencer, foram utilizados para esclarecer pontos de vista a que o incidente deu lugar" (*Livro branco sobre os acontecimentos...*, 1988, p. 6).[2] Constavam dele ainda uma "Reconstituição sucinta dos acontecimentos" e uma "Apreciação sobre os acontecimentos", esta buscando uma reflexão e a construção de algumas conclusões possíveis.

A estranha história da trajetória desta documentação oficial está marcada pelo seu desaparecimento. À sua pequena repercussão, seguiu-se o silêncio das próprias autoridades universitárias ligadas à Reitoria ou ao Conselho Universitário da USP e do governo do Estado. O desenrolar de acontecimentos posteriores relacionados ao movimento estudantil, a prisão das lideranças estudantis no Congresso da UNE, em Ibiúna, ainda em outubro, a promulgação do Ato Institucional nº 5 em dezembro, a invasão do Conjunto Residencial da USP (CRUSP), também em dezembro e as aposentadorias compulsórias em abril de 69, foram produzindo impactos sucessivos num curto espaço de tempo, que implicaram a necessidade da construção de uma resistência contra uma destruição total da Instituição. A essa resistência seguiram-se ainda tentativas de preservação e de reconstrução parcial de departamentos e cursos. No bojo deste movimento, que tinha de ser tão rápido quanto aquele que atingia a Instituição, ficou também diluído o acontecimento da "guerra da Maria Antonia", diante da necessidade de algum tipo de normalização das atividades universitárias, que pudesse enfrentar ou resistir a um imponderável maior que poderia ainda se abater sobre a Faculdade.

---

[2] Estes pronunciamentos são os seguintes: Abaixo-assinado de docentes da FFCL da USP; documentos de professores da FFCL da USP reunidos em assembleia; documento da Congregação da FFCL da USP; documento da Direção do Instituto Mackenzie e da Reitoria da universidade do mesmo nome; documento do Conselho Universitário da Universidade Mackenzie; documento de alunos da Universidade Mackenzie não comprometidos com a extrema-direita.

Em 1978, dez anos depois, uma Assembleia Geral da Associação dos Docentes da Universidade de São Paulo (ADUSP), então recentemente criada, "designou uma comissão especial encarregada de desenvolver uma campanha pela reintegração, na vida acadêmica, dos professores atingidos pelos atos de exceção". Como parte de suas atividades, a comissão criou um "grupo de trabalho" para "realizar um levantamento do processo de controle ideológico sobre o corpo docente da Universidade de São Paulo". Assim teve início o que veio a se constituir em *O livro negro da USP: o controle ideológico na universidade*, publicado em 1979. Referido a um momento político diverso, de relativa abertura e marcado ainda pela campanha pela Anistia, esse documento teve uma repercussão bem mais ampla, tendo sido inclusive publicado por uma editora comercial (ADUSP, 1979).[3]

A denominação *Livro negro da USP* significou uma referência ao *Livro branco*, embora isto não estivesse explicitado no documento. Tratando daquele período e referindo-se aos acontecimentos do dia 3 de outubro na Maria Antonia, o *Livro branco* não é citado. De qualquer modo a notícia de sua existência vem à baila neste momento, dez anos depois, mesmo porque um dos membros da sua comissão também havia participado da anterior.[4] Alguns anos mais se passaram e a notícia da existência daquela documentação indicava que o seu organizador dispunha de uma cópia, à qual foi possível ter acesso. Em 1986, quase vinte anos decorridos, uma busca da documentação oficial nos arquivos da já então Faculdade de Filosofia, Letras e Ciências Humanas resultou infrutífera: não tendo sido localizada, pode-se supor, hoje, que tenha sido destruída, ou na melhor das hipóteses, perdida. A

---

[3] Esta comissão esteve composta por: Eunice Ribeiro Durham (relatora), Maria Carolina Soares Guimarães, Jessita Nogueira Moutinho, Antonio Carlos Martins de Camargo, Alberto Luiz da Rocha Barros, Percival Brosig.

[4] A reconstrução destas informações foi possível graças à colaboração da profa. Maria Carolina Soares Guimarães.

sua preservação foi possível graças ao cuidado pessoal de Antonio Candido, que além de guardar os rascunhos daquela documentação, a duplicou, o que permite hoje uma reconstrução daqueles acontecimentos a partir do seu registro rigoroso.

Esta preservação, que a própria instituição não foi capaz de realizar, é indicativa de que o registro daqueles acontecimentos fazia *sentido* para alguns, para uma história da Faculdade e da Universidade, que pudesse nele encontrar informações para a compreensão dos desdobramentos posteriores. Como consta do *Livro branco*, o choque e a "brutalidade de uma agressão sem precedentes na vida universitária do Estado, que obrigou ao abandono dos prédios onde se vinha trabalhando havia quase vinte anos" (*Livro branco sobre os acontecimentos...*, 1988, p. 7) não podiam deixar de ser registrados, e este registro preservado, diante do "inaudito" daquela experiência. Para a própria instituição — a Faculdade e a Universidade — no entanto, o esquecimento foi a atitude mais conveniente, ao lado do desaparecimento mesmo da documentação oficial, que ela teria o dever e a responsabilidade de preservar.[5]

Esta estranha história do desaparecimento da documentação oficial que apurou os fatos relativos à depredação do edifício da rua Maria Antonia — obrigando ao seu abandono repentino e à mudança para a Cidade Universitária, em situação precária, antes mesmo da construção dos barracões que viriam a abrigá-la, apenas finalizados em abril de 69 — é indicativa, no mínimo, de uma atitude de desinteresse da instituição em relação àqueles acontecimentos, senão mesmo de uma conivência com eles.[6] A re-

---

[5] O desaparecimento da documentação não teve nada a ver com a confusão que se estabeleceu em torno de documentos, livros etc. que ficaram interditados no prédio da rua Maria Antonia com o seu fechamento. Neste momento a Administração da FFCL e a sua Congregação já estavam instaladas na Cidade Universitária, local onde que aquele documento foi depositado.

[6] É preciso deixar claro que a referência aqui é à instituição e não ao conjunto de seus professores e alunos que buscaram preservá-la dos efeitos

construção daquele acontecimento a partir do seu registro pelo *Livro branco* e a sua contextualização naquele ano de 1968 permitirão tomar os dois depoimentos referidos para a construção das questões que possibilitem pensar hoje, de modo crítico, as ligações com aquele passado. Não no sentido de reestabelecê-lo, nem de operar um corte, que isentaria a história presente de qualquer relação com aquele passado, mas de poder pensar alguns significados que constituem hoje a universidade e a sua relação com aqueles acontecimentos.

O que ficou registrado numa certa construção da memória daqueles acontecimentos como um mero conflito entre os estudantes da FFCL da USP e os da Universidade Mackenzie, foi de fato não um incidente,[7] mas um ataque organizado e articulado paramilitarmente, por integrantes do grupo do Comando à Caça dos Comunistas, o CCC, com antecedentes importantes desde 1964, relativos à Faculdade de Filosofia,[8] além dos inúmeros episódios ocorridos no mesmo ano e não apenas em São Paulo. O ataque à Maria Antonia foi realizado com pedras, tiros e bombas, tendo durado desde o final da manhã até a noite do dia 3 de outubro, durante 10 horas ininterruptas. À noite só permaneciam no edifício da Faculdade bombeiros tentando apagar os incêndios pro-

---

destes acontecimentos e de outros que se seguiram a estes nos anos mais pesados da ditadura que se iniciaram a partir do AI-5.

[7] Este incidente foi criado pela cobrança de pedágio organizada por estudantes secundaristas e universitários que arrecadavam fundos para o Congresso da UNE, na rua Itambé esquina com a rua Maria Antonia, ao lado da Universidade Mackenzie.

[8] Em 1964 foi depredado o Grêmio da FFCL, fato que se repetiu em 1967, por ocasião da eleição da UEE. Em agosto de 68 o prédio principal da FFCL foi pichado com inscrições: "CCC voltou!", "Agora é pra valer", "Fora o comunismo", "CCC derrota o comunismo". Em 4 de setembro houve ainda ameaça de que bombas seriam atiradas ao prédio da faculdade, criando clima de intranquilidade, sem que nada entretanto ocorresse. (*Livro branco sobre os acontecimentos...*, 1988, p. 9).

vocados pelas bombas que continuavam a cair sobre o prédio, mesmo após a sua evacuação total, quando este é, então finalmente, invadido pela Força Pública, encerrando o episódio naquele local e encerrando também o período de permanência ali, por quase vinte anos, da FFCL.

O policiamento ostensivo realizado pela Guarda Civil e mais tarde pela Força Pública guardava a Universidade Mackenzie, num cordão de proteção dos seus prédios, o que permitia ao mesmo tempo que os atacantes, numa posição privilegiada, de um edifício alto, atirassem e bombardeassem o prédio da Faculdade, provocando ferimentos à bala e a morte de um estudante na rua Maria Antonia.

A omissão da polícia foi reforçada pela omissão da Reitoria da Universidade Mackenzie, que se pronunciou estar ao lado de seus estudantes,[9] apesar das gestões realizadas por professores da Faculdade de Filosofia e por representantes da Comissão de Mães. Esta omissão foi também a da Secretaria de Segurança Pública do Estado e do próprio Governador do Estado, contatados pelo Diretor e professores da Faculdade bem como pela Comissão de Mães. O pedido ao Secretário de Segurança Pública, para que interviesse no sentido de cessar o conflito, não foi atendido. Pelo contrário, a ação das autoridades públicas tomou a forma da invasão do prédio da Faculdade, desta maneira ocupada pelas forças policiais, quando já estava vazio. Como aponta o *Livro branco*: "a parcialidade das forças policiais (...) indicando verdadeira tomada de partido contra a USP neste incidente, está a exigir maiores esclarecimentos. Ela significa a participação dos agentes legais numa agressão pública, além da omissão do Estado na função precípua de manter a ordem e defender seu patri-

---

[9] Palavras da profa. Esther de Figueiredo Ferraz, então Reitora da Universidade Mackenzie: "Chamei mesmo a polícia. E, se necessário fosse, sairia de pau nas mãos com os meus alunos, para defendê-los e para defender o próprio particular". Citadas na "Reconstrução sucinta dos acontecimentos" (*Livro branco sobre os acontecimentos...*, 1988, p. 19).

mônio" (*Livro branco sobre os acontecimentos...*, 1988, p. 24). A ação da Força Pública, com a presença de cavalaria e cães na rua Maria Antonia, só se efetivou com a invasão do prédio após a sua evacuação total por decisão dos ocupantes. O edifício continuou no entanto a ser bombardeado, numa clara demonstração da intenção de destruí-lo, o que só não foi realizado inteiramente, em razão da presença de bombeiros que lá trabalharam sem nenhuma segurança, tentando apagar os focos de incêndio. Até o momento daquela evacuação, professores e estudantes lá permaneceram tentando preservá-lo.[10]

---

[10] O relato dos acontecimentos no *Livro branco* deixa bastante clara, mais do que a omissão das autoridades do Estado, a sua participação mesma no episódio, pela parcialidade da atuação das forças policiais, que, em defesa de uma propriedade particular (a Universidade Mackenzie), permitiu a destruição de um patrimônio do próprio Estado. O que, da leitura do relato, fica como questão não ali tratada refere-se à posição das autoridades universitárias ligadas à Reitoria e ao Conselho Universitário da USP, que não se fizeram presentes naqueles acontecimentos. A defesa da instituição FFCL ficou inteiramente entregue aos professores que lá estavam, aos membros da Congregação e ao Diretor, que vieram da Cidade Universitária onde estavam instalados. O silêncio relativo às autoridades universitárias superiores é surpreendente hoje, apesar do fato de que naquele momento a Direção de uma Faculdade da USP tivesse maior peso institucional do que atualmente, possibilitando um diálogo direto, seja com o Governador do Estado, seja com o seu Secretário de Segurança. *O livro negro da USP* trouxe informações adicionais sobre o clima político da Universidade na sua relação com a ditadura militar desde 1964. O Reitor Gama e Silva, eleito em 1963, estava inteiramente comprometido com o golpe de 1964. Vários dos gravíssimos episódios ocorridos na Universidade a partir desse momento só podem ser entendidos à luz desse fato: a repressão política, que se dirigiu contra a Universidade naquele momento, não encontrou nenhuma resistência por parte da Reitoria, mas se fez com sua conivência e a do Conselho Universitário, com pouquíssimas exceções dos seus membros. Reconduzido à Reitoria em 1966, por este mesmo Conselho, afasta-se em 1967 para exercer o cargo de Ministro da Justiça, ficando em exercício o Vice-Reitor Mário Guimarães Ferri, então eleito. Quando dos acontecimentos de 68, o Ministro Gama e Silva é Reitor da USP afastado e, segundo transcrição de depoimento do ex-Gover-

A ação da Força Pública foi efetivada na invasão do Prédio e no ataque concomitante aos grupos de professores que se localizavam na esquina da rua Dr. Vila Nova, para dispersá-los, auxiliada pelos grupos paramilitares. Efetivou-se ainda com uma segunda invasão violenta do prédio da Faculdade de Ciências Econômicas, nesta mesma rua, cujo diretor acolhia professores da Faculdade de Filosofia que continuavam tentando fazer gestões junto às autoridades com o objetivo de proteger o prédio da rua Maria Antonia. Essa invasão, extremamente violenta, foi marcada por tiroteios na entrada da Faculdade de Ciências Econômicas e pela explosão de uma bomba no seu interior. Ali foram presos dois professores da Faculdade de Filosofia. Nas imediações foi preso e espancado ainda um terceiro professor, mesmo após ter se identificado como chefe de um dos departamentos da FFCL. Foram todos encaminhados ao Departamento de Ordem Política e Social (DOPS) e posteriormente ao presídio Tiradentes, tendo ali permanecido até o dia seguinte (*Livro branco sobre os acontecimentos...*, 1988).

A partir do próprio acontecimento da Maria Antonia, é possível então reconstruir a sua contextualização. O ano de 1968 foi marcado pelo recrudescimento do movimento estudantil, nas suas orientações políticas de luta contra a ditadura que se instalara em

---

nador do Estado Abreu Sodré, de 1977, teria dele exigido a invasão da FFCL, condição para que forças federais não o fizessem. A transcrição do depoimento do então Vice-Reitor Mario Guimarães Ferri, também em 1977, informava ainda que o Governador teria dele exigido a evacuação da Faculdade. Se ambas as determinações não se realizaram desse modo, a depredação do prédio da Faculdade efetivou-se pela omissão e/ou parcialidade das autoridades do Estado e pela participação direta de grupos paramilitares comprometidos com órgãos de segurança e dentro do espírito do golpe de 64, por meio do seu representante no interior da Universidade, Gama e Silva, que viria ainda a assinar as duas listas das aposentadorias compulsórias em abril de 1969, possibilitadas pelo AI-5, este também de sua co-responsabilidade (ADUSP, 1979, pp. 11 a 50). É no interior desse clima político que pode ser caracterizada a "omissão" das autoridades universitárias.

64 e de luta pela Reforma Universitária, a partir de uma posição própria, que se opunha ao encaminhamento das reformas já em curso: a federal, aprovada naquele mesmo ano, e a da USP, que seria aprovada em 1969. A intensificação do movimento estudantil dá-se a partir de março de 1968, com os conflitos que provocaram a morte do estudante Edson Luís, no Rio, no episódio que ficou conhecido como o do Calabouço. A este acontecimento estão referidos alguns momentos significativos daquele ano: a passeata dos 100 mil no Rio, com a participação de outros setores da sociedade, em junho, acompanhada por manifestações em outros estados, incluindo São Paulo, o episódio da sexta-feira sangrenta, no Rio, também em junho, e a invasão da Universidade de Brasília, em agosto. Em vários destes momentos o prédio da rua Maria Antonia esteve ameaçado de invasão pelo CCC, o que acabou provocando a sua ocupação pelo movimento estudantil, em junho — que lá permaneceu até o dia 3 de outubro — embora com a manutenção de uma certa regularidade das aulas, como mostra o *Livro branco*.

O clima convulso do ano de 1968 foi caracterizado ainda pela greve de Osasco, em julho, e pelas primeiras ações armadas dos grupos de esquerda: expropriação de armas do Hospital Militar do Cambuci pela Vanguarda Popular Revolucionária (VPR), em junho; carro-bomba contra o Quartel-General do Segundo Exército em São Paulo, em junho; "justiçamento" do capitão Chandler, em São Paulo, em outubro. Seguem-se a esses acontecimentos a invasão do Congresso da UNE, em Ibiúna, em outubro, com a prisão das lideranças estudantis, e a denúncia, pela imprensa, do caso PARA-SAR, projeto ligado aos órgãos de segurança, não concretizado, de eliminação física de elementos inconvenientes, incluindo aí os participantes das "agitações de rua".

A presença do CCC foi bastante expressiva naquele ano para além das investidas à Maria Antonia: o ataque à peça *Roda viva* no teatro Ruth Escobar, em julho, seguido de um segundo, também no mesmo mês; atentado à bomba ao Teatro Opinião, no Rio, em agosto; sequestro de atores da peça *Roda viva*, em

Porto Alegre, em outubro; sequestro da atriz Norma Benguel, em outubro; atentado à bomba contra a sede da Associação Brasileira de Imprensa (ABI), em julho, e ao DOPS, em agosto, estes realizados por "comandos de direita", sem identificação específica do CCC.

Um dos depoimentos do *Livro branco*, o do professor José Arthur Giannotti, da FFCL, referindo-se à presença do CCC e à festa na rua que se realizou após a depredação e a interdição do prédio da Faculdade de Filosofia, na qual se ouviram "vivas ao Brasil e ao CCC", revela uma percepção bastante aguda naquele momento, ao afirmar: "Sabe-se que quando o Estado perde o monopólio da violência e se apoia em grupos minoritários para realizar uma repressão que não pode exercer por seus próprios meios e dentro das normas que o regem, é porque sua própria estrutura está prestes a ser revolucionada, criando-se oportunidade para que grupos fascistas empalmem o poder. É evidente que os fatos que acabei de narrar apontam para esta direção." (*Livro branco sobre os acontecimentos...*, 1988, p. 65). Percepção aguda porque já projetava uma direção dos acontecimentos políticos no Brasil, não tão visível para a maioria daqueles protagonistas, no início do mês de outubro, que viviam a convulsão daquele momento.

Hoje, numa visão retrospectiva e embasada em análises posteriores da documentação relativa àqueles acontecimentos, é possível vê-los como já marcados pelo endurecimento repressivo no plano militar, com a preponderância da linha dura (a partir do governo Costa e Silva) já bastante visível em junho de 68 quando da proibição das passeatas estudantis e que culminaria com o AI-5 em dezembro. Essa direção que o depoimento registrava quando se referia aos grupos fascistas já apontava, de algum modo, para o processo que se instalaria, a partir do AI-5, de uma autonomização do aparelho repressivo, com a criação da Operação Bandeirantes (OBAN), em 1969 — não apenas financiada por empresários, como hoje se sabe, mas também com participação inicial de elementos do grupo paramilitar do CCC — e que tem prosseguimento nos anos posteriores sob várias formas (Cardoso, 1990).

Este depoimento do *Livro branco* que registra, na própria atualidade do acontecimento que envolvia a Faculdade, uma percepção bastante clara da dimensão do que se abateria ainda sobre o país, pouco depois, leva à formulação de questões que até hoje incomodam: por que na memória institucional, mas não apenas nela, os acontecimentos da rua Maria Antonia ficaram reduzidos a um conflito entre estudantes do Mackenzie e da Faculdade de Filosofia? Mais ainda, se aqueles acontecimentos significaram algo para além disso, qual era o sentido da depredação e da interdição daquele edifício da Faculdade de Filosofia, Ciências e Letras?

Num segundo depoimento do *Livro branco*, o do professor Antonio Augusto Arantes, instrutor da cadeira de Antropologia, está registrada uma indicação importante: "Entre 18:30 e 19:00 horas é ordenado o abandono imediato da Faculdade. Ficar mais algum tempo seria realmente suicídio. Todos saíram pelos fundos, abandonando o prédio à ação dos poucos bombeiros que lá permaneceram. Quando às 19 horas e 30 minutos deixei as imediações da Faculdade, os mackenzistas continuavam a lançar suas bombas contra o prédio vazio. Estava claro que o ataque não se dirigia apenas aos estudantes *mas também contra a instituição que nesse momento era simbolizada pelo edifício de nº 294 da rua Maria Antonia.*" (*Livro branco sobre os acontecimentos...*, 1988, p. 31 — destaques meus).

Este depoimento, também na atualidade do próprio acontecimento, é significativo, porque percebe, naquele momento mesmo, o caráter de um ataque que visava a própria instituição, e a dimensão simbólica de que esteve revestido, no seu objetivo de destruição do edifício de nº 294 — a Faculdade de Filosofia, Ciências e Letras.

Se a primeira percepção oferece elementos para pensar a brutalidade do arbítrio que já se instalava naquele momento no país e naquela cena, a da "guerra da Maria Antonia", relativa aos acontecimentos que ocorriam na Faculdade de Filosofia e na Universidade, a segunda coloca a questão acerca do sentido do objetivo de destruição da instituição, a partir de uma visibilidade já possível, embora de modo algum generalizada. A configuração dos sentidos envolvidos naquele objetivo só pode ser construída no *a posteriori* daquela cena, através da elucidação de outros acontecimentos conexos, e na condição de que ela não seja diluída na memória, como um acontecimento menor e sem importância. O que o segundo depoimento traz com grande força é a dimensão simbólica daquela destruição, que deve ser então pensada, hoje, fazendo juz àquela escuta possível naquele momento, porque proveniente da perplexidade que aqueles acontecimentos produziam diante da aparente desproporção entre as suas causas e os seus efeitos.

O sentido político do objetivo de destruição da instituição simbolizada pelo edifício de nº 294, a partir da omissão e/ou conivência das autoridades do Estado e das autoridades universitárias superiores, fica mais ou menos evidente: efetivamente a Maria Antonia foi, em São Paulo, um núcleo de resistência à ditadura, por intermédio de seus professores, e foi sede do movimento estudantil paulista, não apenas, mas principalmente, a partir da ocupação do prédio pelos estudantes em junho de 1968. Deste modo se confrontava, de um lado, com o governo militar, desde 1964 — já tendo sido atingida por ele desde então[11] — e de outro, com as autoridades universitárias superiores — conflitos latentes e explícitos[12] — as quais, como já se viu haviam incorporado o espírito e as práticas do golpe de 64.

---

[11] Este confronto, em 1964, deu-se: com a prisão de professores da FFCL-USP, pela polícia política; com a invasão e depredação da FFCL-USP e prisão de numerosos estudantes levados ao DOPS, pela polícia política; com a invasão do campus de Ribeirão Preto; com a instauração de Inquéritos Policiais Militares contra vários professores da Faculdade de Filosofia e da Universidade (ADUSP, 1979, pp. 11-32).

[12] Nomeação pelo Reitor Gama e Silva de uma Comissão Especial secreta, em 1964, para investigar atividades "subversivas" na USP, formada por três professores da universidade, de confiança do Reitor, que sugeriu a

A Maria Antonia foi um núcleo de articulação da resistência política que se dissolveu com a mudança dos cursos e departamentos para a Cidade Universitária, cuja separação geográfica dos prédios, se não impediu, dificultou aquela resistência, pelos longos anos ainda que se seguiram. A saída do centro de São Paulo retirou a visibilidade política que a Maria Antonia tinha na cidade. O confinamento numa Cidade Universitária, ainda relativamente deserta — em cuja parte de trás se situava um quartel da Força Pública, em seguida transformado em Polícia Militar, e em cuja entrada se instalaria alguns anos depois uma Escola de Polícia — permitia estrategicamente o controle policial.

Para além de uma dimensão estritamente política, as aposentadorias compulsórias de professores que logo se seguiram, em abril de 1969, significaram a quase inviabilização de alguns cursos da Faculdade de Filosofia, ao mesmo tempo em que caracterizavam a destruição de um patrimônio cultural acumulado por vários anos, que não pôde ser retomado mais, na mesma orientação. Um clima de intimidação, em alguns momentos de terrorismo mesmo, marcou os anos que se seguiram à mudança para a Cidade Universitária: cercos e invasões policiais; buscas e prisões de professores e estudantes; presença de policiais informantes em salas de aula e até mesmo de um dos torturadores da OBAN matriculado num de seus cursos; buscas e revistas de salas de professores à noite. A permanência desse clima por alguns anos provocou ainda a saída de outros professores contratados, que bus-

---

suspensão dos direitos políticos de 52 pessoas, das quais 44 professores e as demais, alunos e funcionários; moção apresentada pelo professor Alfredo Buzaid (que mais tarde viria a ser Ministro da Justiça do governo militar) contra o professor Paulo Duarte, em função de suas denúncias sobre o que ocorria na Universidade — contra o terrorismo cultural que ali se implantava —, moção esta que levaria à instauração de processo contra aquele professor, aprovada por todos os catedráticos da Universidade, sem exceção, no Conselho Universitário (votaram contra apenas dois representantes: de ex--alunos e Auxiliares de Ensino) (ADUSP, 1979, pp. 30-2).

caram exílio fora do país, comprometendo mais ainda o funcionamento dos cursos e dos departamentos.[13]

Ainda como tentativa de destruição do que restava do espírito da Faculdade de Filosofia, Ciências e Letras não há como deixar de fazer referência à intenção de implantação dos cursos básicos e das licenciaturas curtas de Ciências e Estudos Sociais. Esta última transformaria o curso de Ciências Sociais em Estudos Sociais, com duração menor. Vinda como pressão externa à Faculdade, só foi impedida por um intenso movimento no seu interior, que ainda pôde ter uma certa repercussão na imprensa da época. Modificações de tal ordem teriam se constituído, sem sombra de dúvida, numa destruição efetiva do patrimônio cultural que a Faculdade representava.

Este patrimônio cultural, constituído pela Faculdade de Filosofia, Ciências e Letras, foi, desde a sua fundação, marcado por um traço bastante singular: o de um descompasso e inconformismo com o seu tempo histórico, tanto como núcleo de criação social formulador de um pensamento crítico, quanto como sede de lutas políticas importantes (Cardoso, 1996b), tais como, a contra o fascismo — e o Estado Novo —, a campanha pela escola pública, a luta pela reforma universitária — nos seus vários momentos: o da greve de 1/3, o do Acordo MEC-USAID e Relatório Atcom, o das propostas concretas de reforma e o da defesa das comissões paritárias — e a resistência contra a ditadura instalada em 1964. Exatamente em razão deste traço de inconformismo com os limites postos pelo seu tempo não foram poucas, ao longo de sua história, as tentativas de seu silenciamento.

---

[13] Esse clima de intimidação foi intensificado quando do início da "luta armada", cujas primeiras ações foram realizadas em 1968 e incrementadas a partir de 1969. Um grande número de estudantes ligou-se a ela, o que explica, em parte, a presença constante dos órgãos de segurança na Cidade Universitária, sob a forma de invasões, prisões, tentativas de localização ou busca de informações.

Num momento como o de 68, de extrema visibilidade política da Faculdade na luta de resistência à ditadura militar, pode-se interpretar o movimento de repressão, que sobre ela se efetivou, como tendo sido um modo brutal e violento de inseri-la no seu tempo histórico.

No entanto, é importante ter presente na memória que aquele traço de inconformismo da Faculdade com o seu tempo histórico, se produzia efeitos externos inconvenientes, produzia também efeitos internos, na própria Universidade, nunca inteiramente assimilados por ela, desde a sua fundação. A Faculdade de Filosofia, Ciências e Letras, tendo sido originalmente pensada como o núcleo da Universidade que então se criava, sempre teve um reconhecimento extremamente problemático dessa posição no que se refere às demais escolas que compunham a Universidade. Embora tivesse sido até 1968 o maior núcleo, que articulava institucionalmente várias áreas do conhecimento no interior da Universidade, sempre teve aí uma posição complicada, que foi agravada, quando, a partir de 64, os órgãos superiores da USP comprometeram-se com o espírito e as práticas do golpe de 31 de março.[14]

Num momento como o de 68 e anos subsequentes nos quais a própria Universidade, no que se refere aos seus órgãos diretivos superiores, foi tomada por um processo de fascistização,[15] como

---

[14] Não por acaso, a comissão secreta (aqui já referida) indicada por Gama e Silva em 1964 era composta por elementos de sua confiança, representantes das "grandes escolas" da USP, como informa *O livro negro da USP* (ADUSP, 1979, p. 15).

[15] Um dos fatos característicos desse processo é o que está analisado e documentado em *O livro negro da USP* sobre os contratos de professores, aprovados por departamentos e congregações, com demonstrações de verbas e que foram misteriosamente arquivados na Reitoria ou indeferidos pelo Reitor, sem explicações. A advertência, sempre oral, em relação a eles, é de que se tratava de problemas relacionados com "órgãos de segurança", o que indicava a existência de uma instância de controle ideológico externa em

mostra *O livro negro da USP*, é possível retrospectivamente entender porque os acontecimentos dos dias 2 e 3 de outubro na rua Maria Antonia, na sua dimensão de tentativa de destruição da instituição FFCL, não puderam ter lugar na memória institucional da universidade, a não ser no seu registro redutivo de um conflito entre estudantes. A perda ou a destruição provável do registro histórico daqueles acontecimentos, da documentação oficial do *Livro branco*, também não se configura, neste contexto, como um fato surpreendente.

A força da repressão política sobre a Faculdade de Filosofia e mais ainda o seu caráter de arbítrio crescente que vai tomando corpo nos anos subsequentes a 1968 significaram a intenção de destruir a instituição por parte da ditadura, processo conjugado com aquele que vinha de dentro da própria Universidade, não tão explícito porque caracterizado por omissões, ou conivências, em parte perceptíveis naquele momento e em parte apenas identificáveis posteriormente.

Há, no entanto, um outro aspecto importante daquele ano de 1968, que permite pensar que o enquadramento da Faculdade de Filosofia, Ciências e Letras no seu tempo histórico não foi apenas o resultado da repressão política. É preciso não esquecer que naquele momento estava também em curso o processo de Reforma Universitária. Se a questão da Reforma era um dos temas do movimento estudantil, desde há algum tempo, era também tema da própria instituição universitária e do governo federal.[16] Assim é que a Reforma Universitária federal foi aprovada ainda em 68, e a partir dela, numa conciliação com a proposta interna do Con-

---

relação à qual a Reitoria da Universidade se mantinha conivente (ADUSP, 1979, pp. 51-73). Cf. ainda Fernandes, 1984.

[16] "Memorial sobre a reestruturação da Universidade de São Paulo" (Memorial Ferri), São Paulo, FFCL-USP, 02/06/1968; "Relatório do Grupo de Trabalho da Reforma Universitária" (GT Federal), *Folha de S. Paulo*, caderno especial, 22/09/1968, p. 9.

selho Universitário, é também aprovada a Reforma da Universidade de São Paulo, em 1969.[17]

Desta Reforma, o que importa reter aqui é a dissolução da figura institucional da Faculdade de Filosofia, Ciências e Letras, desmembrada em vários Institutos e Faculdades, dentre eles a Faculdade de Filosofia, Letras e Ciências Humanas, que passou a congregar uma parte maior da área de Humanidades, mas não mais toda ela.[18] A partir de princípios diversos de gestão universitária, naquele momento muito bem diferenciados ideológica e politicamente dos modos também diferentes de conceber a administração da Faculdade, da distribuição em Institutos e Faculdades concebida diversamente, o que é possível perceber hoje de modo mais claro, é que havia pelo menos um consenso: o de algum tipo de articulação de institutos, que significaria também o desmembramento da Faculdade de Filosofia, Ciências e Letras, em unidades a serem criadas e rearticuladas no interior da Universidade. Mesmo o projeto da Comissão Paritária da FFCL, composta por seus estudantes e professores — que se opunha aos projetos oficiais — propunha essa nova articulação a partir de institutos, naquele momento ainda não identificados, mas que poderiam ser progressivamente criados a partir das potencialidades dos departamentos e cursos.[19]

---

[17] Decreto nº 52.326 de 16/12/1969 aprova o Estatuto da Universidade de São Paulo. Publicação da FFLCH de 1970; Lei nº 5.540, de 28/11/1968 fixa normas de organização e funcionamento do Ensino Superior.

[18] Os demais Institutos e Faculdades foram organizados a partir de cada área do conhecimento no interior dos campos maiores das Exatas e Biológicas. O Instituto de Psicologia e a Faculdade de Educação tornaram-se instituições independentes da antiga FFCL apesar de ligados à área de Humanidades.

[19] O texto produzido pela Comissão dizia o seguinte quanto a este aspecto: "Na primeira etapa os Institutos deverão ser em número reduzido. Setores de um Instituto poderão contudo encaminhar proposta aos órgãos de direção e planejamento, para se transformarem em Institutos desde que isto seja justificado pelos cursos que ministram, número e qualificação dos com-

Por uma irônica coincidência histórica a tentativa de destruir a Instituição, simbolizada na depredação e interdição do edifício de n° 294, realizava-se no mesmo momento em que se dissolvia a FFCL, no interior da estrutura universitária. A dimensão simbólica dessa dupla destruição é extremamente contundente se se pensar nos seus posteriores desdobramentos. A divisão funcional da FFCL neste momento, que implicou a sua dissolução como instituição no interior do sistema universitário, foi o início de um processo "normal" de modernização da Universidade, de racionalização formal do seu contexto institucional — independentemente da orientação política ou ideológica que o pudesse ter orientado.[20] Este processo pode ser interpretado como um segundo aspecto da inserção ou do enquadramento da Faculdade no seu tempo histórico — por via da sua dissolução

---

ponentes de seu quadro, número dos alunos que recebem, levantamento dos centros, laboratórios e outros órgãos que constituam o seu patrimônio, bem como o estágio de trabalho e produção alcançados". Citação extraída do "Relatório da Comissão Paritária Geral da FFCL da USP", in: *Folha de S. Paulo*, Caderno Especial, 22/09/1968, p. 10.

[20] Este processo já estava em curso e, independentemente de suas orientações ideológicas ou políticas, pode ser identificado em vários momentos: a proposta de racionalização contida no Relatório Atcon e nos Acordos MEC-USAID, em 1965; o Memorial Ferri, cuja Comissão inicia seus trabalhos em 1966 e os apresenta em 1968; o Relatório do GT federal sobre a Reforma da Universidade em 68, que deu origem à Reforma Universitária do mesmo ano; a Reforma proposta pela Comissão Paritária da FFCL da USP e outras de várias Faculdades da mesma Universidade e no mesmo ano; a Reforma da Universidade de São Paulo em 1969. Após uma longa interrupção, nos anos mais sombrios da ditadura, este processo é retomado com a Nova República em 1985, tendo como referência primeira o Relatório GERES (Grupo Executivo para Reformulação da Educação Superior), de 1986, cujos princípios levaram a uma profunda transformação da concepção da Universidade num plano mais geral e no funcionamento particular da Universidade de São Paulo, no sentido de uma racionalização máxima da sua produção científica e do seu gerenciamento, processos em curso ainda hoje de modo bastante intenso (Cardoso, 1989).

institucional — o primeiro tendo sido em grande parte realizado pela repressão política.

A visibilidade deste segundo aspecto ficou comprometida nos anos que se seguiram a 1968 em virtude da necessidade, já referida, de resistência à ditadura e de preservação dos trabalhos universitários. Esta preservação esteve orientada por alguns anos, ainda, no sentido das significações herdadas da FFCL, como resistência a uma inserção no tempo histórico da ditadura. A partir da Nova República e do início de uma normalização institucional do país começa também um processo de apagamento daquela herança de significações, até o limite mesmo, no presente, de desaparecimento de qualquer sentido dela e do traço que a constituía, de descompasso e inconformismo com o seu tempo.

A inserção da FFLCH na Universidade e desta no seu tempo histórico, hoje, por via daquele processo de racionalização formal crescente do seu contexto institucional, vem produzindo uma profunda modificação do seu paradigma institucional. A instituição, que tinha antes uma função de *coordenação*, passa a ter, agora, de modo crescente, a de *ordenação* na vida universitária. Com isso, a atividade intelectual está hoje cada vez mais subordinada à realidade institucional, correspondendo cada vez mais aos mecanismos de inserção nesta realidade — como preenchimento de funções de um organograma dado pela instituição. A realidade institucional passa a estabelecer, hoje, os limites da atividade intelectual.

No paradigma institucional anterior, no qual a FFCL tinha uma centralidade significativa no que se refere a um estilo de atividade intelectual, bastante diverso daqueles das escolas profissionais, caracterizando mais propriamente o que seria um modo de ser universitário, a Faculdade tinha, enquanto instituição, uma função essencialmente coordenadora, que expressava uma realidade intelectual naturalmente produzida no plano do ensino e da pesquisa. Esta função coordenadora supunha uma pluralidade de estilos de trabalho intelectual. A esta pluralidade correspondia o seu traço de criação da cultura e não apenas de reprodução dela.

A função ordenadora, hoje, da instituição, caminha para um modelo único de perfil do trabalho intelectual e a possibilidade de garanti-lo está dada pela vigilância permanente, sob a forma de avaliações prospectivas, cujo objetivo central é o de organizar a Universidade a partir de um modelo unívoco do pesquisador. Esta função ordenadora tem produzido uma tal autonomização dos mecanismos institucionais que a atividade intelectual nela aparece quase que como um efeito do planejamento da instituição.

Este processo de racionalização formal da instituição e da própria atividade intelectual, embora dominante, ainda tolera alguns nichos constituídos por estilos de trabalho intelectual estranhos ao perfil unívoco, mas já aponta para o desaparecimento dos traços de descompasso e inconformismo da instituição com os limites do seu tempo, condições da crítica e da criação cultural.

Vinculada essencialmente ao presente, por uma racionalidade formal, que não somente a envolve, mas que também caracteriza cada vez mais a cultura contemporânea, nas suas diversas manifestações, a Universidade perde, por isso mesmo, o distanciamento crítico em relação a esse presente e à sua cultura.

O edifício de nº 294 da rua Maria Antonia simbolizava os traços do inconformismo e descompasso da instituição com o seu tempo histórico. A sua depredação, significando a sua brutal inserção nesse tempo, atingia também um certo estilo de atividade intelectual produtora daqueles traços. Se a repressão política — nas suas dimensões externas e internas — pode ser responsabilizada por este ato de inserção, pode-se dizer também que o processo de normalização institucional posterior deu continuidade a ele, de modo evidentemente não violento, mas pelo contrário, gradual,[21]

---

[21] O que se está ressaltando aqui é o fato mesmo da *inserção* da universidade nos seus tempos históricos. Evidentemente, a inserção no tempo histórico da ditadura é diferente da que se realiza a partir da Nova República, e não se está desconhecendo esta diferença histórica. O que se está apontando aqui é que a inserção completa da universidade nos seus *presentes* retira dela a possibilidade de distanciamento crítico em relação a eles, passan-

a partir do qual a Universidade entra então, como pôde dizer Florestan Fernandes: "na rotina da vida e dos requisitos mais ou menos banais da 'existência civilizada'" (Fernandes, 1984, p. 61).[22] A perda daquele distanciamento crítico em relação ao presente é também a perda de qualquer relação significativa com o passado. Uma sensibilidade estritamente voltada para o presente, construída a partir de uma posição que tem a funcionalidade institucional e cultural como único critério, opera, por isso mesmo, um corte com o passado, que não tem mais lugar ali como produtor de significações. Aquela sensibilidade, impedida, pela sua posição, de perceber as implicações possíveis de uma experiência do passado no presente, não pode estabelecer, de modo crítico, os aspectos de continuidade e os de ruptura entre aquele passado e o presente. A invisibilidade de qualquer herança, seja nos seus aspectos criadores ou destrutivos, construída pelo corte com o passado, impede qualquer confrontação com ela, e a possibilidade de estabelecer semelhanças e diferenças entre os tempos históricos que permitissem pensar criticamente o passado e o próprio presente.

Se uma sensibilidade estritamente voltada para o presente não pode perceber o que de "chocante" e "inaudito" constituiu aquele passado, é porque não pode também se colocar nesta posição

---

do ela então a responder funcionalmente ao seu tempo histórico (Cardoso, 1995).

[22] Florestan Fernandes aponta para o fato de que o capitalismo monopolista "exige uma ampla tecnificação do ensino superior e uma importância maior na associação de ciência, tecnologia, instrumentalidade empresarial e Estado tecnocrático. O 'grande intelectual' e o 'intelectual crítico' são figuras ultrapassadas. A universidade repete, pois, o que aconteceu com outros tipos de escolas (a escola primária, o ginásio, a escola normal, o seminário, etc.). Entra na rotina da vida e dos requisitos mais ou menos banais da 'existência civilizada'". (pp. 60-1). Cf. também Marilena Chaui, sobre o sentido da dissolução da FFCL como parte de um processo de modernização identificado com a "eficácia produtivista" e com a "divisão administrativa dos conhecimentos" (Chaui, 1988, p. 253).

diante do presente. A banalização do "incidente" da "guerra da Maria Antonia" na memória institucional, mas não apenas nela, corresponde à banalização do próprio presente, na sua "rotina". A posição da banalização dissolve o lugar de uma perplexidade do pensamento, aquele mesmo lugar que no passado pôde instaurar, diante da atualidade do próprio acontecimento, a possibilidade de perceber a sua dimensão simbólica de destruição da instituição — por meio da depredação do edifício de n° 294 da rua Maria Antonia — constituindo-o como uma experiência deste mesmo passado a ser pensada no presente.

(1998)

REFERÊNCIAS BIBLIOGRÁFICAS

ADUSP. *O livro negro da USP: o controle ideológico na universidade*. São Paulo: Brasiliense, 1979.

ARENDT, H. *Origens do totalitarismo*. São Paulo: Companhia das Letras, 1997.

CARDOSO, I. "A modernização da universidade brasileira e a questão da avaliação". In: MARTINS, C. B. (org.). *Ensino superior brasileiro: transformações e perspectivas*. São Paulo: Brasiliense, 1989.

_____. "Memória de 68: terror e interdição do passado". *Tempo Social — Revista de Sociologia da USP*. São Paulo, 2 (2), 2° semestre de 1990.

_____. "Imagens da universidade e os conflitos em torno do seu modo de ser". *Revista da USP*, n° 25, mar./abr./mai. 1995.

_____. "Maria Antonia: a interrogação sobre um lugar a partir da dor". *Tempo Social — Revista de Sociologia da USP*, vol. 8, n° 2, outubro de 1996a.

_____. "Texto de apresentação da Universidade de São Paulo". In: *Catálogo da Universidade de São Paulo*. São Paulo: Edusp, 1996b.

CARDOSO, I.; SILVA, F. L. "Maria Antonia: uma transversal do tempo". *Revista da Biblioteca Mário de Andrade*. n° 54, jan./dez. 1996.

CHAUI, M. "Um lugar chamado Maria Antonia". In: SANTOS, M. C. L. (org.). *Maria Antonia: uma rua na contramão*. São Paulo: Nobel, 1988.

FERNANDES, F. *A questão da USP*. São Paulo: Brasiliense, 1984.

LIVRO BRANCO SOBRE OS ACONTECIMENTOS DA RUA MARIA ANTONIA (2 E 3 DE OUTUBRO DE 1968). São Paulo: FFLCH-USP, 1988.

MEMORIAL SOBRE A REESTRUTURAÇÃO DA UNIVERSIDADE DE SÃO PAULO. São Paulo: FFCL-USP, 02/06/1968.

RELATÓRIO DA COMISSÃO PARITÁRIA GERAL DA FFCL DA USP. *Folha de S. Paulo*, caderno especial, 22/09/1968, p. 10.

RELATÓRIO DO GRUPO DE TRABALHO DA REFORMA UNIVERSITÁRIA. *Folha de S. Paulo*, caderno especial, 22/09/1968, p. 9.

TRIGO, M. H. B. *Espaços e tempos vividos: estudo sobre os códigos de sociabilidade e relações de gênero na Faculdade de Filosofia da USP (1934-1970)*. Tese de Doutoramento. São Paulo: FFLCH-USP, 1997.

6.
MARIA ANTONIA: A INTERROGAÇÃO SOBRE UM LUGAR A PARTIR DA DOR

A possibilidade de construção deste lugar chamado *Maria Antonia* parte inevitavelmente da memória ou das memórias que dela se tem. Memória difícil, não a memória tranquila, de um espaço que, no ano convulso e vertiginoso de 1968, foi fisicamente destruído, interditado e incendiado num anoitecer e que na imaginação dos "retirantes" que contaram e ouviram a história, como relata Aziz Simão, transformou-se no "espaço mítico" onde o "fogo criminoso transmutou-se em fogo ritual de sua mitificação" (Simão, 1988, p. 18).

Não há como não partir das memórias de um espaço sobre o qual se tentou lançar o esquecimento, sob a forma primeira do interdito e depois sob a forma da dispersão no tempo, para a partir delas tentar a reconstrução do que é que precisava ser esquecido, simbolicamente queimado, abandonado, na retirada compulsória que caracteriza todo exílio político.

A *Maria Antonia* é um daqueles espaços marcados pela condição do *exílio*, de um *exílio* que já se constitui na *dor* da partida.

O material de que se dispõe, embora não tão extenso, é, no entanto, bastante expressivo como registro dessa memória. Se não é completo — mas quando é que a memória se completa? — evidencia alguns traços significativos desse lugar chamado *Maria Antonia*.[1]

---

[1] Referência ao conjunto de textos e depoimentos do livro organizado por Maria Cecília L. dos Santos. Ver Santos, 1988.

Estas memórias têm em comum, no que se refere ao espaço da *Maria Antonia*, o fato de se constituírem em diferentes nominações que produzem diferentes lugares da memória. Nessa medida, "nomear", como mostra Pierre Fédida, envolve uma "atividade de percepção" em que o visual é "menos uma forma de espacialização que a condição de uma figuração" (Fédida, 1991, p. 78).

As memórias, por meio das nominações, descongelam o espaço inominado, temporalizando-o a partir da atualidade, produzindo assim os diferentes lugares, pelo seu poder de figuração.

É possível então construir a interrogação: o que é este lugar chamado *Maria Antonia*, na memória dos retirantes-exilados? Quais seriam as diferentes figurações que toma esse lugar?

Nesses registros da memória, esses lugares produzidos pelo trabalho interrogativo da rememoração, tomam diferentes figurações: a questão *quem era* a *Maria Antonia*, constrói a figuração da pessoa ou da personalidade; a questão *o que era* a *Maria Antonia* constrói as figurações da encruzilhada, da praça, do saguão, de uma escola, de um pensamento, de um sentimento, de uma paixão, do desejo, de uma razão política, de um modo de ser e de existir, de uma ausência, da vida e da morte, do inconclusivo.

Essas figurações dos lugares podem ser aqui recolhidas a partir dos registros da memória, a partir de um *saber interrogativo*. Essa reconstrução pode ser elaborada na forma de perguntas, pois "um pensamento não é hoje capaz de outro passo que não seja meditar insistentemente sobre aquilo que suscitam as interrogações levantadas" (Heidegger, 1969, p. 38).

Quem era a *Maria Antonia*? Uma *pessoa*?

É desse modo que aparece no depoimento de Maria Adélia de Souza o seguinte diálogo reconstruído:

"— *Mãe, hoje não volto para casa, vamos tomar a faculdade e eu vou dormir na Maria Antonia.*

— *Filha, essa é uma amiga que não conheço. Deixe o telefone dela, qualquer coisa... Engraçado, a Maria Antonia jamais esteve aqui em casa...*

— Maria Antonia... Que intimidades, que carinho, que saudades." (Souza, 1988, p. 103)

É ainda deste modo que Renato Pompeu reconstrói a Maria Antonia:

"A Maria Antonia para mim não é apenas uma rua onde ficava uma faculdade; na verdade para mim ela se personaliza e então a Maria Antonia para mim é uma moça, uma moça bem jovem, bonita, inteligente, sedutora, rica, porém irremediavelmente louca." (Pompeu, 1988, p. 114)

Por que mulher? "Se havia algum lugar em que a mulher era importante em termos de ser igual ao homem, era a Maria Antonia. Portanto, a Maria Antonia tinha realmente de ser uma mulher" (Pompeu, 1988, p. 114).

Por que jovem? "A Filosofia como faculdade era bem nova (...) principalmente em termos de novidade, mesmo como conteúdo e forma de ensino (...) A Maria Antonia surgia como fator de modernização" (Pompeu, 1988, p. 114).

Por que bonita e sedutora? "A Maria Antonia não queria só encantar e agradar [era extremamente agradável ao olhar], ela queria conquistar, angariar apoio para a sua causa" (Pompeu, 1988, p. 114).

Por que rica? Porque embora havendo os cursos noturnos, "os alunos da Maria Antonia no curso diurno se destacavam [intelectual e politicamente] pela quase total despreocupação quanto às necessidades da sobrevivência" (Pompeu, 1988, p. 115).

Por que inteligente? Era uma moça "inteligente", de "inteligência excepcional" porque sua "situação na sociedade, de parte da classe dominante porém com ligações com a classe dominada, lhe permitia ter uma visão ampla da sociedade, o que não era facultado nem ao grosso das classes dominantes nem ao grosso das classes dominadas". Por isso a "Maria Antonia também ficava desligada do real, porque nessa situação de fronteira, ela não

tinha responsabilidades concretas (...) sobrando-lhe portanto um espaço em que tudo se passava apenas no pensamento" (Pompeu, 1988, pp. 115-6).
"E aqui entra a loucura da Maria Antonia". Por que louca? *"Sobrando-lhe socialmente esse espaço de puro pensamento, ela já não raciocinava a partir do real concreto. (...) A Maria Antonia raciocinava a partir das puras constatações pensadas (...) a partir do livre movimento do puro pensamento. E assim chegou à conclusão de que a situação era mais avançada do que efetivamente era. Na situação concreta da ditadura militar foi assim fácil à Maria Antonia chegar à conclusão de que a saída era luta armada ou a frente de esquerda (...).*

Hoje podemos dizer que os herdeiros da Maria Antonia são menos ricos, menos bonitos e menos inteligentes, porém continuam igualmente loucos e sedutores. (...) loucos pois lhes sobra um espaço mais do pensamento puro do que de inserção concreta na sociedade, sedutores, pois pregam que para se chegar a uma sociedade ideal, basta ter a vontade disso, sem levar em conta as situações materiais da sociedade.

É isso que constitui para mim a Maria Antonia, que não existe mais em carne, porém continua existindo em espírito." (Pompeu, 1988, pp. 116-7)

O que era a Maria Antonia? Por que um "saguão", uma "praça", uma "escola", uma "encruzilhada"? Segundo o relato de Aziz Simão, a Maria Antonia era o seu "saguão" — "praça fervilhante da manhã à noite" (...) "uma encruzilhada onde se conversava no meio de um vaivém de gente chegando e indo, subindo e descendo as escadas, entrando e saindo das salas" (Simão, 1988, p. 15).

Foi uma escola — "um lugar para as vocações que não tinham lugar" — o lugar de uma "expansão do saber que se processou de certo modo revolucionário em nosso quadro cultural da época" (...) e uma "faculdade em mudança, cujos efeitos não

se restringiram ao âmbito curricular, extravasando para o político" (Simão, 1988, pp. 14-5).
O que era a Maria Antonia? Por que "lugar do pensamento"? Da "amizade"? Das "paixões amorosas"? Da "paixão política"? Ou da "razão política"?
A Maria Antonia era um lugar onde estava inscrito um dos lemas de 68: "sejamos realistas — peçamos o impossível" (Chaui, 1988, p. 250). Era também o lugar do pensamento, pois a Maria Antonia "significou um novo estilo de pensamento formado a partir da Faculdade de Filosofia, Ciências e Letras — FFCL-USP" (Giannotti, 1988, p. 44).
Mas a Maria Antonia significou um lugar onde os contatos eram "face a face". "Nossos amigos e nossos amores, tudo girava em torno daquele pessoal da Maria Antonia" (Giannotti, 1988, p. 45).
"*A Maria Antonia não foi uma rua de São Paulo. Foi, a Maria Antonia, uma instituição política (...), do aprendizado da História do Brasil, da resistência e do amor.*" (Souza, 1988, p. 105)

A Maria Antonia foi um "reduto da resistência cultural" (...) "Sim, houve ingenuidade e até inconsequência na euforia revolucionária de 68. Mas o que sobretudo permaneceu foi a crispação da vontade de dizer 'não' à miséria das circunstâncias" (Moraes, 1988, pp. 112-3).
Por que a Maria Antonia era um "modo de existir", um "modo de ser", o "lugar do desejo", o "lugar do inconclusivo", o "lugar da morte"?
Um modo de existir, um modo de ser? Na Maria Antonia, "cada qual julgava dever transformar-se exatamente para que as ideias que discutia e propagava não fossem apenas ideias; cada um julgava que a participação política na transformação do mundo exigia viver concretamente os valores que propunha. A consciência crítica somente seria real se fosse vital" (Silva, 1988, p. 134).

"Era, pois, como se cada um vivesse na instabilidade constante de uma descoberta progressiva de si, que se fazia no jogo da identificação e da contraposição, em relação aos outros e às ideias.
(...) numa época e num lugar em que inexistiam fronteiras entre o saber acadêmico e a vida ordinária, entre o conhecimento e a conduta, era talvez natural que se considerassem mais próximos entre si as ideias e as coisas, os ideais e a realidade. A universidade não era uma interferência na vida dos universitários; era um meio de existir, uma razão de ser e de pensar. Não é por acaso que aqueles que lá viveram dizem, indiferentemente, a faculdade ou a Maria Antonia, pois a instituição se prolongava física e espiritualmente na trindade etílica constituída pelo Cientista, pelo Bar do Meio e pelo Bar do Zé, angulando ainda para parte do edifício que vizinhava, na rua Dr. Vila Nova, com o Bar Sem Nome." (Silva, 1988, p. 135)

O lugar do "desejo", o lugar da "vida e da morte" — o lugar do "inconclusivo"?

"Falar da Maria Antonia é falar daquele prédio cinzento e desenxabido, com o mau gosto das colunas gregas timbrando em realçar a sua entrada principal. Necessidade de evocar o lugar, para convocar a força do lugar (...) eu diria que aqueles que viveram na Maria Antonia naquela época se põem nessa atitude: a procura de um espaço-tempo em que as coisas aconteciam." (Menezes, 1988, p. 120)

"A dificuldade maior é a de encontrar o sentimento generalizado de se ter sido protagonista daquela história. E esse sentimento é, por um lado, o de realização de ideias e desejos e, por outro, de perda — separação e morte. A Maria Antonia foi marcada em 1968

por imagens de vida e de morte, tão radicalmente contrárias: a 'alegria de viver' e a 'sorte de viver'." (Cardoso, 1988, p. 232)

"*Houve a ação violenta daqueles que usurparam lugares na história, o que nos impede de lembrar a rua Maria Antonia com a tranquilidade com que se concede na memória, um lugar àquilo que passou. Pelo contrário, aqui a memória sofre o desconforto da incompletude como se lembrar fosse presentificar a ausência, procurar o vazio ou contemplar uma morte prematura. (...) resta apenas a memória retorcida ante o inconclusivo e o sentimento — como estranho afeto suspenso no ar — da perda do irrealizado.*" (Silva, 1988, p. 136)

Estas reconstruções, aqui recortadas, porém inesgotáveis, constituem os lugares da memória — lugares não pré-formáveis ou pré-determináveis. A Maria Antonia como um daqueles espaços marcados pela condição do exílio, conforme apontou-se inicialmente, é por isso também marcada pelo acontecer nostálgico.

E aqui a nostalgia não é entendida como uma algia, de *álgos*-dor, inteiramente imotivada nem inteiramente indeterminada. Alguma coisa se sabe ou se pressente. Essa dor não permanece muito tempo sem ser nomeada. Essa dor pode dizer do que ela sofre, do que ela é o mal; ela é, como em toda condição de exílio, o mal de um país, o mal de uma origem, o mal de uma fonte, que se busca reencontrar. A possibilidade deste reencontro é o retorno, *nóstos*.

Mas a nostalgia (*nóstos*-retorno; *álgos*-dor) está referida a um "espaço nostálgico" onde os "lugares não são intercambiáveis e indiferentes, como eles deveriam ser no espaço abstrato e homogêneo dos geômetras". Porque a "geometria não tem nada a ver com a nostalgia... É [certo] para os matemáticos que todo lugar vale um outro; e é o contrário para o coração nostálgico, em que existe um espaço concreto, diversificado por sítios, [lugares] qualitativamente heterogêneos" (Jankélévitch, 1974, p. 341).

É deste modo que podemos considerar a nostalgia como um tipo de memória, como um trabalho de reminiscência e de imaginação, que pela sua força de evocação, fabrica, produz os lugares da memória.

E aqui seria preciso distinguir, redimensionando os conceitos, a "nostalgia fechada" da "nostalgia aberta" (Jankélévitch, 1974, pp. 349-52, 360-7).

Na "nostalgia fechada" o retorno anularia, sem resto, o expatriamento, ou formulando de um outro modo, se caracterizaria por um congelamento do tempo, uma retenção do tempo. Nesse sentido, seria próximo da melancolia, na definição que dela formula Julia Kristeva: fixada ao "passado, regressando ao paraíso ou ao inferno de uma experiência não ultrapassável", a melancolia "é uma memória estranha" — tudo findou, mas permanece fiel a esta coisa finda, está colada a ela, não há futuro, pois é "um passado hipertrofiado, ocupa todas as dimensões (...)" (Kristeva, 1989, p. 61).

Na "nostalgia aberta", a memória é um acontecer nostálgico; como força de evocação e de produção de lugares e de figurações, a força de nominação não é uma força que fixa, mas uma força que imprime um tornar-se, produtora de mudanças de lugares, que são também mudanças de tempo. Nesse sentido, o passado anacroniza-se.

O que caracteriza a "nostalgia aberta" é que aí o retorno tem um resto. Na formulação de Jankélévitch, o retorno é o encontro de uma "decepção", de um "desapontamento", o que o torna um "retorno infinito", que faz do "país", da terra natal, da origem, da fonte, o lugar de um desejo indeterminado, em que esta origem, esta fonte, este país, seriam apenas a "localização simbólica e metafórica" deste desejo indeterminado. O retorno aqui é uma etapa de um caminho para um outro lugar não nomeado, um outro lugar, em relação ao qual ninguém jamais disse, nem o lugar, nem o tempo, nem o nome — um lugar... que não é o termo final, "mas o ponto de partida de uma nova aventura" (Jankélévitch, 1974, p. 363).

Pode-se dizer que o sentido desse retorno é o de um segundo exílio: ao primeiro exílio da partida, segue-se o segundo exílio a partir do não reencontro, no retorno.

Nessa condição de segundo exílio, a "nostalgia aberta" é um lamentar uma ausência, o que não está presente. Jankélévitch encontra no termo platônico *póthos* aquele que designa simultaneamente o lamento pelo ausente e o desejo, assim como a palavra latina *desiderium* é desejo e lamento pelo ausente, que pode ser traduzido na língua portuguesa por saudades (termo aliás referido no texto de Jankélévitch, cf. 1974, pp. 366-7).

O termo platônico *póthos*, como um desejo pelo ausente ou como um desejo a partir do ausente, encontra no *Banquete* a seguinte formulação: "quando não se crê que alguma coisa falta, não se deseja" (Platão, 1945, p. 204d).

Nesse sentido, o retorno aqui não é um passo atrás na descoberta de uma origem, um regresso às fontes, mas um "retorno adiante", o deixar que as fontes nos retornem.[2]

É preciso então construir esse sentido: a "nostalgia aberta" é um tipo de memória que produz os "lugares da memória" a partir da dor. A dor (*álgos*) é entendida aqui como "aquilo que recolhe no mais íntimo", na formulação de Heidegger. Este, refletindo sobre "a palavra grega que exprime a dor — *álgos*", diz: "provavelmente *álgos* se liga etimologicamente a *alego* que, enquanto forma intensiva de *lego*, significa o íntimo recolher. Então a dor seria aquilo que recolhe no mais íntimo" (Heidegger, 1969, p. 37).

Mas o recolher é também o que caracteriza a memória para Heidegger. A memória é a "lembrança recolhida", a "reunião do pensamento", "o recolher do já pensado", o que é preciso considerar antes de tudo "como sendo ou tendo sido". A memória é aqui uma memória "atraída pelo que se reserva e pelo que se pode

---

[2] Juan David Nasio, comentando o poema "Retorno", de Hölderlin, a partir de Heidegger (Nasio, 1991, pp. 28-9).

impor a nós como o que merece ser esperado: esperar quer dizer aqui aguardar por todos os lados, no interior do já pensado, o não pensado ainda que aí se esconde" (Figueiredo, 1994, p. 111).[3]

O retorno da "nostalgia aberta", não como retorno às origens ou às fontes, mas como um "retorno adiante", o "deixar que as fontes nos retornem", significa que o segundo exílio é o exílio de um mundo que só o pensamento pode guardar e aguardar, como memória, como reserva do já pensado e como espera do não pensado ainda.

E neste ponto podemos retornar à Maria Antonia: podemos talvez dizer que as diferentes figurações dos lugares produzidas pela memória, anteriormente marcadas — um lugar personalizado, um lugar da paixão amorosa, um lugar da paixão política, um lugar do pensamento, um lugar da encruzilhada, um lugar da realização de ideias e desejos, um lugar da vida e da morte, um lugar do inconclusivo — estavam referidas a uma certa atitude, a uma certa maneira de relacionar-se com o mundo, a uma maneira de pensar e de sentir, a uma forma de atuar e conduzir-se. Ao que poderíamos chamar, ainda de um modo enigmático, um certo *ethos* da Maria Antonia. E esse *ethos* tinha um traço comum nas figurações dos lugares produzidos pela memória. Era o de uma atitude de se colocar no limite do seu tempo e na perspectiva de transgredi-lo (cf. Foucault, 1988).

Esta memória, da "nostalgia aberta", que no movimento da atualização re-colhe esse traço comum, que re-úne o que se colheu, pode com-preender simultaneamente duas finitudes históricas: a primeira, que comportou esse *ethos* até um determinado limite, não ultrapassável, e que levou àquilo que chamamos de primeiro exílio; a segunda, inscrita no hoje, caracterizada pela "atravancadora cotidianidade" (Jankélévitch, 1974, p. 347) das tarefas imediatas, dos planejamentos e dos produtivismos a partir da qual se realiza o segundo exílio, na decepção causada pelo

---

[3] Cf. também Heidegger (1958, pp. 161 e 164-5).

não re-encontro, e pela perspectiva do retorno infinito e do desejo indeterminado.

A "nostalgia aberta" como movimento da atualização que retém e atende (no sentido da espera) e enquanto movimento da memória, do pensamento, que instaura as mudanças de lugares, que são também mudanças no tempo — deslocamentos no tempo — pode pensar, problematizar o tempo presente, como crítica do hoje que pode ser entendida simultaneamente como uma análise histórica dos limites que se nos impõem e como experimento que torna possível ultrapassá-los, na formulação foucaultiana da "problematização" (cf. Foucault, 1988) e na formulação heideggeriana do "experimento", como experiência que consiste em deixar que algo venha sobre nós e nos faça outro (cf. Figueiredo, 1994, p. 121).

(1996)

REFERÊNCIAS BIBLIOGRÁFICAS

CARDOSO, I. "Os acontecimentos de 1968: notas para uma interpretação". In: SANTOS, M. C. L. (org.). *Maria Antonia: uma rua na contramão*. São Paulo: Nobel, 1988.

CHAUI, M. "Um lugar chamado Maria Antonia". In: SANTOS, M. C. L. (org.). *Maria Antonia: uma rua na contramão*. São Paulo: Nobel, 1988.

FÉDIDA, P. *Nome, figura e memória: a linguagem na situação psicanalítica*. Tradução de Martha Gambini e Cláudia Berliner. São Paulo: Escuta, 1991.

FIGUEIREDO, L. C. *Escutar, recordar, dizer: encontros heideggerianos com a clínica psicanalítica*. São Paulo: Escuta/Educ, 1994.

FOUCAULT, M. "Que es la Ilustración? (Was ist Aufklärung?)". Versão de Rebeca Trevinho. In: *Sociologica*, México, Universidad Autonoma Metropolitana, ano 3, nº 7-8, mai./dec. 1988.

GIANNOTTI, J. A. "Maria Antonia: uma certa geração da Faculdade de Filosofia". In: SANTOS, M. C. L. (org.). *Maria Antonia: uma rua na contramão*. São Paulo: Nobel, 1988.

HEIDEGGER, M. "Que veut dire 'penser'?". In: *Essais et conférences*. Paris: Gallimard, 1958.

_____. *Sobre o problema do ser: o caminho do campo*. Tradução de Ernildo Stein. São Paulo: Livraria Duas Cidades, 1969.

JANKÉLÉVITCH, V. *L'irréversible et la nostalgie*. Paris: Flammarion, 1974.

KRISTEVA, J. *Sol negro: depressão e melancolia*. Trad. de Carlota Gomes. Rio de Janeiro: Rocco, 1989.

MENEZES, A. B. "Maria Antonia: década de 60". In: SANTOS, M. C. L. (org.). *Maria Antonia: uma rua na contramão*. São Paulo: Nobel, 1988.

MORAES, J. Q. "Na Maria Antonia dos anos 60: a reforma da filosofia e a revanche dos golpistas". In: SANTOS, M. C. L. (org.). *Maria Antonia: uma rua na contramão*. São Paulo: Nobel, 1988.

NASIO, J. D. *A criança magnífica da psicanálise: o conceito de sujeito e objeto na teoria de Jacques Lacan*. 2ª edição. Tradução de Dulce Duque Estrada. Rio de Janeiro: Zahar, 1991.

PLATÃO. "Le banquet". In: *Oeuvres complètes*. Versão de E. Chambry. Paris: Librarie Garnier Frères, troisième tome, 1945.

POMPEU, Renato. "Uma bela moça". In: SANTOS, M. C. L. (org.). *Maria Antonia: uma rua na contramão*. São Paulo: Nobel, 1988.

SANTOS, M. C. L. (org.). *Maria Antonia: uma rua na contramão*. São Paulo: Nobel, 1988.

SILVA, F. L. "Rua Maria Antonia". In: SANTOS, M. C. L. (org.). *Maria Antonia: uma rua na contramão*. São Paulo: Nobel, 1988.

SIMÃO, A. "Na faculdade". In: SANTOS, M. C. L. (org.). *Maria Antonia: uma rua na contramão*. São Paulo: Nobel, 1988.

SOUZA, M. A. "Rua Maria Antonia". In: SANTOS, M. C. L. (org.). *Maria Antonia: uma rua na contramão*. São Paulo: Nobel, 1988.

7.
OS ACONTECIMENTOS DE 1968: NOTAS PARA UMA INTERPRETAÇÃO

"*Nós já fomos quase tudo na vida: um outro sem eu; um eu perseguido pelos (seus) outros; um eu que na verdade era outro, ou um outro que na verdade era eu, filhos de um espaço controverso e convulso onde de repente todo mundo era do mundo todo; nós já fomos um nós em busca deles que deviam ser nós, ou que nós devíamos ser; agora, penso (logo hesito) somos um nós, paciente da anomia redentora dos últimos vinte anos, em busca de um eu que passou e nos espera, de uma outra margem, de uma ilha afortunada que não sabemos qual seja, e cujo olhar já cego para as coisas deste mundo nos encara com sua ironia civilizadora.*"[1]

ESQUECIMENTO E MEMÓRIA

Impossível falar de 68, em que fomos de algum modo protagonistas, sem antes tentar elaborar os modos de aproximação daqueles acontecimentos. Essa questão torna-se absolutamente

---

[1] Flávio Aguiar, "Visões do inferno", texto apresentado na 36ª Reunião Anual da SBPC, em São Paulo, e publicado com o título de "Os enredos da cultura brasileira", *Revista do Brasil*, Secretaria de Ciência e Cultura do Governo do Estado do Rio de Janeiro e da Prefeitura do Município do Rio de Janeiro, ano 2, nº 4, 1985.

central à medida que o silêncio e o esquecimento foram as constantes da "anomia redentora" (e da repressão) dos últimos anos. Trata-se, como nos diz Davi Arrigucci, de "recompor um rosto contra o horror à memória e assim penetrar no sentido do que se escoou", por via de recordações dispersas e fragmentárias (Arrigucci, 1981, p. 69). Mas trata-se também de um acesso bastante peculiar a uma documentação que ficou clandestina. Essa preservação, às ocultas, da documentação (ao lado das inúmeras destruições provocadas pelo terror da repressão) torna o trabalho de recuperação de documentos também fragmentário.[2]

As temáticas do esquecimento e da memória são de fato o núcleo das reconstruções da experiência brasileira do final dos anos 60, início dos anos 70, tendo tomado forma na Campanha da Anistia, na imprensa alternativa, na ficção, nos livros-depoimento, em memórias, em relatórios, e mais recentemente na grande imprensa e revistas. Essas temáticas não se restringem à experiência brasileira, mas são comuns às também comuns experiências traumáticas da repressão política sofridas pelos países latino-americanos do chamado Cone Sul. Assim é que Beatriz Sarlo, refletindo hoje, num instigante texto, *Uma alucinação dispersa em agonia*, sobre a situação da Argentina nos últimos dez anos, referindo-se à necessidade de restauração de uma "subjetividade destroçada", nos fala sobre os obstáculos para a memória — "obstá-

---

[2] A minha experiência de acesso à documentação tem sido a de encontrar pacotes de recortes de jornal e documentos selecionados a partir de óticas diversas e sujeitos a trajetórias de preservação que passaram pela clandestinidade. Em alguns casos, como, por exemplo, o de uma mala, a que tive acesso, ficava difícil não se levar em conta o fato de que trajetórias pessoais estavam inscritas no conjunto da documentação. Encontrei bilhetes e desenhos de crianças misturados a recortes e documentos. Em outros casos, cópias de documentação, ainda que incompletas, foram preservados do mesmo modo: as relativas aos acontecimentos dos dias 2 e 3 de outubro de 68 na Maria Antonia, à "guerra da Maria Antonia". Em relação a esses documentos até o momento não foi possível localizar os originais.

culos duplos e triplos (...): morte, cárcere, fragmentação dos indivíduos, barreiras intersubjetivas". Se se vive hoje a hora da recordação, esta é marcada por um sentimento: "devemos recompor os pedaços dispersos de uma subjetividade que não sabe como avaliar seu passado, nem consequentemente como reatá-lo. O passado, claro está, não pode ser a pura negação do acontecido, porque a pura negação é simplesmente a outra face do esquecimento e não da memória. Recompor os fragmentos não significa tampouco inventar uma nova unidade imaginária, que nos restitua as convicções da década anterior ou as substitua por um outro sistema de certezas inamovíveis" (Sarlo, 1985, pp. 34-5).

Nos modos de aproximação dos acontecimentos ocorridos em 68 e seus desdobramentos são recorrentes imagens como esquecimento, silêncio, memória, recomposição, fragmentos, perda, vestígios, cacos. Algumas passagens nos permitem um contato, ainda aproximativo, com essas imagens.

"*Se há razão para lembrar é que o silêncio e o esquecimento são as constantes da repressão dos últimos anos. É preciso furar o segredo e o pavor, fazer de recordações dispersas a reflexão comum na consciência coletiva.*" (Daniel, 1982, p. 32)

"*Vencer o esquecimento e a morte onde se perderam os traços de Ana, e grande parte de sua vida e da vida de todos nós. Arrancar do fundo, 'onde as ideias dançam mais livremente'. 'Recompor o tempo que nos escorreu pelos dedos, como fumaça que vai deixando seu perfume no ar'. Recompor um rosto.*" (Arrigucci, 1981, p. 82)

"*Nossa geração teve pouco tempo
começou pelo fim
mas foi bela a nossa procura
ah! Moça, como foi bela a nossa procura
mesmo com tanta ilusão perdida*

quebrada
mesmo com tanto caco de sonho
onde até hoje
a gente se corta." (Polari, *apud* Sirkis, 1984)

"*Até hoje, o estigma do ano maldito exige, em vez de ódio ou esquecimento, uma recuperação de seus vestígios, a redação de suas memórias, a decodificação de seus símbolos que ainda assombram o imaginário político do país; (...) o estigma de 1968 continua intacto, escuro, fechado, como o quarto de um falecido ilustre, onde ninguém ousa entrar para não incomodar os fantasmas.*" (Duclós, 1986)

A dificuldade maior ao tratar de 68, desafio para a interpretação, é a de encontrar o sentimento generalizado de se ter sido protagonista daquela história. E esse sentimento é, por um lado, o de realização de ideias e desejos, e por outro, de perda — separação e morte. Novamente os sentimentos são comuns à experiência argentina e brasileira: "O exílio mutilava os argentinos que ficavam e mutilava os que partiam. Se a trama da sociedade argentina precisa ser novamente tecida, a causa não está apenas nos vazios deixados pela morte, mas também na fragmentação produzida pelas separações" (Sarlo, 1985, p. 38). Na experiência brasileira: "Uma vasta matéria que se estende do golpe de 64 aos dias cruéis do final da década de 60 e começo de 70, vivida e narrada por alguém que traz no corpo e no espírito o corte doloroso desse tempo que nos queimou e marcou. Um tempo que tentaram deter a todo o preço e em que perdemos, entre tantas pessoas e coisas, a pouca liberdade que tínhamos e o que só nela floresce — o prazer e a alegria de viver e conviver" (Arrigucci, 1981, p. 69).

"1968 — a alegria de viver" e "1968 — a sorte de viver", imagens de vida e de morte, tão radicalmente contrárias, marcam aquele ano.

1968 — a alegria de viver: "Em maio, junho e julho o cenário é idêntico. Assembleia da UEE no conjunto residencial da Cidade Universitária presidida por José Dirceu. Assembleias nas faculdades. Passeata no centro da cidade. Os estudantes fazem as manchetes dos jornais. Para quem participa e organiza, o clima é embriagante. O que você decide estará na primeira página dos jornais, falado no rádio, comentado na televisão. Você mal pode imaginar a felicidade nesta vida movimentada. De noite a Quitanda e outros bares lotavam. Alguém puxava o violão e a batucada começava. Cantávamos Noel Rosa, Chico Buarque, Edu Lobo, velhos sambões. Sessenta e oito também foi o ano dos festivais da música popular, da explosão da Tropicália, do surgimento de Caetano e Gil. Foi o ano dos teatros Oficina e Arena que levaram as suas peças musicais de esquerda. Foi um ano de poesia e revolução cultural. Os teatros haviam sofrido ataques de grupos da direita e pediram a nossa colaboração. Íamos 'ser segurança' no Arena, ou seja, assistir à peça de graça e estar prontos para reagir em caso de provocação. 'É preciso estar atento e forte... Tudo é perigoso', cantava Caetano" (Fresnot, 1984, pp. 57-8).

1968 — a sorte de viver: "O Ato Institucional fechou o Congresso, acabou com o habeas-corpus e todas as garantias individuais. A repressão já não tinha mais limites legais. As diversas polícias assim o entenderam e teve início para o país um período de terror e arbitrariedades que só vai terminar muitos anos depois. Dia 13 de dezembro começou para nós o pesadelo. (...) Um amigo de infância me procurou para entrar na organização. Não o encaminhei. Isto talvez lhe tenha salvado a vida. (...) Os amigos sumiam e sumíamos para os amigos. Foi então que passei mal pela primeira vez. A angústia, o medo sempre recalcados vieram à tona à minha revelia. (...) Não sabia que ficaria um ano e meio num hospital psiquiátrico e dez no exterior" (Fresnot, 1984, pp. 66, 68-9).

A presença de imagens de vida e morte faz de 68 uma situação limite, política e existencial e traz para a interpretação questões que só poderão ser elaboradas de um modo que ultrapasse o enfoque estritamente disciplinar. Citando ainda Beatriz Sarlo: "Estamos justamente no limite onde uma reflexão sobre a sociedade e a política se converte em reflexão filosófica, e toca aqueles pontos obscuros e ocultos que deram origem às religiões, ao mito, à literatura e aos projetos da Razão e seus Sonhos" (Sarlo, 1985, p. 35).

PERDA E MELANCOLIA

As imagens de perda e melancolia definem modos de aproximação dos acontecimentos de 68 (ou modos de reconhecimento de 68). Na aproximação melancólica a perda é desconhecida, ou não se pode ver claramente o que foi perdido: "Um nós (...) em busca de um eu que passou e nos espera, de uma outra margem, de uma ilha afortunada que não sabemos qual seja". Algumas vezes até existe a consciência que sabe *quem* perdeu, mas não *o que* perdeu nesse alguém.[3]

A imagem melancólica da perda é decorrente, talvez, da imposição do esquecimento — como imposição externa ou como postura interna de sobrevivência.[4] Mas a imagem melancólica da perda é também a inquietude da nostalgia. E nesse sentido, "a nostalgia não é uma 'algia' inteiramente imotivada nem inteiramente indeterminada". É uma melancolia que expressa a "consciência de um contraste entre passado e presente, entre presente

---

[3] Para pensar a questão da melancolia uma das referências centrais é o texto de Freud, "Luto e melancolia", in: *Sigmund Freud: edição standard brasileira das obras psicológicas completas*, vol. XIV, Rio de Janeiro, Imago, 1974, p. 275 e seguintes.

[4] Para pensar a questão da sobrevivência, como postura interna, consultar, Christopher Lasch. *O mínimo eu*, São Paulo, Brasiliense, 1986.

e futuro". Nostalgia — *nóstos*, retorno; *álgos*, dor — expressa também a consciência da irreversibilidade do tempo, daí a inquietação do nostálgico. Ele está "ao mesmo tempo aqui e lá, nem aqui nem lá, presente e ausente (...)" (Jankélévitch, 1974, pp. 340-6).

Há uma passagem de Herbert Daniel que expressa bem esta inquietude da melancolia-nostalgia:

"*1968 — As lembranças seriam demais para uma cronologia. Que isso são lembranças, não memórias. Não se guarda o tempo que rolou na água e na sede de antigamente. O tempo, por seu modo e modelado, acontece para ser perdido. Elementar perdição, a perda está nele mesmo. As coisas se perdem na perda, mesmo as coisas de gente. Mas gente já é outra coisa, que ao perder ganha a perda como herança. Não só lembrança, memória: não apenas água velha de sede antiga mas nova sede sem nome de uma água sem idade, que se procura e não se encontra. Não que a procura por isso venha a ser inconsequente. Se a busca nunca encontrará uma água que já se perde no encontro, origina a invenção duma água imaginária que só será, nunca é, pra atender uma sede que sempre é, nunca foi.*" (Daniel, 1982, p. 26)

Há ainda uma imagem, presente na construção da ideia moderna de melancolia, a *acedia*, que define um modo de aproximação que merece ser trabalhado. Um dos sentidos de *a-kédia*, em Homero, que conflui para o sentido moderno, é o do "abandono de um cadáver sem sepultura" (Hersant, 1984). Essa imagem permite, talvez, a aproximação de uma das questões mais difíceis de ser elaborada, a questão dos desaparecidos. O desaparecimento configura uma experiência de morte sem sepultura, ou seja, uma experiência de morte que se carrega em vida. A impossibilidade da realização do ritual do luto — a sepultura — configura uma situação de perda em que não se consegue renunciar ao objeto perdido, o que produz a melancolia.[5] As mães da Praça de Maio, na experiência argentina, e o caso Rubens Paiva, que simboliza na experiência brasileira a questão dos desaparecidos, são evidências daquela dificuldade de elaboração.

OS ACONTECIMENTOS DE 68

1968 é o ano em que culmina e, ao mesmo tempo, é brutalmente silenciado o movimento pela reforma universitária, que teve início nos primeiros anos da década de 60. Mas 68 é também marcado por acontecimentos que extravasam a universidade, e ganham as ruas, como uma das únicas vozes de protesto contra a ditadura. Foi o ano dos festivais de música popular, do surgimento da Tropicália, das produções dos teatros Oficina e Arena, mas foi também marcado pelo início das ações armadas. A repressão ao movimento estudantil passa a tomar nova dimensão com uma morte de estudante, em março, no Rio, e outra, em outubro, em São Paulo. Ainda em fins de 68 têm início as articulações para a montagem de um organismo de combate à subversão, aquele que viria a ser conhecido, depois, como a "Operação Bandeirantes", a OBAN.[6]

---

[5] Para trabalhar a questão do ritual do luto consultar Freud, *op. cit.*, e Phillippe Ariès, *História da morte no Ocidente*, Rio de Janeiro, Francisco Alves, 1977. Para trabalhar a questão das separações como experiência de morte, Igor Caruso, *A separação dos amantes*, São Paulo, Cortez, 1981.

[6] Como diz Gabeira: "O ano de 68 foi um ano em que aconteceram tantas coisas e num ritmo tão vertiginoso que não é fácil reproduzi-lo satisfatoriamente sobretudo para quem se lançou na tempestade, deixando para trás lápis e caderno de anotações. Foi um ano em que a própria noção de tempo se ampliou. O tempo passa, todos nós sabemos. Mas de um modo geral o sabemos diante da ruga no espelho, da morte de um avô remoto, das obras municipais. Mas naquele ano o tempo não se deixava tanto ler no cor-

Embora 68 tivesse a sua especificidade no Brasil, ecoavam aqui, de algum modo, os acontecimentos que marcaram aquele ano no mundo inteiro: a revolta dos estudantes europeus, em especial o "maio de 68" francês; as revoltas estudantis e a revolta dos negros nos Estados Unidos; os guardas vermelhos na China; a luta dos vietnamitas (na ofensiva do Tet, o Vietcong toma a embaixada norte-americana, em Saigon); a Primavera de Praga. Ecoava aqui, ainda, em 68, de modo forte, a imagem de Che Guevara, morto na Bolívia, em 1967.

Ao retomar os acontecimentos de 68, na experiência brasileira, é impossível não estabelecer as conexões com os acontecimentos que se sucederam a partir do início dos anos 60. A grande greve do terço, no movimento estudantil, em 1962 (em que se exigia a participação dos estudantes nos órgãos colegiados na proporção de 1/3); a intervenção na Universidade de Brasília, que se inicia logo após a queda de Goulart; o incêndio do prédio da UNE, na praia do Flamengo; a lei Suplicy, que incide sobre o movimento estudantil, em fins de 64, transformando as entidades estudantis em apêndices do Ministério da Educação; o boicote estudantil à lei Suplicy; o acordo MEC-USAID; as passeatas do ano de 1966 contra a ditadura, contra o imperialismo, contra a infiltração estrangeira no ensino superior, pela soberania nacional; o movimento pelos excedentes em 1967.

Se em 62 a grande bandeira do movimento estudantil era o "terço", em 68 foi a paridade. No intenso debate que se travou sobre a universidade brasileira, várias experiências surgiram ao longo daquele ano, em São Paulo. Experiências de natureza diversa: gestão paritária de departamentos e comissões paritárias de

---

po, na família ou no município. O tempo deu um salto como se um relógio disparasse atualizando os sonhos de muitos anos depois". "Conversação sobre 1968", originalmente publicado no *Pasquim* nº 493, de 08/12/1978 e publicado em *Carta sobre a Anistia: a entrevista do Pasquim — Conversação sobre 1968*, Rio de Janeiro, Codecri, 1980.

estudo que apresentaram propostas alternativas de organização da universidade.[7]

O que é importante marcar, no entanto, é que essas discussões e propostas realizaram-se no clima convulso e controverso daquele ano: o de faculdades ocupadas pelo movimento estudantil, que tentava realizar, ainda, a experiência nova dos cursos livres. Mais ainda, no clima de grande ascenso do movimento estudantil, a partir da morte de Edson Luís, no Calabouço, no Rio, em março, seguida de grandes manifestações de rua: o enterro do estudante, acompanhado por perto de 50 mil pessoas, seguido de outras manifestações em outros Estados; o grande movimento de protesto de 1º de abril no Rio (4º aniversário do golpe), que levou à rua 5 mil elementos da Polícia Militar e DOPS, provocando duas mortes e a ocupação da cidade por tropas federais; a Passeata dos Cem Mil no Rio, simultaneamente realizada em São Paulo e outros Estados.[8]

No clima vertiginoso de 68, se, em setembro ficava pronto e era publicado na imprensa, a 22 de setembro, o projeto de universidade da comissão paritária da Faculdade de Filosofia, em São Paulo, apenas onze dias depois eclodia a "guerra da Maria Antonia" (nos dias 2 e 3 de outubro), que culminaria no incêndio e destruição, seguidos de desocupação e definitivo abandono do prédio. Num certo sentido, naquela "guerra", estavam presentes elementos que passariam a definir a luta política no pós-AI-5: uma

---

[7] Várias faculdades da USP apresentaram propostas estruturadas: a Faculdade de Filosofia, Ciências e Letras (que naquela época tinha na sua estrutura a maior parte dos atuais institutos e faculdades que compõem a USP atualmente); a Faculdade de Medicina de Ribeirão Preto (que teve a participação de Hélio Lourenço na sua comissão paritária, aposentado depois pelo AI-5 como reitor da USP, em abril de 69); a Faculdade de Agronomia de Piracicaba; a Faculdade de Higiene; a Faculdade de Engenharia de São Carlos; e a Faculdade de Ciências Econômicas.

[8] Artur José Poerner, *O poder jovem*, Rio de Janeiro, Civilização Brasileira, 1979. É importante acrescentar, ainda, a esse conjunto, as greves

luta "armada", que embora tivesse de um lado rojões, paus e pedras, tinha, de outro, revólveres, rifles, metralhadoras e bombas molotov. Em cima dos telhados do Mackenzie estava o grupo paramilitar CCC (Comando de Caça aos Comunistas) protegido pela polícia civil que dava segurança ao patrimônio daquela escola.[9] Novamente uma morte, a do estudante secundarista José Guimarães, cuja camisa ensanguentada foi levada em "passeata trágica" (Fresnot, 1984, p. 63) pela rua da Consolação, rumo ao centro da cidade. Nesse percurso, carros da polícia foram incendiados pelos estudantes.

"Nós também vamos ter armas. Eles vão saber quem é mais forte." Assim diz a personagem de Renato Tapajós, em seu romance *Em câmara lenta*, que descreve aqueles acontecimentos (Tapajós, 1979, p. 37). Por outro lado, conforme relata Antônio Carlos Fon, na sua análise sobre os preâmbulos da OBAN, elementos do CCC tinham presença direta na assessoria do ministro Gama e Silva e pressionavam o quartel-general do 2º Exército, especialmente depois da "guerra da Maria Antonia", no sentido de uma "intervenção do Exército para desarmar e desbaratar os grupos de extrema esquerda" (Fon, 1979).

Os últimos acontecimentos de 68, antes do AI-5 (logo depois do AI-5 ainda houve a invasão do CRUSP, em São Paulo), foram as prisões dos estudantes e das lideranças estudantis, na tentativa de realizar o XXX Congresso da UNE, em Ibiúna. Da

---

operárias de Contagem e Osasco e a profunda alteração no perfil das esquerdas produzido a partir do início dos anos 60. Cf. também: Fernando Gabeira, "Conversação sobre 1968", *op. cit*; João Roberto Martins Filho, *Movimento estudantil e ditadura militar (1964-1968)*, Campinas, Papirus, 1987; Daniel Aarão Reis Filho e Jair Ferreira de Sá, *Imagens da revolução*, Rio de Janeiro, Marco Zero, 1985.

[9] *Livro branco sobre os acontecimentos da rua Maria Antonia (2 e 3 de outubro de 1968)*, documento oficial da Congregação da Faculdade de Filosofia, Ciências e Letras, elaborado por uma comissão especialmente designada, cujo relator foi o professor Antonio Candido.

liderança, presos: Vladimir Palmeira, José Dirceu, Luís Travassos e Jean-Marc van der Weid. "Os três primeiros só foram liberados em setembro de 1969, sendo enviados ao México, juntamente com 12 outros presos políticos, como resgate exigido para a libertação do embaixador norte-americano Charles Burke Elbrick, sequestrado dias antes pela Ação de Libertação Nacional (ALN) e pelo Movimento Revolucionário 8 de Outubro (MR-8). Quanto a Jean-Marc, somente saiu da prisão em janeiro de 1971, quando foi enviado ao Chile, com 69 companheiros, em troca do embaixador suíço Giovanni Eurico Bucher, sequestrado em 7 de dezembro pela VPR (Vanguarda Popular Revolucionária) do capitão Lamarca" (Poerner, 1979, p. 303).

Nos últimos meses, ainda, havia surgido a "guerrilha urbana". Assaltos a bancos em São Paulo, no Rio e em Minas; captura de armas de guerra e explosivos. Em junho, a explosão da perua com dinamite contra o Quartel-General do II Exército, em São Paulo (Sirkis, 1984, p. 107). Em meados de outubro, a morte do capitão Chandler, como resultado de uma ação armada (teria sido morto por pertencer à CIA e organizar grupos do CCC na Universidade Mackenzie, onde era bolsista, além de ter tido envolvimento na morte de Che Guevara, em missão anterior na Bolívia). Em outubro, ainda, é publicado na imprensa o caso PARA-SAR (denúncia de convocação, em abril, do PARA-SAR para participar de missão de repressão política permanente — à paisana e armado — a fim de dar cobertura à tropa que reprimia agitações de rua; denúncia ainda de missões incomuns que deveriam ser realizadas — as de eliminação física ou desaparecimentos de elementos considerados inconvenientes pelos setores políticos e militares).[10]

(1988)

---

[10] "Documento sigiloso reabre PARA-SAR". *Folha de S. Paulo*, outubro de 1968, s.d.

REFERÊNCIAS BIBLIOGRÁFICAS

AGUIAR, F. "Os enredos da cultura brasileira". *Revista do Brasil*, Secretaria de Ciência e Cultura do Estado do Rio de Janeiro e Prefeitura do Município do Rio de Janeiro, ano 2, n° 4, 1985.

ARIÈS, P. *História da morte no Ocidente*. Rio de Janeiro: Francisco Alves, 1977.

ARRIGUCCI JR., D. "Recompor um rosto". *Discurso 12*, São Paulo, Livraria Editora Ciências Humanas, 1981.

CARUSO, I. *A separação dos amantes*. São Paulo: Cortez, 1981.

DANIEL, H. *Passagem para o próximo sonho*. Rio de Janeiro: Codecri, 1982.

DUCLÓS, N. "O estigma do ano maldito". Resenha crítica de DINIZ, J. A. "Calabouço, 1968: o cerco das trevas". *Senhor*, n° 278, São Paulo, 1986.

FON, A. C. *Tortura: a história da repressão política no Brasil*. São Paulo: Global/Comitê Brasileiro pela Anistia, 1979.

FRESNOT, D. "1968: a alegria de viver". In: *O cerco de Nova York e outras histórias*. São Paulo: Alfa-Ômega, 1984.

FREUD, S. "Luto e melancolia". In: *Sigmund Freud: edição standard brasileira das obras psicológicas completas*, vol. XIV. Rio de Janeiro: Imago, 1974.

GABEIRA, F. *Carta sobre a Anistia: a entrevista do Pasquim — Conversação sobre 1968*. Rio de Janeiro: Codecri, 1980.

HERSANT, Y. "Acedia". In: "Tradition de la mélancolie". *Le Débat — Histoire-Politique-Societé*, Paris, Gallimard, n° 29, mar. 1984.

JANKÉLÉVITCH, V. *L'irréversible et la nostalgie*. Paris: Flammarion, 1974.

LASCH, C. *O mínimo eu*. São Paulo: Brasiliense, 1986.

LIVRO BRANCO SOBRE OS ACONTECIMENTOS DA RUA MARIA ANTONIA (2 E 3 DE OUTUBRO DE 1968). Documento oficial da Congregação da Faculdade de Filosofia, Ciências e Letras da USP.

MARTINS FILHO, J. R. *Movimento estudantil e ditadura militar: 1964-1968*. Campinas: Papirus, 1987.

POERNER, A. J. *O poder jovem*. Rio de Janeiro: Civilização Brasileira, 1979.

SARLO, B. "Uma alucinação dispersa em agonia". *Novos Estudos CEBRAP.* nº 11, São Paulo, jan. 1985.

SIRKIS, A. *Os carbonários: memórias da guerrilha perdida.* São Paulo: Global, 1984.

REIS FILHO, D. A.; SÁ, J. F. *Imagens da revolução.* Rio de Janeiro: Marco Zero, 1985.

TAPAJÓS, R. *Em câmara lenta.* São Paulo, 1979.

8.
MEMÓRIA DE 68:
TERROR E INTERDIÇÃO DO PASSADO

1968, no Brasil, implicou simultaneamente um sentimento de realização de ideias e desejos e um sentimento de perda — separação e morte. Em registros distintos e perpassados uns pelos outros, colocava-se a possibilidade da revolução — cuja figura emblemática era o "Che", "arauto dos sofrimentos de todo o continente" e dos ideais de liberdade "fecundados pelo seu próprio sangue" —, vivia-se o clima embriagante das assembleias e passeatas estudantis, fazia-se as manchetes dos jornais. A revolução também era cultural, no plano do comportamento e da sexualidade, na música, no teatro e na poesia. Significativamente a morte do "Che" antecipava os tempos da violência, a violência que parte do Estado e das organizações paramilitares — a implantação do terror — e a violência que parte da sociedade pela via da luta armada. Estes tempos foram marcados por experiências-limite do ponto de vista existencial: para os que optaram pela luta armada implicaram a clandestinidade, a adoção de uma identidade outra e o colocar-se numa situação existencial limite entre vida e morte. Implicaram, ainda, a vivência do Terror: a tortura, as prisões, os exílios, os desaparecimentos, as mortes. A tortura envolveu a "travessia do inferno: o suplício físico, o suplício psíquico, o desamparo, a solidão, o medo-pânico, o sentimento de abandono, a perda da percepção e da memória, a destituição do humano e a infantilização", assim como significou a imposição, pelo medo, do conformismo e do silêncio, a todos os dissidentes potenciais (Cf. Chaui, 1987, p. 33).

A simultaneidade das imagens de vida e morte marcam aqueles "tempos" — 68 e seus desdobramentos.

Tomando a expressiva passagem de Gabeira, o "ano de 68 foi um ano em que aconteceram tantas coisas e num ritmo tão vertiginoso que não é fácil reproduzi-lo satisfatoriamente sobretudo para quem se lançou na tempestade, deixando para trás lápis e caderno de anotações. Foi um ano em que a própria noção de tempo se ampliou. O tempo passa, todos nós sabemos. Mas de um modo geral o sabemos diante da ruga no espelho, da morte de um avô remoto, das obras municipais. Mas naquele ano o tempo não se deixava tanto ler no corpo, na família ou no município. O tempo deu um salto como se um relógio disparasse atualizando os sonhos de muitos anos depois" (Gabeira, 1980, p. 65).

A pluridimensionalidade e o ritmo temporal vertiginoso dos acontecimentos de 68, marcados pela simultaneidade das imagens de vida e morte, os constituem também simultaneamente como atualização dos sonhos e antecipação do pesadelo. Perpassados por ritmos temporais distintos, realizam-se ao mesmo tempo como a trama e o avesso da trama num duplo sentido: 1) a trama como o tecido da vida e do sonho — "preparando-se nos processos dos seus sonhos, o homem se exercita para a vida futura"; 2) o avesso da trama como a "supressão do tempo e do espaço", a morte, a supressão da existência física ou subjetiva que se expressou, no limite, na tortura e nos desaparecimentos (Cf. Borges, 1979, p. 90 e 146).

O contraponto trágico desta simultaneidade produz o caráter enigmático dos acontecimentos de 68: pelas questões inquietantes que colocavam e que tenderam a ser recalcadas por seus "sobreviventes", ou parcialmente "dissecadas" pelos instrumentos conceituais da ciência social e política (Cf. Morin, 1978, p. 13).

Os acontecimentos de 1968, marcados pelo traço também trágico do excesso — da vida e da morte —, configuram-se como "alguma coisa do passado que ficou em suspenso" e no limite da experiência do terror, como a dificuldade ou a impossibilidade mesma de nomear a experiência — a dificuldade da construção da sua simbolização ou representação (Passerini, 1988; Mango, 1988).

Desse modo, a questão do esquecimento e da memória constitui-se como problemática central para a interpretação dos acontecimentos de 68, na medida em que se coloca em três registros principais: o de um passado que não se torna passado — a dificuldade de sua simbolização ou representação; o da interdição mesma do passado — a anistia proposta a partir da restrição da exumação do passado e a prática da normalização da sociedade e da política que daí decorre; o do esquecimento como método mesmo de sobrevivência social e individual nos "tempos da violência".

Num certo sentido é possível dizer, hoje, sobre o Brasil dos acontecimentos de 68, que tudo mudou e não mudou, que tudo passou e não passou. A súbita "normalização" da sociedade e da política, via repressão, constrói a interdição ou a "neutralização moral" de um passado que de um certo modo *ainda era presente*.

É interessante notar como esta "normalização" é uma componente comum também ao 68 no plano internacional, guardadas as especificidades e dimensões. Na França sucedem-se à vitória de De Gaulle nas eleições gerais, a recomposição dos partidos políticos e do Estado, a recuperação da crise econômica, conjunto este simbolicamente representado pelo asfalto no Quartier-Latin que recobre as pedras utilizadas para as barricadas da luta estudantil. Nos Estados Unidos, a eleição de Nixon é precedida pelos assassinatos de Martin Luther King e de Robert Kennedy. No México, após o imenso massacre na Praça das Três Culturas, é tomada a decisão, até então suspensa, de realizar as Olimpíadas poucos dias depois, apesar das centenas de mortes. Na Tchecoslováquia instala-se a repressão à Primavera de Praga, com a ocupação do país pelas tropas do Pacto de Varsóvia. No Brasil, a normalização, via violenta repressão, tomou a forma do "milagre econômico" dos anos 70, da "distensão lenta, gradual e segura", da "abertura", da anistia submetida ao veto militar e marcada pela interdição de investigação do passado, de fortes prerrogativas militares institucionais, da mais longa transição, que concorre para o esquecimento ou diluição na memória coletiva, do terror implantado pela ditadura militar.

No Brasil, o esquecimento como imposição da repressão produz com mais intensidade a necessidade do recalque ou, no limite, o que Vidal-Naquet chama de "inexistencialismo" — realidades que passam a ser consideradas como inexistentes pelos "assassinos da memória" (Cf. Vidal-Naquet, 1988, que trata do revisionismo das interpretações sobre o nazismo).

Nesta dimensão, da imposição do esquecimento pela repressão, os acontecimentos de 68 podem ser aproximados do que Bruno Bettelheim chama de "situações extremas" (Cf. Bettelheim, 1985 e 1987). Esta expressão construída a partir de uma reflexão sobre os campos de concentração, mas ampliada também para as situações sob o autoritarismo ou totalitarismo de Estado, permite dar conta de alguns elementos centrais: as percepções de inevitabilidade, de duração incerta, de imprevisibilidade da situação, a construção do espaço da arbitrariedade, a disseminação do medo, a diluição do limite entre vida e morte. Esta situação pode vir a constituir-se como um bloco de "representações intoleráveis" para a memória, marcada pela dificuldade e, no limite, pela impossibilidade de enfrentamento de um outro absoluto e onipotente. A imposição da supressão ou da interdição do passado pode produzir o efeito de "neutralização moral" (Habermas) no plano da sociedade e da política que põe em funcionamento as "técnicas de esquecer" (Mezan) (Cf. Habermas, 1987; Mezan, 1987). Nesta perspectiva, no entanto, o "esquecimento ainda está sob a coerção do não poder esquecer" (Habermas). O passado que não se torna passado é produto do recalque que não significa a ausência do reprimido.

Duas outras problematizações sobre o esquecimento são importantes para o direcionamento deste conjunto de reflexões. De modos distintos, enfrentam uma questão comum: o esquecimento como cicatrização.

Uma primeira acepção questiona criticamente o esquecimento como produto do próprio fluxo do tempo. Elucidativa é a passagem de *Eros e civilização* de Marcuse: "as feridas que saram com o tempo são também as que contêm o veneno", numa clara alusão à persistência dos elementos recalcados, apesar da passagem do tempo, que não os torna passado (Cf. Marcuse, 1968). É como se o tempo adquirisse uma dimensão inercial que em si mesma pudesse produzir o esquecimento. O registro dessa acepção é importante para a interpretação porque permite construir, de maneira ainda hipotética, *um modo de aproximação* dos acontecimentos de 68 que se poderia denominar letargia (do grego *lethe* — esquecimento e *argía* — inércia). Neste registro, é possível problematizar a mais longa transição que se tem notícia, a brasileira, que concorre para o esquecimento ou para a diluição da memória coletiva dos eventos da repressão (Cf. Souza, 1988).[1]

Uma segunda acepção questiona criticamente a cicatrização entendida como um processo de exorcização do passado, que ao

---

[1] A noção aqui construída de *modo de aproximação* dos acontecimentos de 68, partindo da problematização da questão da memória e do esquecimento, pressupõe que a reconstrução possível daqueles acontecimentos é fragmentária. Os modos de aproximação constituem *interpretações* construídas a partir de recortes nos testemunhos e no conjunto da documentação, que permitem entendê-los como "itinerários" também construídos pelo investigador, que elabora os enfoques sobre o campo dos acontecimentos. A noção de aproximação é importante, ainda, porque, sendo central a questão da memória e do esquecimento, ficam postas as dificuldades de uma datação segundo a cronologia tradicional (tal ano, tal mês, tal dia) e a necessidade de tratar os acontecimentos com aproximações. Em outro artigo, "Os acontecimentos de 1968: notas para uma interpretação" (ver capítulo 7 deste livro), procurei construir o que chamei de "modo de aproximação melancólico", elaborado a partir de três imagens da melancolia: a melancolia associada a uma perda desconhecida; a melancolia-nostalgia, não inteiramente imotivada, nem inteiramente indeterminada; e a melancolia — *a-kédia* — na acepção do abandono de um cadáver sem sepultura, que permitia tratar a questão dos desaparecimentos (Cf. Cardoso, 1988).

torná-lo outro, produz as condições de sua inteligibilidade e de recuperação de uma plenitude anterior, na perspectiva de um "entendimento desapaixonado", marcado pelo distanciamento, pela lucidez e pela separação entre razão e paixão, entre conhecimento e emoção (Cf. Mezan, 1987). A problematização dessa acepção também se constitui como importante para a interpretação porque deixa entrever o efeito de deslocamento sobre o que se apontou como sendo o caráter enigmático dos acontecimentos de 68, marcado pela presença de questões inquietantes, produto do contraponto trágico da simultaneidade das imagens de vida e morte. É neste sentido que os acontecimentos de 68 podem vir a ser "dissecados" pela memória ou pela história, seja do ponto de vista das perspectivas da militância — que procuram recuperar uma plenitude anterior a partir da construção de uma inteligibilidade do erro e da verdade (do acerto) a que são submetidas retrospectivamente as ações políticas na conjuntura — seja do ponto de vista das análises historiográficas e do seu aparato conceitual, que objetivando a memória num saber histórico, produzem um arranjo do passado submetido às estruturas econômicas, sociais e políticas.

A ESTRATÉGIA DA IMPLANTAÇÃO DO TERROR

A sociedade brasileira no pós-64, mas especialmente a partir de 68 e do AI-5, esteve marcada por algumas referências fundamentais: a vigência da Doutrina de Segurança Nacional; a militarização do Estado; a unificação do aparelho repressivo; a autonomização de setores do aparelho repressivo em relação ao Estado; a emergência de organizações paramilitares; a incorporação de práticas de combate à criminalidade na repressão política; o intercâmbio entre os Exércitos americanos para o enfrentamento, por meio de uma filosofia comum, da "guerra revolucionária" no continente; o surgimento da luta armada que instituindo a violência política que parte também da sociedade dentro do espectro marcado pelas questões da revolução e da resistência à ditadura militar.

Já no decorrer do ano de 68 — com maior visibilidade a partir do AI-5 — é possível perceber a montagem de uma estratégia de implantação do terror por parte do Estado, a partir do endurecimento político-militar do governo Costa e Silva e da preponderância cada vez maior da linha dura no interior do aparelho de Estado. Esta estratégia — guardadas as diferenças, de intensidade e de dimensão, de conjuntura, e de perfil da sociedade — contém um núcleo que é comum a alguns países latino-americanos e que pode ser caracterizado: pela construção do espaço da total arbitrariedade, pela criação do inimigo potencial, pela disseminação do medo, pela produção do silenciamento, pela delação secreta e pela impossibilidade da política.

O processo de montagem do aparelho repressivo e a estratégia de implantação do Terror de Estado, no Brasil, têm como referências:
• a presença de uma Doutrina de Segurança Nacional que já vinha sendo desenvolvida há anos pela Escola Superior de Guerra e que sofre uma inflexão importante com a definição da "guerra de subversão interna", que abrange a "guerra insurrecional" e a "guerra revolucionária". Esta passa a colocar em primeiro plano o conceito de "fronteiras ideológicas" (por oposição ao de "fronteiras territoriais") quando a "guerra ideológica" passa a supor então a teoria do "inimigo interno" e da "agressão indireta". Assim definida a "guerra revolucionária", que assume formas psicológicas e indiretas e que explora os descontentamentos existentes e conquista as mentes, passa a considerar suspeita toda a população, como inimigo potencial, a ser controlada, perseguida e eliminada;
• o surgimento do Serviço Nacional de Informações (SNI), em 1964, como a primeira criação legal da Doutrina de Segurança Nacional;

- o primeiro ato institucional (1964), o ato institucional nº 2 (1965) e a Constituição de 67 que consagra a Doutrina de Segurança Nacional na sua definição da teoria da "guerra psicológica" e do inimigo interno;
- o caso PARA-SAR, em abril de 1968, dentro da lógica do engajamento de grandes setores das Forças Armadas em ações de sequestro, tortura e eliminação da população civil;
- a presença de organizações paramilitares, especialmente do Comando de Caça aos Comunistas (CCC), em outubro de 68, em São Paulo e no Rio, com vinculação com os setores "duros" do regime e conexões com a futura implantação da Operação Bandeirantes (OBAN), em São Paulo, em 1969;
- o AI-5, em dezembro de 68, no qual se destaca a suspensão da garantia do *habeas corpus* nos casos de crimes contra a segurança nacional e o julgamento dos crimes políticos, por tribunais militares;
- já no contexto de intensificação da luta armada e de realização do primeiro sequestro de embaixador, os atos institucionais nº 13 — o banimento — e nº 14 — pena de morte, prisão perpétua e banimento aplicável à "guerra revolucionária";
- a Lei de Segurança Nacional de 1969, em que deixam de existir as liberdades de reunião, associação e imprensa;
- os decretos-lei secretos de 1971, cujos textos não seriam divulgados em qualquer publicação oficial, espaço da total arbitrariedade, em que se desconhece a lei por meio da qual é efetuada a prisão;
- as operações de busca e detenção em larga escala da população envolvendo grande número de policiais e militares, numa ação já unificada (a partir de 1969);
- a montagem do aparelho repressivo propriamente dito: a criação da OBAN em 1969, em São Paulo, depois transformada em DOI-CODI (Destacamento de Operações e Informações e Centro de Operações de Defesa Interna) em 1970 — com implantação em outros Estados. Na estrutura do aparelho repressivo continuaram a atuar os DOPS (Departamen-

to de Ordem Política e Social), o CENIMAR (Centro de Informações da Marinha) e a CISA (Centro de Informações da Aeronáutica), a partir de uma estratégia unificada, embora com conflitos permanentes;

- a presença de integrantes e de práticas do "Esquadrão da Morte", de combate clandestino à criminalidade, na repressão política;
- os grupos clandestinos da repressão; "Voluntários da Pátria" no Nordeste e o "Braço Clandestino da Repressão", em São Paulo, cuja presença mais intensa coincide com o aumento dos casos de desaparecimentos (Cf., para o conjunto destas referências: Alves, 1987; Fon, 1979; *Brasil Nunca Mais*, 1985; jornais (1968): *Jornal da Tarde, Folha da Tarde, Última Hora, O Estado de S. Paulo, Folha de S. Paulo, Diário de S. Paulo, Correio Brasiliense*; revistas: *Visão* (1968-1969), *Veja* (setembro de 1968-1969), *Realidade* (1968), *Manchete* (1968)).

O conjunto dessa estratégia deve instituir como prática normal a tortura, os desaparecimento, as mortes e as prisões clandestinas.

A institucionalização da tortura, da "sucursal do Inferno", além de visar a obtenção de informações sobre grupos revolucionários que combatiam o sistema, impõe, pela combinação de outros mecanismos de intimidação da população — as operações "arrastão", as buscas de casa em casa — o medo, o silêncio e o conformismo a todos os "inimigos potenciais" (Cf. Chaui, 1987; Fon, 1979).

A estratégia dos desaparecimentos, já formulada pelos setores "duros" em 1968 (caso PARA-SAR), acentua-se a partir da atuação dos grupos clandestinos da repressão política. Estreitamente conectada com esta estratégia, construiu-se a prática das prisões clandestinas, configurada na "Casa dos Horrores", em Fortaleza; na "Casa de São Conrado", no Rio; na "Casa de Petrópolis"; no "Colégio Militar de Belo Horizonte" e no "local ignorado de Belo Horizonte"; na "Fazenda 31 de Março", em São Paulo (*Brasil Nunca Mais*, 1985).

A estratégia da implantação do terror configura, na linha interpretativa que vem sendo construída, uma "situação extrema" de difícil elaboração pela memória, dada a dificuldade — e, no limite, a impossibilidade mesma — do enfrentamento de um Outro absoluto e onipotente — o Terror. O terror político assume a forma de uma técnica de produção do silêncio, desde a censura, passando pelo silenciamento da sociedade através do medo, até o limite máximo de sua expressão, quando "mata a própria morte", no procedimento do desaparecimento — desaparecimento de pessoas, de seus corpos, de seus nomes, de sua existência jurídica (Cf. Reynoso, 1988; e Mango, 1988).

Esta estratégia, apesar da sua não tão extensa dimensão, se comparada com outras experiências autoritárias ou totalitárias, como as da Argentina, do Chile ou Uruguai, tem em relação a estas um núcleo comum de significados e práticas, com o qual se defrontou a sociedade brasileira, especialmente no período 68-75. Foi importante o contato com os relatos e reflexões sobre a experiência argentina, para perceber, apesar das diferenças de intensidade, de dimensão e de conjuntura, a possibilidade de construção desse núcleo comum, na estratégia de implantação do terror. Só uma análise detalhada das característica sociais, políticas e mesmo históricas destas sociedades, até no seu nível micro, como aponta O'Donnell, poderia evidenciar as diferenças de realização desta estratégia (Cf. O'Donnell, 1987).

Do ponto de vista da reconstrução dos acontecimentos de 68 e seus desdobramentos, o defrontar-se da sociedade com a estratégia do terror e a sua consequente produção do silenciamento, coloca uma dificuldade em relação aos instrumentos conceituais das ciências sociais (aliás, coincidentemente apontada pelo próprio O'Donnell em relação à experiência argentina) que justifica a linha interpretativa adotada, que ao problematizar a questão da memória e do esquecimento, pode ser sensível aos recalques históricos produzidos.

A ESTRATÉGIA DA INTERDIÇÃO DA INVESTIGAÇÃO DO PASSADO: A ANISTIA E A TRANSIÇÃO

Há um ponto de convergência importante nas análises políticas sobre o processo de transição brasileira: é marcado por um alto grau de controle das Forças Armadas, em comparação com outros processos como o da Argentina, Uruguai ou Espanha (Cf. Souza, 1988; Stepan, 1988; Moraes, 1987; Skidmore, 1988).

Outro ponto destacado é o de que "a própria duração da transição brasileira, uma das mais longas de que se tem notícia, concorre para o esquecimento dos abusos perpetrados no regime militar" (Cf. Souza, 1988).

Este longo processo é marcado por crises no interior das Forças Armadas que têm como centro a questão da abertura, mas sobretudo pelo enfrentamento, a partir do Governo Geisel, dos setores militares ligados ao aparelho repressivo, extremamente reforçado no período Médici, caracterizado por alto grau de autonomia em relação ao Estado.

Uma das questões mais expressivas deste processo de controle pelas Forças Armadas da abertura e da transição foi a anistia, em 1979. Esta expressa também de modo explícito a estratégia da interdição da investigação do passado como condição de sua própria aprovação e do processo de transição. Constituindo-se a questão da violação dos direitos humanos, numa área de grandes potencialidades de conflitos, no interior de um processo de transição dos regimes autoritários para a democracia, no Brasil, diferentemente da Argentina e do Uruguai, esta questão foi objeto de declarada interdição, na progressiva "normalização" da sociedade e da política.

Desde o início o projeto de "distensão lenta, gradual e segura", que exprimia o caráter controlado do processo que Geisel pretendia implantar, não foi facilmente assimilável pelos setores duros do regime, em especial, por aqueles que eram os agentes diretos da repressão. Já a partir de 1973, quando começa a entrar em circulação a possibilidade de uma abertura, há uma intensificação dos casos de desaparecimentos — entre setembro de 1973 e setembro de 1975, 32 pessoas desaparecem. Em 1975, Geisel explicita então que a distensão "não é o restabelecimento do Estado de Direito". O centro de articulação militar contra a política de distensão encontrava-se nesta época em São Paulo, onde o comandante do II Exército, General Ednardo D'Avilla Mello, dava cobertura às ações repressivas do DOI-CODI.

Este longo processo de abertura controlada, com fluxos e refluxos, em função de conflitos no interior das Forças Armadas e com os setores autônomos da repressão, passa por alguns episódios elucidativos: as mortes de Herzog (1975) e de Manoel Fiel Filho (1976) no DOI-CODI de São Paulo, que levam à demissão do General Ednardo; cassações de cinco deputados do MDB exigidas pelos setores duros, em função de suas denúncias sobre a violação dos direitos humanos (1976); o "massacre da Lapa" (1976); o fechamento do Congresso e o pacote de abril de 1977; a demissão do Ministro do Exército Sylvio Frota (1977); a reforma constitucional de 1978 que abole o AI-5 e introduz a figura do "Estado de Emergência".

Finalmente, em 1979, já no governo Figueiredo, foi aprovado pelo Congresso Nacional o projeto de anistia na forma em que foi enviado pelo Governo. Este projeto expressava o acordo não escrito entre as diversas facções militares de que a abertura não levaria à investigação do passado e o compromisso de que o aparelho repressivo não seria investigado, nem julgado. São expressivos deste compromisso dois pontos salientados por Bernardo Kusinski:

"1) ficam anistiados, ampla e totalmente, os acusados de crimes conexos aos crimes políticos (eufemismo para as torturas e outras violações dos direitos humanos praticadas sob o pretexto de combater as guerrilhas urbanas);

2) é criado um procedimento pelo qual parentes de desaparecidos podem obter rapidamente uma decla-

ração de ausência — tentativa do governo de sepultar juridicamente os cadáveres insepultos dos desaparecidos." (Kusinski, 1982, p. 135; cf. também Skidmore, 1988)

No Brasil, o processo da abertura altamente controlada pelas Forças Armadas, que se segue a um período de violenta repressão — e em alguns momentos é simultâneo a ações repressivas extremas —, configura a "normalização" da sociedade e da política. De um lado, a característica da longa transição concorre para o esquecimento ou diluição, na memória coletiva, do terror implantado pela ditadura militar e, de outro, a imposição do esquecimento, que toma forma no processo de anistia, interdita a investigação do passado e produz a necessidade do recalque da situação extrema da repressão. No limite, o esquecimento como imposição da repressão podendo produzir o "inexistencialismo" — realidades que passam a ser consideradas inexistentes pelos "assassinos da memória" (Vidal-Naquet, 1988).

É no quadro destas considerações que se pode propor uma interpretação do processo de "normalização" da sociedade e da política no Brasil, marcado pela interdição do passado, seja no aspecto da longa transição, onde o tempo parece adquirir uma dimensão inercial que em si mesma produziria o esquecimento, seja no aspecto da imposição mesma do esquecimento — a anistia — que provocaria o efeito de uma "neutralização moral" do passado (Habermas, 1987).

(1990)

REFERÊNCIAS BIBLIOGRÁFICAS

ALVES, M. H. M. *Estado e oposição no Brasil (1964-1984)*. Petrópolis: Vozes, 1987.

BETTELHEIM, B. *A fortaleza vazia*. São Paulo: Martins Fontes, 1987.

_____. *O coração informado*. Rio de Janeiro: Paz e Terra, 1985.

BORGES, J. L. *Livro dos sonhos*. São Paulo: DIFEL, 1979.

BRASIL NUNCA MAIS. Petrópolis: Vozes, 1985.

CARDOSO, I. "Os acontecimentos de 1968: notas para uma interpretação". In: SANTOS, M. C. L. (org.). *Maria Antonia: uma rua na contramão*. São Paulo: Nobel, 1988.

CHAUI, M. "Um regime que tortura". *I Seminário do Grupo Tortura Nunca Mais: Depoimentos e Debates*. Petrópolis: Vozes, 1987.

FON, A. C. *Tortura: a história da repressão política no Brasil*. São Paulo: Global, 1979.

GABEIRA, F. *Carta sobre a anistia: a entrevista do Pasquim — Conversação sobre 1968*. Rio de Janeiro: Codecri, 1980.

HABERMAS, J. "Nenhuma normalização". *Folha de S. Paulo*, Folhetim, São Paulo, 18/09/1987.

KUSINSKI, B. *Abertura: a história de uma crise*. São Paulo: Editora Brasil Debates, 1982.

MANGO, E. G. "La terreur et l'identification". *Patio/11 — La terreur subjective*. Paris: Éditions de l'Éclat, 1988.

MARCUSE, H. *Eros e civilização*. Rio de Janeiro: Zahar, 1968.

MEZAN, R. "Esquecer? Não: in-quecer". *Folha de S. Paulo*, Folhetim, São Paulo, 18/09/1987.

MOISÉS, J. A. "Brasil, a transição sem ruptura". In: OLIVEIRA, E. R. (org.). *Militares: pensamento e ação política*. Campinas: Papirus, 1987.

MORAES, J. C. Q. "Perspectivas do processo de abertura: consolidação das instituições políticas". In: OLIVEIRA, E. R. (org.). *Militares: pensamento e ação política*. Campinas: Papirus, 1987.

MORIN, E. "O jogo que tudo mudou". *O Estado de S. Paulo*, suplemento especial "Maio de 1968, a primavera do nada", 07/05/1978.

O'DONNELL, G. "Democracia en la Argentina: micro y macro". *Revista Paraguaya de Sociologia*, ano 24, n° 68, ene./abr. 1987.

REYNOSO, G. G. "Matar a morte". In: RODRIGUEZ, S. A.; BERLINCK, M. (orgs.). *Psicanálise de sintomas sociais*. São Paulo: Escuta, 1988.

PASSERINI, L. "Peut-on donner de 1968 une historie à la première personne?". *Le Mouvement Social*, Paris, Les Éditions Ouvrières, 143; 3-11, avr./jui. 1988.

SKIDMORE, T. *Brasil: de Castelo a Tancredo*. Rio de Janeiro: Paz e Terra, 1988.

SOUZA, M. C. C. "A Nova República brasileira: sob a espada de Dâmocles". In: STEPAN, A. (org.). *Democratizando o Brasil*. Rio de Janeiro: Paz e Terra, 1988, pp. 563-627.

STEPAN, A. "As prerrogativas militares nos regimes pós-autoritários: Brasil, Argentina, Uruguai e Espanha". In: *Democratizando o Brasil*. Rio de Janeiro: Paz e Terra, 1988.

VIDAL-NAQUET, P. *Os assassinos da memória*. Campinas: Papirus, 1988.

9.
A DIMENSÃO TRÁGICA DE 68

Duas questões têm se cruzado com alguma frequência quando tratamos da História do Brasil dos últimos trinta anos, sobretudo se colocarmos um marco em 68: a ideia de uma "história mal contada", e o problema da cultura e "identidade nacional".[1]
A história mal contada implica também a ideia de uma história bem contada. Nesse registro, a história bem ou mal contada supõe um "ponto de apoio fora do tempo", uma instância moral que julga segundo uma "objetividade apocalíptica", que pode ser o tribunal da história. Supõe a possibilidade de se chegar a uma verdade única, a verdade da história. Trata-se de um "ponto de vista supra-histórico: uma história que tem por função recolher em uma totalidade bem fechada sobre si mesma a diversidade enfim reduzida do tempo; uma história que nos permitiria nos reconhecermos em toda parte e dar a todos os deslocamentos passados a forma de reconciliação" (Foucault, 1984, p. 26)
O tema da identidade nacional traz os problemas envolvidos na questão da identidade: a identidade como unidade, como completude, como não divisão, como "forma imóvel a tudo o que é externo, acidental ou sucessivo", a identidade preservada de uma origem. Traz ainda a ideia da necessidade de se assegurar uma identidade, como condição de existência individual, social

---

[1] As expressões "uma história mal contada" e "identidade nacional" constituiram-se em temas propostos por um seminário relativo aos 25 anos de "68".

ou cultural, mesmo que seja pelo mecanismo da nostalgia de uma identidade perdida: um dia houve, um dia haverá; um antes, um depois.

Ambas as formulações permanecem no registro de uma verdade essencial a que a história permitiria atingir. Conduzem a trabalhar com as oposições verdade-erro, verdade-falsidade, no registro moral, portanto, da história.

É possível propor um outro modo de se pensar a história, uma história para além de bem e mal contada, ao tomar a imagem grega arcaica da verdade, apontando também para o risco do anacronismo, que envolve a consideração de um outro tempo no interior do tempo dos historiadores. Essa postura significa a colocação de questões aos gregos, que não são gregas, porque eles não as recortaram como tais, mas são questões da atualidade, de um problema atual, de uma situação atual.[2]

Diferentemente das noções da antiguidade clássica e da modernidade, os gregos arcaicos (na *Teogonia* de Hesíodo) tiveram a experiência da verdade como *alétheia*, que indica o não esquecimento.

As musas, filhas da memória, constituem-se em uma força de esquecimento e memória, com o poder da ausência ou da presença, de velamento ou desvelamento. A linguagem que as musas cantam implica uma força de nomear, o poder de trazer à presença o não presente, coisas passadas e futuras. O passado e o futuro pertencem ao reino noturno do esquecimento até que a memória de lá os recolha e faça-os presentes pelas vozes das musas. A força presentificante da nomeação é que mantém a coisa

---

[2] N. Loraux, "Elogio do anacronismo", *Tempo e História*, São Paulo, Companhia das Letras, 1992a; M. Foucault, "O que é o Iluminismo?"; F. Ewald, "Michel Foucault". In: Carlos Henrique Escobar (org.), *Michel Foucault (1926-1984) — O dossier: últimas entrevistas*, Rio de Janeiro, Taurus, 1984; M. Foucault, *História de sexualidade II — O uso dos prazeres*, Rio de Janeiro, Graal, 1984.

nomeada no reino da memória — o não nomeado pertence ao reino do esquecimento, do não ser (Torrano, 1981).

A questão atual a partir da qual se volta aos gregos, recorrendo à prática da analogia, é a de um modo de se pensar a história a partir do recorte do esquecimento e da memória. Nessa perspectiva, é possível sair do registro moral da história que pretende chegar a um conhecimento verdadeiro e essencial dos acontecimentos e passar a escutá-la a partir dos jogos entre esquecimento e memória, que são também jogos de produção/construção de verdades. Esta questão conduz a uma outra, dela decorrente: a memória como linguagem é construída na sua relação com o esquecimento. O esquecimento é o que não é nomeado, representado, simbolizado ou, ainda, é o que não se mantém como coisa nomeada na linguagem da memória.

30 ANOS DE UMA HISTÓRIA: 1963, 1964? 25 ANOS DE UMA HISTÓRIA: 1968? DATAS?

"Datas são — como diz Alfredo Bosi — pontos de luz", presenças luminosas da memória, "sem as quais a diversidade acumulada dos eventos causaria um tal negrume" [o esquecimento] "que seria impossível sequer vislumbrar no opaco dos tempos os vultos das personagens e as órbitas desenhadas pelas suas ações. A memória carece de nomes e de números. A memória carece de numes. Mas de onde vem a força e a resistência dessas combinações de algarismos? (...) Vêm da relação inextricável entre o acontecimento, que elas fixam com a sua simplicidade aritmética" [são índices] "e a polifonia do tempo social, do tempo cultural que pulsa sob a linha de superfície dos eventos" (Bosi, 1992, p. 19).

30 ANOS DE UMA HISTÓRIA: POR QUE 68?

Da relação claro/escuro da memória e do esquecimento, emerge como questão atual um sentido importante, posto por 68, que pode se constituir em uma pista de acesso ao passado e ao acontecimento. Retomando textos escritos, no calor da hora, emergiram duas palavras: a *brecha* (expressão de Cohn-Bendit que dá nome ao livro de Claude Lefort, Edgard Morin e Jean-Marc Coudray — *La brèche*, publicado em Paris) e a *irrupção* (expressão de Henri Lefebvre que dá nome ao livro publicado em 68 em Paris e no Brasil). (Lefort, Morin, Coudray, 1968; Lefebvre, 1968).

Buscando os significados de *brecha* encontramos: fenda ou abertura de alguma coisa; espaço vazio; ferida ou corte largo e profundo. Reencontramos, acoplados por Lefebvre à palavra *irrupção*, a contestação que vem do vazio, de uma lacuna, das falhas e dos buracos. É importante marcar que se trata de sentidos que foram registrados simbolicamente na linguagem da história naquele momento e retomados por Morin dez anos depois, quando definia 68, pelas questões inquietantes e enigmáticas que trazia. Nesse momento, Morin já apontava, no jogo do esquecimento e da memória, o recalque de um sentido, tanto pelos "sobreviventes do movimento" como pelos "doutores que dissecaram o cadáver", numa alusão aos instrumentos conceituais da ciência social e política. E esse sentido era, nessa construção dez anos depois, o de 68 como uma brecha feita na sociedade, uma fenda, um vazio, uma abertura, de onde irrompe ou se precipita "todo um recalque, todo um inconsciente, todo um conjunto de coisas marginais, toda uma necessidade, toda uma libido" (Morin, 1978).

Poder-se-ia dizer todo um desejo, correndo o risco como aponta Nicole Loraux de "aventurar-se a falar das paixões", contrariamente ao "projeto de cientificidade da historiografia contemporânea", "que tendeu cada vez mais à desconfiança, para não falar da recusa, em recolher, nas decisões e na maioria das sociedades, o surdo trabalho de uma instância desejante" (Loraux, 1992a, p. 67).

Na relação claro/escuro da memória e do esquecimento, esse sentido de 68, embora registrado simbolicamente e, portanto, parte da memória de 68, é obscurecido, num movimento de fechamento e, portanto, de esquecimento. E isto porque a fenda, o vazio, a abertura significaram o dilaceramento de uma identidade imaginária da sociedade, da cultura, da política, da pessoa, representação intolerável para ser mantida pela memória.

Esse traço, e a partir de agora pensando sobretudo no Brasil, configura o acontecimento 68 num dos aspectos de sua dimensão trágica. Retomando a questão, "30 anos de uma história: por que 68?", poder-se-ia dizer que o ano de 68 é, por um lado, marcado pela "inatualidade", ou seja, pela "faculdade de exceder os limites de sua época"; e, por outro lado, é um ano único, que concentra e condensa, numa unidade de tempo, uma pluralidade de significações e ressignificações temporais (Loraux, 1992b). 68 no Brasil, no seu efeito de concentração-condensação, é 64, o golpe militar; é 61, a renúncia de Jânio; é 55, a tentativa de golpe militar para impedir a posse de Juscelino Kubitschek; é 54, o suicídio de Vargas; é 61, o surgimento da chamada Nova Esquerda, com organizações e partidos clandestinos que se opunham ao PCB. Mas é também 69, a montagem da estrutura repressiva pelo Estado e pelas organizações paramilitares, a censura e a tortura; é 69, a explosão da guerrilha urbana; é 72, a inexistência da guerrilha do Araguaia; é 74, o início da distensão lenta, gradual e segura; é 77, o retorno do movimento estudantil às ruas e a emergência dos novos movimentos sociais; é 79, a Anistia; é 81, o atentado do Riocentro; é 84, as diretas-já; é 85, o estado de compromisso da transição, ainda, com a Nova República; é, possivelmente, 89, a eleição de Collor e a derrota eleitoral do PT.

68 também no seu efeito concentração-condensação é cultura e política inextricavelmente ligadas: é a Bossa Nova e a Tropicália, é o Cinema Novo e o Cinema Marginal; é o Teatro de Arena e o Teatro Oficina. É ainda a irrupção da questão da se-

xualidade, na relação homem-mulher e na homossexualidade. É a questão do corpo. 68 no Brasil ainda recebe os ecos do acontecimento 68 no plano internacional: nos Estados Unidos, o movimento estudantil e a contracultura, mas também o assassinato de Luther King e Robert Kennedy e a eleição de Nixon; o maio de 68 francês, mas também a vitória de De Gaulle nas eleições gerais, a recomposição dos partidos políticos, a recuperação econômica, conjunto esse simbolicamente representado pelo asfalto do Quartier-Latin, que recobre as pedras utilizadas para as barricadas da luta estudantil. A Primavera de Praga e a consequente ocupação do país pelas tropas do Pacto de Varsóvia. O movimento estudantil no México e o grande massacre na Praça das Três Culturas. Recebe os ecos ainda da morte de Che Guevara na Bolívia em 67 e da Guerra do Vietnã.

A nomeação dessa série de significações, em grande parte paradoxais, faz de 68 um acontecimento, "o lugar temporal da emergência brutal de um conjunto de fenômenos sociais surgidos das profundezas e que sem ele continuariam enterrados". "Sua significação é absorvida na sua ressonância; ele não é senão um eco, um espelho da sociedade, uma abertura" (Nora, 1988, p. 188).

O dilaceramento das identidades imaginárias da sociedade, da cultura, da política e da pessoa expressou-se de várias formas nesse efeito de concentração-condensação de 68: o dilaceramento do projeto nacional desenvolvimentista, projeto de construção de uma identidade nacional que se rompe em 64; o dilaceramento de um projeto de esquerda nacional, em torno do PCB e das alianças vislumbradas com uma burguesia nacional — nesse momento buscava-se a construção de uma identidade em oposição a uma outra, dada pelo imperialismo americano; o dilaceramento da esquerda, a partir de 61, que construía até então sua identidade em torno do PCB, com a emergência da Nova Esquerda e a constituição das várias organizações e partidos clandestinos; o dilaceramento de uma identidade construída no interior da esquerda nacional, na aliança estudante-operário-camponês; o dilaceramento de um projeto de formação de uma consciência nacional, expressado pelo ISEB; o dilaceramento do projeto de uma cultura nacional popular, em torno do CPC (Centro Popular de Cultura), de um teatro nacional, de um cinema nacional. Esses projetos buscavam uma identidade, a da nação, que se fazia presente na sua virtualidade imaginária. Significava a expressão de uma necessidade de se assegurar uma identidade, uma necessidade de completude, de não divisão.

Esse efeito de concentração-condensação foi ainda, no imediato pós-68, o dilaceramento também da ideia de revolução, substituída em seguida pela ideia da resistência contra a ditadura, substituída ainda pela ideia de transição, uma das mais longas de que se tem notícia, que se constrói juntamente com a noção de democracia.

68 foi ainda o lugar de um outro tipo de dilaceramento da identidade, a da pessoa: a construção da identidade do militante da luta armada significou a semiclandestinidade e a clandestinidade absoluta, que implicava a adoção de uma identidade outra, em permanente tensão com a da "vida normal", em alguns casos de modo definitivo. Significou a adoção da identidade do exilado, dividido por tempos e lugares diversos. Significou a tentativa ou a destruição mesma da identidade da pessoa, pela tortura, pelo suplício físico e psíquico, pelo desamparo, pelo medo-pânico, pela perda da percepção e da memória, pela destituição do humano: a tensão entre o cotidiano normal e a "fenomenologia da bestialidade" (Chaui, 1987; Candido, 1988). Significou ainda, no procedimento dos desaparecimentos, o apagamento de uma só vez da vida e da morte, quando se "mata a própria morte com o desaparecimento de pessoas, de seus corpos, de seus nomes (N.N. — Nomen Nescio — Nome Ignorado), de sua existência jurídica" (Reynoso, 1988; Mango, 1988).

Esse significado de 1968 foi o de uma situação limite entre vida e morte, a do dilaceramento das identidades expressando uma relação com a morte, com as várias mortes (a morte da ideia de nação, na política, na cultura, a morte da unidade da esquerda, a morte da ideia de revolução, a morte da identidade de pessoa), com a morte definitiva e até mesmo com a morte da morte. Teve sua expressão mais violenta no enfrentamento do Terror de Estado.

O que irrompia, em 68, da brecha, da fenda, do vazio, da abertura, era uma instância desejante, que no processo de construção de suas diferenças em relação a seus vários outros, dilacera as identidades, no movimento de seus confrontos e questionamentos. Tragicamente, nesse mesmo momento, o poder pensar-se de modos diferentes, no movimento de construção de um distanciamento dos seus vários outros, implicou o defrontar-se com um Outro absoluto e onipotente, o Terror de Estado, frente ao qual não é possível nenhum efeito de produção do sujeito. Situação limite que indica a produção da alienação, da desintegração e destruição da subjetividade, na incapacidade de estabelecer laços sociais.

O Terror de Estado significou simultaneamente a construção/destruição de identidades, a do guerrilheiro, a do inimigo da Pátria, a do desordeiro, a do depravado, e assim por diante, impondo uma identidade absoluta da ordem e da segurança nacional. A perversidade da situação é a de que tudo se fez em nome da lei, dos atos institucionais, da Lei de Segurança Nacional e, intermitentemente, com a presença da instância legislativa máxima, o Congresso Nacional. Tratou-se do arbítrio transfigurado em lei, um dos significados importantes presentes em 68 e que ainda circula, se repete, no Brasil de hoje.

A estratégia de construção do Terror de Estado não implicou uma dimensão extensa, se comparada com outras experiências autoritárias ou totalitárias, como as da Argentina, do Uruguai ou do Chile. Mas o conjunto dessas experiências teve um mesmo núcleo, dado por um objetivo comum dos Exércitos Americanos. Esse núcleo comum, como teoria e prática, foi em grande medida elaborado no Brasil e exportado para aqueles países.

Do ponto de vista da relação memória e esquecimento, o fato do Terror de Estado, no Brasil, ter atingido diretamente um círculo relativamente restrito, provocou três situações extremamente complexas.

A primeira, comum às demais experiências latino-americanas, que deriva do enfrentamento direto do Terror, do Outro absoluto e onipotente, pode vir a constituir-se num "bloco de representações intoleráveis" para a memória, marcado pela dificuldade de simbolização da experiência, que põe em funcionamento as "técnicas de esquecer". Nessa perspectiva, o passado que não se torna passado é produto do recalque, que não significa a ausência do reprimido (Cardoso, 1990).

A segunda, também comum às demais experiências, se refere especialmente à questão dos desaparecimentos de pessoas e ou de realidades que passam a ser consideradas como inexistentes (o caso do massacre coletivo na Guerrilha do Araguaia, até hoje não reconhecido oficialmente como tendo existido) provoca o mecanismo da forclusão, o da abolição simbólica, o não nomeado, o não sucedido, o não incluído no âmbito da linguagem e, portanto, da História.

A terceira é típica da situação brasileira, em virtude da peculiaridade da repressão que atinge um círculo relativamente restrito e da censura, às vezes sutilmente burlada, que atinge os meios de comunicação. Esta situação provoca, para o restante da sociedade brasileira, o sentido anteriormente apontado, do inexistencialismo: de realidades inexistentes para a maior parte da população brasileira, não simbolizadas portanto e ausentes na memória e em uma certa construção da história. Esta ausência de simbolização tem um significado muito preciso, o de não poder esquecer, pois o esquecimento só é possível quando algo foi registrado na ordem simbólica.

A não simbolização produz a possibilidade do retorno de sentidos das "realidades inexistentes" sob a forma da alucinação. É expressiva desse retorno a violência que volta a circular, nos episódios de bombas nas bancas de jornais, da carta-bomba enviada à sede da Ordem dos Advogados do Brasil, e do episódio maior, a da explosão à bomba de um carro onde estavam elementos do Exército e ligados ao DOI-CODI (Departamento de Operação de Informações e Centro de Operações de Defesa Interna), no estacionamento do Riocentro, no momento em que se realizava um show em benefício de causas da esquerda, episódios esses que ocorrem em 1980-81, no governo Figueiredo, diante da possibilidade da "abertura" política.

Mais recentemente, em 1989, o ano da campanha eleitoral para a Presidência da República, que envolvia a candidatura do PT, foi marcado por uma forte emergência de episódios ligados àquelas realidades inexistentes: o ressurgimento da violência do discurso do CCC, Comando de Caça aos Comunistas, "segurem os seus radicais que seguraremos os nossos", numa advertência a uma pretensa volta da guerrilha: o surgimento de uma organização nazista clandestina no país, o ressurgimento da Ação Integralista Brasileira, o sequestro, pelo Esquadrão da Morte, do presidente da Comissão de Justiça e Paz da Arquidiocese de Olinda; ameaças de atentados, atentado à Companhia Siderúrgica Nacional, em Volta Redonda; sabotagens etc., clima esse que pode ser reconstruído por uma releitura dos jornais daquele ano.

A circulação, ainda hoje, da prática do extermínio da criminalidade ou de pessoas sem vinculação com o crime, como tem informado a imprensa, também pode ser considerada como um retorno de significados do que se está chamando de realidades inexistentes. Em 1969, a prática comum do extermínio da criminalidade é introduzida na repressão política, com a transferência, em São Paulo, de Sérgio Paranhos Fleury, do DEIC (Departamento Estadual de Investigações Criminais) para o DOPS (Departamento Estadual de Ordem Política e Social). As práticas do Esquadrão da Morte estendem-se ao combate aos grupos guerrilheiros urbanos e também às suas adjacências, sem delimitação precisa (o inimigo potencial). E é uma prática que permanece, após a ditadura, agora no âmbito do Estado de Direito, enriquecida pelas estratégias de ação construídas no combate à guerrilha urbana. A circulação permanente e alucinada dessa prática, conjugada ao sentido, apontado anteriormente, do arbítrio transfigurado em lei, configuram um problema importante para a atualidade.

Do jogo entre memória e esquecimento, emergem ainda modos de aproximação do acontecimento 68, que se constituem em diferentes posições de acesso ao passado, construídas pelas maneiras diversas em que opera o esquecimento na sua relação com a memória.

O esquecimento como cicatrização pode produzir algumas significações importantes relativas ao modo de ver o passado (Cardoso, 1990).

Um primeiro sentido é o do esquecimento como produto do próprio fluxo do tempo. Há uma formulação de Marcuse importante a ser recolhida que diz: "as feridas que saram com o tempo são também as que contêm o veneno", numa clara alusão à persistência dos elementos recalcados que, apesar da passagem do tempo, não se tornam passado. É como se o tempo adquirisse uma dimensão inercial que, em si mesma, pudesse produzir o esquecimento (Marcuse, 1968).

O modo de aproximação do passado é marcado pela letargia (do grego *lethe*-esquecimento e *argía*-inércia). Nesse registro é possível problematizar a mais longa transição de que se tem notícia, a brasileira, que concorre para o esquecimento ou para a diluição na memória coletiva dos eventos da repressão.

Este longo processo é marcado por crises no interior das Forças Armadas que têm como centro a questão da abertura, mas sobretudo pelo enfrentamento, a partir do governo Geisel, dos setores militares ligados ao aparelho repressivo, extremamente reforçado no período Médici e caracterizado por alto grau de autonomia em relação ao Estado.

Uma das questões mais expressivas do controle, pelas Forças Armadas, da abertura e da transição, foi a Anistia, em 1979. Aqui constrói-se um segundo sentido importante de cicatrização, pelo modo como opera o esquecimento na sua relação com a memória. Embora a Anistia tenha uma dimensão importante que vem da sociedade civil, a sua aprovação, pelo Congresso Nacional, constitui-se numa imposição do esquecimento, porque passou pela necessidade de um acordo, não escrito, entre as diversas facções militares, de que a abertura não levaria à investigação do passado e ao compromisso de que o aparelho repressivo não seria investigado, nem julgado.

Ficaram anistiados, ampla e totalmente, os acusados de crimes "conexos aos crimes políticos" (numa referência às torturas e outras violações dos direitos humanos). É criado, ainda, um procedimento pelo qual os parentes de desaparecidos podem obter rapidamente uma "declaração de ausência", tentativa de sepultar juridicamente os cadáveres insepultos dos desaparecidos.

A normalização da sociedade e da política no Brasil é marcada por esse jogo entre esquecimento e memória, onde o esquecimento é cicatrização, seja no seu aspecto de dimensão inercial do tempo, seja no seu aspecto de imposição.

Ecos desses significados ressoam em 1989, o tenso ano da campanha eleitoral e que marcaria, enfim, o término institucional da transição. É possível tomar apenas dois exemplos, dos inúmeros daquele ano: um texto de Jarbas Passarinho e um texto de Roberto Freire, publicados na imprensa.

Passarinho faz uma réplica ao artigo do historiador Luiz Felipe de Alencastro, que discutia a dificuldade de se esquecer, ainda naquele momento, os efeitos do poder político fundado na violência, a partir de 64, e referia-se a Jarbas Passarinho como um dos liberticidas, que pronunciou a imortal frase, na Reunião do Conselho de Segurança Nacional que aprovou o AI-5, em 68: "Às favas, senhor presidente, todos os escrúpulos de consciência", vinda à luz apenas recentemente. Jarbas Passarinho, ex-ministro do Trabalho do governo Costa e Silva, ex-ministro da Educação do governo Médici, ex-ministro da Previdência Social e ex-líder do governo Figueiredo, que encaminha o projeto de Anistia ao Congresso, e ex-representante do Brasil no Bicentenário da Declaração dos Direitos do Homem, no governo Sarney, reitera então que a anistia visava pacificar a família brasileira e que essa pacificação passava obrigatoriamente pelo esquecimento (Passarinho, 1989; Alencastro, 1989).

O texto de Roberto Freire, então candidato do PCB à Presidência da República, discutindo a questão da relação entre a esquerda e as Forças Armadas, propõe a superação dos conflitos do passado, que não devem ser obstáculo para os objetivos do futuro, decretando superados os efeitos traumáticos daqueles conflitos (Freire, 1989).

Um terceiro sentido, ainda, do esquecimento como cicatrização, pode ser pensado na linha de uma posição de exorcização do passado, que ao torná-lo outro, produz as condições de sua completa inteligibilidade e de recuperação de uma plenitude anterior, marcado pelo completo distanciamento e pela lucidez (Mezan, 1989). Esse sentido encontra eco ainda na perspectiva do militantismo, que procura recuperar uma plenitude anterior do passado, a partir da construção de uma inteligibilidade do erro e da verdade (do acerto) a que são submetidas retrospectivamente as ações políticas, no acontecimento. Nessa visão, o que houve foi uma inadequação da estratégia à conjuntura: percepção recorrente numa certa linha interpretativa da história daqueles acontecimentos. A Revolução faltou ao encontro por um erro basicamente de estratégia política.

Há um quarto e último sentido de cicatrização. Um tipo de acesso ao passado construído pelo jogo entre esquecimento e memória e marcado pelas imagens de perda e melancolia. Na aproximação melancólica do passado, a perda é desconhecida ou não se pode ver claramente o que foi o perdido (Freud, 1974). "Fixado ao passado, regressando ao paraíso ou ao inferno de uma experiência não ultrapassável, o melancólico é uma memória estranha: tudo findou, ele parece dizer, mas eu permaneço fiel a esta coisa finda, estou colado a ela, não há futuro... Um passado hipertrofiado, hiperbólico ocupa todas as dimensões da continuidade psíquica" (Kristeva, 1989).

Essas imagens circulam ainda no presente, talvez com menor intensidade do que nos anos 70 e 80.

A melancolia tem ainda uma outra acepção importante para a construção das vias significativas de acesso ao passado. Trata-se de uma imagem que conflui para a ideia moderna da *acedia*, que é a do sentido grego homérico da *akédia*, que significa o "abandono de um cadáver sem sepultura" (Hersant, 1984). Essa imagem permite a aproximação de uma das questões mais difíceis de ser elaborada, a questão dos desaparecidos. O desaparecimento configura uma experiência de morte sem sepultura, ou seja, uma experiência de morte que se carrega em vida. A impossibilidade da realização do ritual do luto — a sepultura — configura uma situação de perda em que não se consegue renunciar ao objeto perdido, o que produz a melancolia. As mães da Praça de Maio, na experiência argentina, e o caso Rubens Paiva, que simboliza na experiência brasileira a questão dos desaparecidos (por ter sido um dos primeiros casos, repostos pela memória, em 86), são evidências daquela dificuldade de elaboração (Cardoso, 1988).

O recorte aqui desenvolvido permite sair do registro da história bem ou mal contada e permite também, a partir do presente, da atualidade, a construção de diferentes vias significativas de acesso ao passado, não como a verdade essencial e originária da história, mas como verdades que são produzidas pelo jogo claro/escuro da memória e do esquecimento.

(1993)

REFERÊNCIAS BIBLIOGRÁFICAS

ALENCASTRO, L. F. "Tarzan, o rei dos macacos". *Folha de S. Paulo*, Tendências/Debates, 19/08/1989.

BOSI, A. "O tempo e os tempos". In: *Tempo e história*. São Paulo: Companhia das Letras, 1992.

CANDIDO, A. "Prefácio". In: SALINAS FORTES, L. R. *Retrato calado*. São Paulo: Marco Zero, 1988.

CARDOSO, I. "Os acontecimentos de 68: notas para uma interpretação". In: SANTOS, M. C. L. (org.). *Maria Antonia: uma rua na contramão*. São Paulo: Nobel, 1988.

_____. "Memória de 68: terror e interdição do passado". *Tempo Social — Revista de Sociologia da USP*, São Paulo, 2 (2), 2º semestre de 1990.

CHAUI, M. "Um regime que tortura". *I Seminário do Grupo Tortura Nunca Mais: depoimentos e debates*. Petrópolis: Vozes, 1987.

FOUCAULT, M. "Nietzsche, a genealogia e a história". In: *Microfísica do poder*, Roberto Machado (org.). Rio de Janeiro: Graal, 1979.

_____. "O que é o Iluminismo?". In: ESCOBAR, C. H. (org.). *Michel Foucault (1926-1984) — O dossier: últimas entrevistas*. Rio de Janeiro: Taurus, 1984.

_____. *História da sexualidade II — O uso dos prazeres*. Rio de Janeiro: Graal, 1984.

FREIRE, R. "A Esquerda e as Forças Armadas". *Folha de S. Paulo*, Tendências/Debates. 18/08/1989.

FREUD, S. "Luto e melancolia". In: *Sigmund Freud: edição standard brasileira das obras psicológicas completas*. Rio de Janeiro: Imago, 1974.

HERSANT, Y. "Acedia". In: "Tradition de la mélancolie". *Le Débat — Histoire-Politique-Societé*, Gallimard, nº 29, mar. 1984.

KRISTEVA, J. *Sol negro: depressão e melancolia*. Rio de Janeiro: Rocco, 1989.

LEFEBVRE, H. *A irrupção*. São Paulo: Editora Documentos, 1968.

LEFORT, C.; MORIN, E.; COUDRAY, J.-M. *Mai 1968 — La brèche: premières réflexions sur les événements*. Paris: Fayard, 1968.

LORAUX, N. "Elogio do anacronismo". In: *Tempo e história*. São Paulo: Companhia das Letras, 1992a.

_____. "A tragédia grega e o humano". In: *Ética*. São Paulo: Companhia das Letras, 1992b.

MANGO, E. "La terreur et l'identification". *Patio/11 — La terreur subjective*. Paris: Éditions de l'Éclat, 1988.

MARCUSE, H. *Eros e civilização*. Rio de Janeiro: Civilização Brasileira, 1968.

MEZAN, R. "Esquecer? Não: in-quecer". In: Fernandes, H. (org.). *Tempo do desejo: sociologia e psicanálise*. São Paulo: Brasiliense, 1989.

MORIN, E. "O jogo que tudo mudou". *O Estado de S. Paulo*, suplemento especial "Maio de 68, a primavera do nada", 07/05/1978.

NORA, P. "O retorno do fato". *História: novos problemas*. Rio de Janeiro: Francisco Alves, 1988.

PASSARINHO, J. "Historiadores e historicidas". *Folha de S. Paulo*, Tendências e Debates, 03/09/1989.

REINOSO, G. "Matar a morte". In: RODRIGUES, F.; BERLINCK, M. (orgs.). *Psicanálise dos sintomas sociais*. São Paulo: Escuta, 1988.

TORRANO, J. A. *Estudo e tradução da* Teogonia *de Hesíodo*. São Paulo: Massao-Ohno, 1981.

10.
O ARBÍTRIO TRANSFIGURADO EM LEI E A TORTURA POLÍTICA

A questão da tortura política no Brasil, ferida que se tentou de vários modos cicatrizar, seja pela imposição do esquecimento (pela Lei da Anistia de 79), seja pela inércia do tempo (a longa transição), seja ainda pela sua denegação, recoloca-se intermitentemente, quando, a partir de alguns eventos, se reatualiza.

O mais recente deles, o filme *O que é isso, companheiro?*,[1] tem provocado inúmeras controvérsias, vindas a público pela imprensa jornalística ou televisiva. O núcleo dessas controvérsias gira em torno da construção das personagens e tem levantado a questão da relação entre história e ficção, além daquela que já se colocava de início, da transposição da narrativa memorialística de Gabeira para uma linguagem fílmica.[2] A proposta de construção de personagens, no filme, que sintetizariam alguns dos protagonistas efetivos da história, embora se propondo como uma "construção estética", mantém no entanto alguns dos nomes daqueles protagonistas, mesmo que sob a forma de seus nomes de guerra. Embora a construção ficcional possa evidentemente, pela sua própria condição, sintetizar, desfigurar, falsificar, exagerar, distorcer, porque a sua linguagem é outra que não a do relato propriamente histórico, ao manter, no entanto, alguns nomes de guerra e no-

---

[1] Filme de Bruno Barreto lançado no circuito comercial em 1997.

[2] Livro *O que é isso, companheiro?* de Fernando Gabeira, Rio de Janeiro, Codecri, 1979.

mes efetivos, se produz como uma construção equívoca, que acaba por atingir os próprios protagonistas de uma história — e a sua geração — de um passado recente da sociedade brasileira, relativo ao final dos anos 60.

Dessa controvérsia interessa, no âmbito deste texto, reter o que se produziu em torno da figura do torturador. A sua construção como a do indivíduo da vida cotidiana e normal, portador de algum drama de consciência provocado pelo seu ofício de militar, que tem dentre as suas tarefas também a de torturar, provocou, entre os atingidos pela repressão política, indignação. Onde estava a monstruosidade da tortura? A construção equívoca, fruto da "síntese" e da relação problemática que se instaurou entre ficção e história, iria na direção de atenuar a dimensão do horror, provocado pelo terror, por meio da tortura.

O que chamou a atenção foi uma curta frase, dita no interior desta controvérsia: a figura do torturador era uma "construção estética" e ela precisava ter "verossimilhança".

E a questão que fica e que parece pertinente é: por que a necessidade da verossimilhança? Por que a construção dessa figura deve ser semelhante à verdade pela diluição do horror? Por que parecer verdadeira?

Deixando momentaneamente em suspenso essa questão, é possível tomar um outro ângulo, a partir de um outro evento significativo, mais ou menos recente, relativo à memória militar, que vem a público "rompendo o pacto do silêncio". Desde 1964, mas a partir de 68 e 69 numa maior extensão, a tortura política vinha sendo denunciada nos círculos restritos dos atingidos e dos então denominados "inimigos potenciais" e pelos poucos meios disponíveis, já que a autocensura e depois a censura oficializada impedia uma maior divulgação. A partir do final dos anos 70, no entanto, (em alguns casos, já no início), com a campanha pela anistia, tem início uma série de publicações memorialísticas — entrevistas, depoimentos, relatos, narrativas históricas e ficcionais — incrementada nos anos 80 e complementadas por dossiês de vários tipos, destacando-se entre eles o de maior amplitude documental, *Brasil Nunca Mais*. Uma filmografia, já no início dos 80, começa a ser produzida, referente à questão da tortura, nela destacando-se o filme *Pra frente Brasil*, de Roberto Farias, de 1982, apresentado no Festival de Gramado. Essa produção, por vários meios, prossegue, tornando-se objeto também de pesquisas acadêmicas, de historiadores e cientistas sociais: arquivos são organizados, dando origem a uma série de publicações sobre a história desse passado recente.

Rompendo o pacto do silêncio, vem a público então, recentemente, a fala militar (algumas poucas publicações de menor circulação apareceram antes, já no final dos anos 80).[3] Nessa disputa pela memória histórica do período que se abre a partir de 1964, e reafirmando os princípios da "Revolução", trata-se ainda da preservação da imagem da corporação militar (Cardoso, 1996). Especialmente porque, se os militares na sua autocompreensão "venceram a guerra contra as organizações da esquerda revolucionária", consideram-se "derrotados na luta pela memória histórica do período" (D'Araújo, 1994, p. 13).[4]

No que se refere à questão da tortura, e apesar de todo o registro histórico e de uma memória histórica tal como foram apresentados, neste texto, nos seus grandes traçados, ela continua a ser negada pela corporação ou no máximo aceita como o acidente, como o que escapou ao controle — na guerra nem tudo pode ser controlado e os maus elementos existiriam em qualquer

---

[3] Os livros de Marco Pollo Giordani, *Brasil sempre*, Porto Alegre, Tchê Editora, 1986, e Carlos A. Brilhante Ustra, *Rompendo o silêncio: OBAN, DOI-CODI, 29 set. 70, 23 jan. 74*, Brasília, Editerra, 1987

[4] Trata-se da trilogia sobre a "memória militar", sobre o período que vai de 1964 até a abertura na qual constam longos depoimentos de vários militares. As introduções e a organização são dos pesquisadores do CPDOC, Glaucio Ary Dillon Soares, Maria Celina D'Araújo e Celso Castro: *Visões do golpe: a memória militar sobre 1964* (1994); *Os anos de chumbo: a memória militar sobre a repressão* (1994); *A volta aos quartéis: a memória militar sobre a abertura* (1995), Rio de Janeiro, Relume-Dumará.

instituição. Mas institucionalmente a tortura jamais teria sido uma "política". Nas falas militares, "para alguns, nunca existiu e teria sido uma 'invenção' da esquerda para justificar suas próprias delações. Para outros, existiu de forma incipiente e residual, muito 'leve' se compararmos o Brasil com outros países. Para terceiros, existiu episodicamente, e isto deve ser entendido de duas maneiras: como efeitos não controlados de uma guerra e como ação de personalidades desequilibradas. Jamais como prática institucionalizada" (D'Araújo, 1994, p. 26).

A tortura jamais admitida pela ditadura e jamais reconhecida, hoje, na fala da corporação militar, configura uma mesma posição desta na época e na sua visão histórica retrospectiva: a da ênfase que colocou e que continua reconhecendo na legalidade e na legitimidade do regime.

Esta ênfase foi posta desde o início e caracterizou o discurso do regime na sua vigência. A "revolução vitoriosa" legitimava-se a si própria e o Congresso recebia a sua legitimidade do Ato Institucional e elegia Castelo Branco, embora a partir de um Colégio Eleitoral depurado. A "Revolução" não procurava se legitimar através do Congresso. Este é que recebia do Ato Institucional, resultante do Poder Constituinte inerente a todas as revoluções, a sua legitimidade. Aquela ênfase foi colocada ainda na sequência dos atos institucionais e decretos-lei. O primeiro ato institucionalizou a Doutrina do Estado de Segurança Nacional. A elaboração da Constituição de 67 incorporou os atos institucionais nº 1 e nº 2. O Congresso esteve aberto na maior parte do tempo — o poder legislativo em funcionamento — embora depurado pelas cassações e com poderes limitados pelos atos institucionais (o Congresso só é fechado em 1966, 1968 e 1977).

A preocupação com a legalidade e a legitimidade estava presente ainda nas eleições, embora indiretas, dos presidentes militares, por um Colégio Eleitoral, também limitado, e pela realização de eleições municipais e estaduais. Ficou estabelecido, ainda, o princípio de rodízio dos presidentes. Foi criado o bipartidarismo, com a figura da "oposição responsável", evitando a configuração de um unipartidarismo. A ênfase na legalidade esteve presente, ainda, ironicamente, até na figura dos decretos secretos (Governo Médici — 1971), que significou a possibilidade do Executivo promulgar decretos-lei secretos, cujos textos não seriam divulgados em qualquer publicação oficial. Isto permitia a prisão de uma pessoa por infração de uma lei cuja existência era totalmente desconhecida. Foram 10 esses decretos: 3 no governo Médici e 7 no governo Figueiredo, segundo M. H. Moreira Alves. No que se refere à estrutura repressiva, foi criada a OBAN (Operação Bandeirantes) em 1969, só oficiosamente assumida pelas autoridades militares e que depois daria origem à estrutura legal dos DOI--CODI (Destacamento de Operações e Informações e Centro de Operações de Defesa Interna) em 1970 (Alves, 1987).

A ênfase na legalidade e na legitimidade teve um significado preciso: o da criação de uma aparência de normalidade para a vida social e política que impedisse o reconhecimento do regime, a partir da perspectiva da excepcionalidade e do arbítrio.

Este mecanismo de funcionamento do poder não se constituiu propriamente numa novidade histórica. Incorpora um traço significativo dos regimes totalitários. A recuperação pela memória de um episódio referente ao nazismo trazido por C. Calligaris coloca a importância desse traço. Referindo-se à leitura do livro *Treblinka*, de J. F. Steiner, diz: "Os que leram este livro certamente se lembram que os SS construíram em Treblinka, na chegada dos trens, uma falsa estação, que tinha a *aparência* de uma estação de trem, com tudo, inclusive portas de toalete (homens/mulheres); não tinha nada atrás das portas, mas tinha toda a aparência de uma estação, havia até um relógio, pois não tem estação sem relógio, mas evidentemente era um relógio de madeira, que marcava sempre a mesma hora. Por que construíram esta estação? Poder--se-ia pensar que, efetivamente, isso evitaria uma série de tentativas desesperadas de revolta no último momento, porque as vítimas pensariam estar chegando num lugar que não fosse um campo de extermínio. Mas as razões logísticas — não ter que matar improváveis revoltados cujos corpos teriam que ser depois transportados — não parecem justificar o esforço de construção de tamanho cenário. Talvez seja mais adequado pensar que se tratasse de fazer com que tudo *funcionasse* (...)" (Calligaris, 1991, p. 113).

Esta imagem inscrita na memória histórica explicita um modo de funcionamento dos regimes de arbítrio, nos quais uma aparência de normalidade deve ser mantida para que a sua eficácia se realize. Tudo deve aparecer como verossímil, mesmo que a verossimilhança seja construída a partir de um simulacro.

E este funcionamento teve a sua eficácia no Brasil e em graus diferentes nas ditaduras latino-americanas. Como afirma Eder Sader, referindo-se à "flexibilidade" que o regime produziu: "A ditadura militar instaurada em abril de 1964 no Brasil aparece, entre os regimes militares do continente, como a mais exitosa e, ao mesmo tempo, como a mais dissimulada. Seus êxitos se revelaram no campo econômico. (...) Sua dissimulação se patenteia — principalmente se a compararmos com os regimes de Pinochet, Ongania, Videla, Banzer, Garcia Meza e, num outro polo, Velasco Alvarado — pelo fato de não assumir-se enquanto tal. É certo que nenhum destes outros se assumiram enquanto 'ditaduras', pela conotação negativa do termo. Mas todos eles se propuseram a substituir o regime democrático ('liberal', 'parlamentário', 'de partidos' etc.) por uma 'nova ordem'. No caso brasileiro, embora essa tentação estivesse presente, ela foi minoritária ou breve. Os militares brasileiros, ostensivamente escolhidos pela corporação militar e a ela prestando contas, sempre cumpriram o ritual da 'eleição pelo parlamento' e reverenciaram o mito da 'representação popular'. Pode-se dizer que se tratava apenas de 'salvar as aparências'. Mas isto não explica por que salvá-las? Por que não mudar as aparências?" (Sader, 1982, p. 179).

A aparência de normalidade e de legalidade das ditaduras latino-americanas é objeto também da reflexão do uruguaio Marcelo Viñar. Dando mais um passo no enfoque da questão, afirma que: "É evidente que as ditaduras latino-americanas atuais buscam se envolver com um estatuto jurídico através do que elas chamam de atos institucionais, e é uma novidade que regimes repousando sobre a força coloquem tanta ênfase sobre a legalidade; folclore à la Garcia Marquez? Paródia? Não parece. Então por que este tipo de preocupação se repete com uma regularidade que chama a atenção? Por que, malgrado as diversidades nacionais, isto se repete como um caráter próprio a este último decênio? (...) Qual é sua lógica, quais efeitos busca?" (Viñar, 1992, pp. 120-1).

Este tipo de questão, fruto de uma reflexão sobre as experiências das ditaduras latino-americanas — muito pouco comum nas análises das ciências sociais e políticas, que ao invés de se perguntarem sobre o que era esta lógica do regime, incorporaram-na através de uma perspectiva pragmática em busca de uma solução política, cujo exemplo mais expressivo foram as análises sobre a transição política no Brasil —, aponta para o que se poderia chamar de uma estrutura perversa do regime. Embora repousando sobre a força colocou a sua ênfase na legalidade. A violência foi disfarçada sob uma "capa jurídica", uma "máscara", um simulacro da Lei. O arbítrio foi transfigurado em lei[5] num sentido muito preciso apontado por Viñar: "É inerente à natureza da Lei — seja ela de ordem jurídica, antropológica ou psicanalítica — ser um absoluto excêntrico e distinto de todo indivíduo ou grupo identificável. Ora, o que caracteriza a ditadura, além de sua violência assassina, é sua vocação a se apropriar deste absoluto da Lei e nela se encarnar" (Viñar, 1992, p. 121). Este caráter excêntrico da Lei, que deveria se constituir numa referência simbólica é, no entanto, na sua forma de simulacro, a expressão do puro arbítrio. E este fundo de arbítrio configura um poder ilimitado e absoluto que na forma do simulacro passa a ter a força da Lei.

---

[5] Esta ideia do arbítrio transfigurado em lei foi trabalhada originalmente em exposição realizada na reunião da Sociedade Brasileira de Sociologia — "Brasil, 30 anos depois: 1964-1994", no evento da SBPC de julho de 1994, em Vitória.

O fundo de arbítrio (o "poder constituinte revolucionário") transfigurado em lei (os atos institucionais, os decretos-lei, a Constituição) na forma do simulacro produz a eficácia do regime no qual tudo deve ser verossímil (o legislativo em funcionamento, a realização das eleições, a vigência da representação popular etc.). Através da simulação, do disfarce, da falsificação constrói-se a "impostura da lei totalitária" — o arbítrio — que, no entanto, não pode ser assim reconhecido, por parecer ter a força de lei, embora seja efetivamente sustentado pela violência e, no limite, pelo terror.

A construção desta verossimilhança como produto do funcionamento do simulacro, a possibilidade de instaurar na sociedade a crença, em grau considerável, na legalidade do regime, poder vê-lo como submetido à instância da lei, e portanto legitimá-lo, não pode ter deixado de provocar efeitos sobre a sociedade e a política brasileiras.[6]

Como colocar então a questão da tortura política no interior desta estrutura de funcionamento da ditadura militar no Brasil? Como um regime constituído por uma lógica da legalidade permanente, que procura instaurar a normalidade na vida social e política, pôde comportar a tortura?

Neste momento da reflexão é possível começar a perceber que tanto a figura do torturador construída pelo filme *O que é isso, companheiro?* precisava ter verossimilhança, quanto a dene-

---

[6] Estes efeitos podem ser pensados a partir do fato de que é muito mais fácil o reconhecimento por parte da sociedade de uma estrutura ditatorial claramente repressiva, quando se tem uma referência explícita à qual se possa contrapor-se ou aceitar. A produção arbitrária e permanente de simulacros de lei pode produzir como efeito uma inscrição na sociedade e na política, de que a lei é arbítrio, de que é poder ilimitado e absoluto. Essa estrutura, típica do regime militar no Brasil, pode trazer para a atualidade, não apenas a descrença na lei (já existente anteriormente na sociedade brasileira e reforçada) mas uma relação perversa com ela, onde no limite não há lei (Cardoso, 1993).

gação da existência da tortura política como prática político-institucional, pela corporação militar, ontem e hoje, fazem sentido. Talvez até o surpreendente na atualidade fosse mesmo o inverso disso: a bestialidade da tortura como verossímil e a corporação militar reconhecendo a sua existência. A tortura política no Brasil, como nos demais países da América Latina, nos anos 60-70-80, esteve presente, embora nunca admitida e jamais legalizada, no interior de um aparato repressivo político planificado e de caráter altamente racional. O que caracterizou a repressão política nesse período e o que a distingue da sua presença em outros momentos históricos, além do seu caráter de planejamento racional, foi o fato de ter sido articulada pelas Forças Armadas que aí "detiveram, soberanas, o monopólio da coerção política-ideológica".[7]

---

[7] Conforme afirmam os autores de *Os anos de chumbo: a memória militar sobre a represssão política*: "No imediato pós-64, antes portanto do início da luta armada, os relatos sobre a violência policial e militar durante as prisões e nos presídios já era algo alarmante. Paralelamente, e longe das lides políticas, o desrespeito aos direitos humanos em relação aos prisioneiros comuns também não é algo tão novo no Brasil. Aliás, a própria colonização brasileira, que se fez na base da escravidão, tinha como contraponto o 'tronco' para os castigos corporais. Desta forma, são incontáveis os capítulos da nossa história em que essa questão pode aparecer de maneira contundente e desconfortável, quer para a sociedade como um todo, quer para aqueles que, em diferentes épocas, detiveram o monopólio da força. Entretanto, o que difere a esse respeito, no período aqui abordado, é a forma como isso foi feito, ou seja, através do envolvimento direto das Forças Armadas. Jamais, em qualquer época, a instituição militar esteve tão diretamente envolvida nas atividades da repressão política" (D'Araújo, 1994, p. 10). Cf. ainda a entrevista do General Otávio Costa, no mesmo livro, quando afirma que: "No passado, no governo Vargas, a repressão, principalmente a repressão política, era feita pela polícia, principalmente pelos órgãos da polícia política e social (...) Vargas teve a sabedoria de deixar a repressão no âmbito policial". Segundo seu depoimento, a repressão começou com a Polícia Civil e Polícia Militar. Teve em seguida o engajamento das Forças Armadas através de seus

A montagem racional-legal do aparato repressivo teve o seu núcleo na Doutrina de Segurança Nacional, do pós-guerra, incorporada e elaborada pela Escola Superior de Guerra. Nela se define a "guerra de subversão interna", que abrange a "guerra insurrecional" e a "guerra revolucionária". Essa passa a colocar em primeiro plano o conceito de "fronteiras ideológicas" (por oposição ao de "fronteiras territoriais") e a "guerra ideológica" passa a supor então a "teoria" do "inimigo interno" e da "agressão indireta". Assim definida a "guerra revolucionária" (que assumiria formas psicológicas indiretas e que exploraria os descontentamentos existentes e conquistaria as mentes) passa a considerar suspeita toda a população, como o inimigo potencial, a ser controlada, perseguida e eliminada.

Em 1964 surge o Serviço Nacional de Informações (SNI), como a primeira criação legal a partir da Doutrina de Segurança Nacional; seguem-se o primeiro ato institucional (1964), o ato institucional nº 2 (1965) e a Constituição de 67, que consagra aquela Doutrina na sua definição da teoria da guerra psicológica e do inimigo interno. O ato institucional nº 5, em 1968, suspende a garantia de *habeas corpus* nos casos de crimes contra a segurança nacional e passa a prever o julgamento dos crimes políticos por tribunais militares. Já no contexto da intensificação da luta armada e da realização do primeiro sequestro de embaixador, são baixados os atos institucionais nº 13 — o banimento — e nº 14 — a pena de morte, a prisão perpétua e banimento aplicáveis à guerra revolucionária. Em 1969 é promulgada a Lei de

---

órgãos de informação: o CENIMAR, o CISA e o CIE. A "rivalidade contraproducente" entre estes órgãos teria levado então a uma nova organização atribuída à unidade de comando das operações de repressão controlada pelo Exército: os CODIs — Centros de Operação de Defesa Interna (pp. 271-2). No que se refere à análise da América Latina, no mesmo sentido da presença das Forças Armadas na repressão política, como traço distintivo das ditaduras, neste período em relação a outros (cf. Viñar, 1992, p. 134).

Segurança Nacional, a partir da qual deixam de existir as liberdades de reunião, associação e imprensa.

Em 1969 tem início a montagem propriamente dita do aparelho repressivo político com a criação da OBAN (Operação Bandeirantes) em São Paulo, só oficiosamente admitida então, mas logo transformada nos DOI-CODI (Destacamentos de Operações e Informações e Centros de Operação de Defesa Interna), em 1970, com implantação em outros estados. Na estrutura do aparelho repressivo, continuaram a atuar os DOPS (Departamento de Ordem Política e Social), o CENIMAR (Centro de Informações da Marinha) e o CISA (Centro de Informações da Aeronáutica), a partir de uma estratégia unificada pelo Exército, embora com conflitos permanentes.[8]

A lógica de funcionamento da ditadura, na sua ênfase permanente na legalidade e na construção de uma legitimidade, não podia supor a tortura no âmbito da sua estrutura legal. Se esta teve um papel fundamental no êxito da ditadura, por meio da desarticulação e da liquidação da luta armada e pela dissiminação do medo entre os inimigos potenciais, se teve mesmo "o papel de peça mestra no sistema de governo" (Viñar, 1992, p. 134), este papel exerceu a sua funcionalidade num outro registro, o da clandestinidade.

O aparato clandestino da repressão, tendo a tortura no seu núcleo de funcionamento, jamais admitida e reconhecida pela corporação militar, comportou vários procedimentos combinados: o do caso PARA-SAR (denunciado e não realizado) que planejou, dentro da lógica do engajamento de grandes setores das Forças Armadas, ações de sequestro, tortura e eliminação da população civil; as operações de busca e detenção da população envolvendo grande número de policiais e militares numa ação unificada; as invasões de domicílio na calada da noite, de busca e detenção de

---

[8] Esta análise referente à estratégia de implantação do Terror de Estado está feita em Cardoso, 1990 (cf. ainda Alves, 1987).

suspeitos, familiares, incluindo crianças; a presença de integrantes e de práticas do esquadrão da morte, de combate clandestino da criminalidade na repressão política; a presença de organizações paramilitares, a presença de grupos clandestinos de repressão ("Voluntários da Pátria" no nordeste e o "Braço Clandestino da Repressão" em São Paulo, que coincidiu com o aumento dos casos de desaparecimentos); as prisões clandestinas ("Casa dos Horrores", em Fortaleza; "Casa de São Conrado", no Rio; "Casa de Petrópolis", "Colégio Militar de Belo Horizonte", "Fazenda 31 de Março", em São Paulo) (*Brasil Nunca Mais*, 1985; Alves, 1987; Fon, 1989 e Cardoso, 1990).

Como aparato clandestino, embora de caráter racional e calculado, a tortura, visando a obtenção de informações sobre os grupos revolucionários, impõe, por meio da combinação daqueles outros mecanismos de intimidação da população, o medo, o silêncio e o conformismo aos "inimigos potenciais" (Cardoso, 1990). Esta definição do "inimigo potencial" amplifica o terror e o arbítrio porque o "universo das vítimas potenciais jamais é claramente definido de antemão" e isto dá então "ao impacto subjetivo da ameaça um lugar totalmente particular". Mais do que isso, ainda, como diz Viñar: "O calvário de dezenas é suficiente para que a sociedade em seu conjunto seja afetada. O objetivo manifesto de obter informações e a confissão é acessório em relação ao projeto de aterrorizar e de submeter: o alvo é mais a coletividade do que a própria vítima" (Viñar, 1992, pp. 105 e 60).

A tortura poderia então ser definida, nos termos de Viñar como: "Todo dispositivo intencional, quaisquer que sejam os meios utilizados, engendrado com a finalidade de destruir as crenças e convicções da vítima para privá-la da constelação identificatória que a constitui como sujeito. Este dispositivo é aplicado pelos agentes de um sistema de poder totalitário e é destinado à imobilização pelo medo da sociedade governada" (Viñar, 1992, p. 60).

É preciso ainda aprofundar esta definição: a tortura cria o espaço do absoluto arbítrio e tem sua eficácia de funcionamento na criação deste espaço. Constrói uma relação dual, torturador--torturado, num tempo e num espaço não localizáveis pela vítima — que via de regra encapuçada e submetida anteriormente a privações de toda ordem — não pode ver a figura do torturador como um agente legal. Este não pode ser visto como um *funcionário da lei*, porque não está submetido, na situação de tortura, a nenhum tipo de lei, a nenhum tipo de regra. A cena da tortura não tem regras e isto é o fundamental. Na relação dual torturador--torturado, a onipotência do primeiro se constrói a partir da total impotência da vítima, pela impossibilidade de sua defesa e pelo sofrimento do corpo torturado. Reconhecer no torturador a figura da lei, o que significaria não mais a relação dual, mas o reconhecimento de uma referência terceira, simbólica, a da lei, impossibilitaria aquilo que seria o fundamento mesmo do funcionamento da tortura: a destituição subjetiva do torturado, a sua completa despersonalização e a sua identificação com a figura do torturador.[9] A cena da relação dual pode então traduzir-se na subjetividade do torturado como "perda da sustentação social necessária ao funcionamento psíquico [a perda da dimensão simbólica] e como interiorização do terror". Significa ainda que "na imensa solidão do combate do torturado com seu carrasco, a aposta não é somente a da confissão. Pois entregar o segredo, confessar, é curvar-se à vontade onipotente do torturador, e a partir daí sofrer a atroz transparência da despersonalização. O segredo e a opacidade íntima são fundamentos da identidade. Sua perda —

---

[9] Cf. as análises de Alfredo Naffah Neto (Naffah Neto, 1985). Cf. as análises de Viñar, no livro já citado, do qual uma delas é tomada como objeto do estudo de Naffah. Cf. Edmundo Gomez Mango (Mango, 1988). Cf. Sergio Aldo Rodriguez e Manoel Tosta Berlinck (Rodriguez e Berlinck, 1988). Cf. finalmente o já clássico texto de Adorno, "Educação após Auschwitz", no qual afirma, a partir de Horkheimer, que "a tortura representa a adaptação — sob controle e de certa forma acelerada — do homem ao coletivo" (Adorno, 1986).

transparência do pensamento — é a queda na loucura" (Viñar, 1992, pp. 142-3).[10]

O funcionamento da tortura tem a sua eficácia justamente neste registro: é o sistema organizado racionalmente, de modo hierárquico,[11] mas *necessariamente* clandestino. A sua lógica está construída na ausência de lei, na ilegalidade (no sentido do extralegal). Este tipo de funcionamento gerou e continua gerando a improbabilidade da existência da tortura política, senão a sua inexistência mesma, para além do círculo dos direta e indiretamente atingidos.[12] E é ainda a base da sua denegação pela corporação militar, ontem e hoje.

---

[10] Talvez a referência pública mais expressiva deste efeito tenha sido a de Tito de Alencar (Frei Tito), relatada em Cavalcanti e Ramos, 1978.

[11] Este modo hierárquico de funcionamento deu origem, nas situações de julgamento de militares, como na Argentina, no período de redemocratização, à questão da "obediência devida". No Brasil esta questão sequer se colocou em virtude da Lei da Anistia de 79, que anistiou os acusados de crimes "conexos aos crimes políticos"(eufemismo do texto legal para designar também a tortura). Estas posições diferentes, do Brasil e da Argentina, certamente implicaram em efeitos posteriores também diversos, no que se refere à não inscrição e à inscrição de violação dos Direitos Humanos na memória histórica destes países (Cardoso, 1990).

[12] No caso brasileiro, a peculiaridade da repressão que atingiu um círculo relativamente restrito (se comparado com outros países da América Latina) e da censura sutilmente burlada, que atingiu os meios de comunicação, provocaram, para o restante da sociedade brasileira, o fenômeno do "inexistencialismo". Isto significou, realidades inexistentes para a maior parte da população brasileira, não simbolizadas e portanto ausentes da memória e de uma certa construção da história (Cardoso, 1993). A questão do círculo relativamente restrito atingido direta e indiretamente pela repressão política no Brasil não pode, no entanto, dar margem a interpretações que, em função de dados quantitativos em menor escala, passam a negar ou a relativizar a existência do terror político. Posição já percebida por mim em debates que comparavam a situação argentina e brasileira e significativamente reencontrada na fala militar: "Guerra Suja nesse país nunca houve. Nós sempre os

Esta *lógica da clandestinidade do horror*, que "tenta fazer de um humano a sombra de um humano" e cujos efeitos "não se limitam ao indivíduo concernido, mas transbordam sobre o grupo familiar e a descendência" (Viñar, 1992, pp. 148-9), significa mais do que isso ainda, porque expõe, como dizia Sartre, que "a tortura não é desumana; é simplesmente um crime ignóbil, crapuloso, cometido por homens (...)" (Sartre, *apud* Naffah, 1985, pp. 9-10), um "acontecimento caracteristicamente humano" (Naffah, 1985, p. 11).[13]

Esta lógica da clandestinidade do horror, na qual o torturador não é o monstro, mas se revela como a capacidade de a huma-

---

enfrentamos da maneira mais denodada e mais corajosa. Aqui não morreram os trinta mil que se diz que morreram na Argentina"(General Leonidas Pires Gonçalves. *apud* D'Araújo, 1994, p. 245). O contato com os relatos e reflexões sobre a experiência argentina foi importante para perceber, apesar das diferenças de intensidade, de dimensão e de conjuntura, a possibilidade de construção de um núcleo comum, na estratégia de implantação do terror político. É preciso não esquecer ainda as ligações havidas nesta estratégia entre os vários países da América Latina que passaram pela experiência da ditadura naquele momento, cujo ciclo se abriu com a brasileira em 1964 (Cardoso, 1990).

[13] É preciso dar muita atenção ao funcionamento desta lógica da tortura. A sua inteira eficácia pode produzir a completa destituição da subjetividade. A resistência a ela, por parte do torturado, pode produzir, no mesmo registro, as figuras do herói ou do traidor. Este tipo de compreensão teve a sua existência entre os torturados e no grupo ao qual pertenciam. Não pode, portanto, deixar de ser registrado como um episódio que significa a contrapartida de uma mesma lógica. Como diz Viñar, sobre a questão do segredo e da delação: "O orgulho de haver guardado o segredo ou a vergonha de não haver podido fazê-lo estão no cerne do conflito e da interação entre um nível intrapsíquico e outro transindividual, grupal. É um eixo que organiza a dignidade e a indignidade: ou pude resistir mais do que o inimigo ou este fez de mim seu escravo. O grupo a que se pertence funciona como uma caixa de ressonância que amplifica a polaridade entre heroísmo e vergonha" (Viñar, 1992, p. 146).

nidade produzir o horror também não é inédita, e mais uma vez a experiência do nazismo pode ajudar a esclarecê-la, a partir do relato de Primo Levi, quando ele destaca os avisos cínicos dos SS para os prisioneiros: "Mesmo que contemos, não nos acreditarão".

A longa citação é necessária porque extraída de uma persistente elaboração da própria experiência do horror, que se constrói para além da mera denúncia dos fatos, na busca de uma compreensão, do que talvez, no limite, não seja comunicável, porque "o horror, por sua natureza mesma, nos empurra para os confins da linguagem, para aquilo que pode ser vivido sem poder ser dito" (Bernardi, 1988, p. 40). Primo Levi, num esforço de compreensão da experiência, busca a sua inscrição numa memória histórica, para que ela possa se tornar de algum modo comunicável, se ela puder ser escutada.[14]

"*As primeiras notícias sobre os campos de extermínio nazistas começaram a difundir-se no ano crucial de 1942. Eram notícias vagas, mas convergentes entre si: delineavam um massacre de proporções tão amplas, de uma maldade tão extrema, de motivações tão intrincadas, que o público tendia a rejeitá-las em razão de seu próprio absurdo. É significativo como essa rejeição tenha sido prevista com muita antecipação pelos próprios culpados; muitos sobreviventes (...) recordam que os SS se divertiam avisando cinicamente os prisioneiros: 'seja qual for o fim desta guerra, a guerra contra vocês nós ganhamos; ninguém restará para dar testemunho, mas, mesmo que alguém escape, o mundo não lhe dará crédito. Talvez haja suspeitas, discussões, investigações de historiadores, mas não haverá*

---

[14] Dentre os vários registros das experiências de tortura no Brasil, dos diversos modos como foram feitos ou puderam ser feitos, gostaria de destacar, do ponto de vista deste tipo de elaboração, o de Salinas, 1988.

certezas, porque destruiremos as provas junto com vocês. E ainda que fiquem algumas provas e sobreviva alguém, as pessoas dirão que os fatos narrados são tão monstruosos que não merecem confiança: dirão que são exageros da propaganda aliada e acreditarão em nós, que negaremos tudo, e não em vocês. Nós é que ditaremos a história dos Lager [campos de concentração]."
(Levi, 1990, p. 1, grifo meu)

A formulação, "mesmo que contemos, não nos acreditarão", que remete ou à negação do episódio ou à sua improbabilidade é o que se espera, como efeito, da própria lógica do funcionamento da tortura política, na sua dimensão necessária da clandestinidade do horror. É desta clandestinidade que depende a sua eficácia para o funcionamento do poder. Nela, também está contida, no que se refere aos efeitos posteriores, a alta improbabilidade de sua existência. É pela sua dimensão do *absurdo* que a tortura se torna inverossímil.

Esta lógica da clandestinidade do horror é outra que a lógica da legalidade do regime. A primeira se constrói necessariamente na ausência de qualquer lei ou qualquer regra e a segunda tem o seu fundamento na ênfase na legalidade. E no entanto elas se complementaram na vigência da ditadura brasileira. De fato, uma não podia existir sem a outra, se se pensa que a tortura era o que estava no fundo mesmo do arbítrio absoluto, do arbítrio que foi transfigurado em lei.

Esta foi a estrutura perversa do funcionamento do poder na ditadura brasileira. A possibilidade maior ou menor de compreensão do núcleo desse funcionamento naquele momento e no período que se segue a ele, esteve e está na dependência da possibilidade da sua inscrição na história e mesmo na cultura.

Os efeitos deste núcleo de funcionamento, que comportou as duas lógicas complementares, que foram intensificados pela questão do círculo restrito dos direta e indiretamente atingidos e pelo impedimento da inscrição simbólica da tortura política na memória histórica da sociedade, pela Lei da Anistia,[15] podem talvez se constituir numa pista para a compreensão da plausível explicação formulada no interior da controvérsia sobre o filme *O que é isso, companheiro?* A construção da figura do torturador no filme precisava ter verossimilhança, porque nela ressoa como efeito, ainda, o sentido da advertência "mesmo que contemos, não nos acreditarão".

(1997)

REFERÊNCIAS BIBLIOGRÁFICAS

ADORNO, T. "Educação após Auschwitz". In: COHN, G. (org.). *Theodor Adorno*. São Paulo: Ática, 1986.

ALVES, M. H. M. *Estado e oposição no Brasil (1964-1974)*. Petrópolis: Vozes, 1987.

BERNARDI, R. "Psychanalyse et étayage sociale". In: *Patio/11 — La terreur subjéctive*. Paris: Éditions de l'Éclat, 1988.

BRANCA, E. (org.). *Tortura Nunca Mais*. Petrópolis: Vozes, 1987.

---

[15] Na Argentina, diferentemente do Brasil, e apesar das dificuldades, houve algum tipo de elaboração, por parte da sociedade argentina, do horror do terror político, quando do julgamento dos militares, quando da promulgação da Lei da Obediência Devida e da Lei do Ponto Final. Este processo, mesmo que interrompido — considerado finalizado na negociação das forças políticas com os militares — durante a sua vigência permitiu de algum modo a sua inscrição na história daquele país. Certamente, a grande amplitude dos atingidos configurou uma situação que exigiu aquele processo. A ausência de algo semelhante no Brasil teve um efeito de obscurecimento maior. A menor amplitude no caso brasileiro, que evidencia que no Brasil uma maior extensão da repressão política não foi necessária — se compararmos os dois países do ponto de vista de seus aspectos políticos e sociais —, não pode obscurecer, no entanto, o efetivo funcionamento de um núcleo de terror político bastante semelhante e presente em outros países da América Latina, como o Uruguai e o Chile.

BRASIL NUNCA MAIS. Petrópolis: Vozes, 1985.

CALLIGARIS, C. "A sedução totalitária". In: ARAGÃO, L. T. *et al. Clínica do social: ensaios*. São Paulo: Escuta, 1991.

CARDOSO, I. "Memória de 68: terror e interdição do passado". *Tempo Social — Revista de Sociologia da USP*, 2 (2), 2º semestre de 1990.

_____. "A dimensão trágica de 68". *Teoria e Debate*. nº 22, set./out./nov. 1993.

_____. "Rompendo o pacto do silêncio". *Folha de S. Paulo*, Jornal de Resenhas, 08/03/1996.

_____. "A montagem de uma farsa". *Folha de S. Paulo*, Jornal de Resenhas, 08/11/1996.

CAVALCANTI, P. C. U.; RAMOS, J. *Memórias do exílio: Brasil 1964-19?? — 1 — De muitos caminhos*. São Paulo: Livramento, 1978.

D'ARAÚJO, M. C. *et al.* (org. e introd.). *Os anos de chumbo: a memória militar sobre a repressão*. Rio de Janeiro: Relume-Dumará, 1994.

FON, A. C. *Tortura: a história da repressão política no Brasil*. São Paulo: Global, 1979.

GABEIRA, F. *O que é isso, companheiro?* Rio de Janeiro: Codecri, 1979.

LEVI, P. *Os afogados e os sobreviventes*. Rio de Janeiro: Paz e Terra, 1990.

MANGO, E. G. "La terreur et l'identification". In: *Patio/11 — La terreur subjective*. Paris: Éditions de l'Éclat, 1988.

NAFFAH NETO, A. *Poder, vida e morte na situação de tortura: esboço de uma fenomenologia do terror*. São Paulo: Hucitec, 1985.

PETERS, E. *Tortura: uma visão sistemática do fenômeno da tortura em diferentes sociedades e momentos da história*. São Paulo: Ática, 1989.

RODRIGUEZ, S. A.; BERLINCK, M. T. (orgs.). *Psicanálise de sintomas sociais*. São Paulo: Escuta, 1988.

SADER, E. *Um rumor de botas: a militarização do Estado na América Latina*. São Paulo: Polis, 1982.

SALINAS FORTES, J. R. *Retrato calado*. São Paulo: Marco Zero, 1988.

VIÑAR, M. *Exílio e tortura*. São Paulo: Escuta, 1992.

11.
68: A COMEMORAÇÃO IMPOSSÍVEL

1998: 30 anos de 68. O retorno do evento realiza-se pela via da comemoração. 1978, 1988, 1998, 10 anos, 20 anos, 30 anos: em intervalos regulares de tempo, definidos pelo critério da numeração decimal (Morin, 1988a, p. 145), 68 retorna do passado, para em seguida novamente se dissolver no tempo presente. 30 anos depois, a procura dos sentidos de 68, a partir da atualidade, deve passar, agora, também pela pergunta sobre o significado desta "série de comemorações". É preciso estar-se atento ao "destino de uma lembrança no seio de um conjunto móvel de representações" (Duby *apud* Le Goff, 1990, p. 474) e sobre o significado mesmo do ato de comemorar.

Os intervalos regulares de tempo das comemorações constituem-se em tempo cronológico, homogêneo, que ofusca as temporalidades históricas que circunscrevem cada um dos tempos presentes a que estão referidas as datações da série. Este mesmo movimento regular ritualiza o ato de comemorar, no sentido de uma ação repetitiva, que obscurece os sentidos históricos presentes que estão na base de cada ação comemorativa.

A comemoração não é apenas uma rememoração de um evento do passado, digno de memória. Mas é um "processo ativo no curso do qual se modifica um sistema de representação do passado e consequentemente a percepção do presente" (Garcia, 1988, p. 4). Etimologicamente, a palavra comemoração, vinda do latim, *commemoratio*, tem o significado de um processo ativo e dirigido (*ratio*) da memória, um fazer lembrar, a partir de uma posição indicada pelo prefixo *co*, de conjunto, por extensão, *social*, coletiva.

A comemoração como esse processo ativo e dirigido da memória coletiva, a partir do presente, configura-se como um *poder de integração* de sentidos, que é social, de uma reconstrução de uma identidade do evento, que deve ser digna de memória. Enquanto processo ativo e dirigido da memória, é seletivo, sempre a partir do presente, e neste sentido o "esquecimento não é o antônimo, mas sim uma forma que toma a memória" (Brossat, 1990, p. 18). Por isso o esquecimento, também como processo ativo, é constitutivo da comemoração e do seu poder de integração social de sentidos e de reconstrução da identidade do evento. Para que haja a possibilidade da comemoração, não apenas a complexidade histórica da atualidade do evento, suas contradições, suas ambiguidades precisam ser silenciadas, como também fica obscurecida a *posição* a partir da qual a comemoração reconstrói o evento. Posição esta situada no tempo histórico do presente, lugar da construção de um certo tipo de visibilidade do passado, que ilumina alguns sentidos, congela outros ou até mesmo recusa alguns. Em outros termos, pode-se dizer que a comemoração, ou o ato de comemorar, *organiza* o evento passado, a partir de um tempo histórico que é sempre o do presente.

Esta organização do evento passado, como atividade de integração, pode, no limite, reter do passado apenas o que seriam as "confirmações da sua unidade presente" (Bourdieu *apud* Le Goff, 1990, p. 466), o que em outros termos poderia ser entendido como a organização daquilo que seria "o menor denominador comum do passado" (p. 466).

Nesta linha de reflexão é preciso pensar, ainda, que os "momentos comemorativos" podem se constituir em "tribuna de comemorações diversas" que procuram difundir, cada uma delas, sua própria mensagem (Garcia, 1988, p. 8), sua própria reconstrução do evento passado. Estes momentos podem produzir discursos que se posicionam pró ou contra o evento em questão, dando origem mesmo ao que poder-se-ia chamar de "contracomemorações", quando a ideia de celebração se apresenta como intolerável.

Se o retorno de 68 realiza-se pela via da comemoração, em intervalos regulares de tempo, é preciso perguntar: o que significa comemorar 68? O que se comemora de 68? E quais os sentidos da série temporal de comemorações? As perguntas justificam-se pelo motivo de fundamental importância histórica que 68 não se constituiu, em nenhuma parte do mundo onde irrompeu, em data oficial ou institucional das sociedades que viveram aquela experiência. Pelo contrário, seja nos países em que vigia uma democracia, seja naqueles em que o regime político de funcionamento do Estado era a ditadura, sob a forma capitalista ou a do "socialismo real", 68 foi objeto de recusa violenta por parte do *establishment*. Em maior ou menor grau, dependendo das singularidades históricas das situações dos países em que teve lugar, significou pôr em questão um certo tipo de ordem social, política e cultural. 68, podendo ser considerado um acontecimento que surge como ruptura — mas que tão logo se dissolve diante da força do poder econômico, político e, no limite, militar, e diante da força da própria sociedade com que se defronta — é antes caracterizado pelo que Lefort chamou de uma "desordem nova", do que pela construção de uma nova ordem social, muito embora pudesse ter contido, na sua diversidade, projetos neste sentido.

O exercício da comparação histórica com outro acontecimento-ruptura, a Revolução Francesa, de 1789, pode ser frutífero para a percepção do significado das comemorações. Este acontecimento, que além de ruptura é também fundador, que inaugura, ainda, a época das grandes comemorações laicizadas na sociedade ocidental, configura-se como data oficial e institucional francesa, e o que se comemora é a emergência de uma nova ordem social e política, a República, comemoração que também se realiza em intervalos regulares de tempo, que censura várias dimensões do acontecimento-fundador, para ficar com aquelas que podem se integrar em uma noção comum da identidade nacional (Le Goff, 1990, p. 462). Construção identitária do acontecimento através da comemoração e construção de uma identidade de nação.

Considerando o evento Revolução Francesa que pôde, pela via das comemorações, ser periodicamente retomado, a partir da integração de significados comuns que constroem o Grande Acontecimento fundador de uma nova ordem social e política, pode-se perguntar sobre o sentido do aparente paradoxo de um acontecimento não fundador da qualquer tipo de ordem, pelo contrário, instaurador de um questionamento da ordem, numa gama variada de intensidades, caracterizado ainda como experiência efêmera, de caráter não identitária, mas complexa e contraditória, vir a se constituir em objeto de comemoração na história recente.

Enfrentar este aparente paradoxo da figuração contemporânea de 68 como evento comemorativo implica, antes de mais nada em delinear alguns traços dessa história recente da cultura contemporânea.

Este delineamento implica ainda o enfrentamento de um outro aparente paradoxo: o século XX, especialmente nos anos 30-40 é caracterizado simultaneamente por uma "aceleração dos movimentos comemorativos" (Ory, 1988, p. 22), que se intensifica nos seus últimos decênios e por um traço, que a percepção histórica de Hobsbawm pôde sintetizar, de um "presenteísmo constante", cujo significado é o de "uma espécie de presente contínuo, sem qualquer relação orgânica com o passado público" da época em que se vive. Uma ausência de continuidade da experiência do passado e, no limite, "a destruição do passado" mesma, ou seja dos "mecanismos sociais que vinculam nossa experiência (...) à das gerações passadas", que se constitui num dos "fenômenos mais característicos e lúgubres do século XX" e paradoxalmente acompanhado por uma "sede manifesta pelo passado", (Hobsbawm, 1995, p. 13; 1997) que se expressa através dos movimentos comemorativos.

Numa linha de reflexão semelhante, que permite pôr em questão o tema da memória na cultura contemporânea e portanto indagar sobre o sentido que as comemorações aí tomam, convém agregar as contribuições de várias análises que levam a aprofundar um pouco, o que se poderia chamar de o traço histórico de uma intensificação do tempo presente, que caracteriza a noção tão bem explicitada por Hobsbawm de "presenteísmo".

Esta intensificação do tempo presente corresponde, na análise que Hannah Arendt faz do mundo contemporâneo, especialmente no pós-Segunda Guerra, a um rompimento do "fio da tradição", ao "esgarçamento da tradição" e à produção do que chama de uma "lacuna entre o passado e o futuro" (Arendt, 1972, p. 40), "lacuna" que significa a inexistência de "nenhuma continuidade consciente no tempo", "nem passado, nem futuro", "mas tão somente a sempiterna mudança do mundo e o ciclo biológico das criaturas que nele vivem" (p. 31). Essa intensificação do tempo presente que significa carência de temporalização e consequentemente dificuldade de percebê-lo como *tempo histórico*, impede também a construção de uma configuração do passado como alteridade em relação ao presente: o passado converte-se numa espécie de extensão homogênea do próprio presente.

Do ponto de vista cultural, no sentido mais amplo dessa palavra, esta intensificação do tempo presente significa, no limite, a negação da história e da memória. Esta, na acepção de um "modo de pensamento" (Arendt, 1972, p. 31) só pode ter existência diante de referências temporais diferentes e fica impotente diante do quadro unívoco de um "presente perpétuo" (Debord, 1997, p. 175). Esta negação da história e da memória significa ainda a perda de qualquer sentido de herança, de um modo muito preciso, não o de uma memória que retira do acontecimento o que pode haver de comum para uma confirmação do presente, mas daquela que pode trazê-lo na sua singularidade passada, permitindo *pensar*, então, a diferença que instaura no presente, e formular a questão de até que ponto essa herança nos concerne ou não, a partir de uma posição que pode *pensar*, também, a singularidade do nosso presente.

Diante da situação contemporânea da marginalização da história e da memória, simultânea à aceleração das comemorações, é preciso perguntar então se estas comemorações não vêm justamente substituir a perda de sentido da história e da memória e do próprio acontecimento. Comemora-se porque esse sentido está perdido, mas mais do que isso, para que continue perdido. O que se comemora é o sentido do próprio presente. A comemoração do evento 68 separa-o de tudo aquilo que possa constituí--lo como uma "afronta ao presente", e dele se apropria, nos seus aspectos ou dimensões assimiláveis, que não produzem uma diferença em relação a esse presente, mas, pelo contrário, permitem construir justamente as identidades entre passado e presente, produzindo nesse sentido um "repouso para todo poder presente" (Debord, 1997, p. 177).

É importante acrescentar, ainda, nessa linha de reflexão, um outro elemento constitutivo da cultura contemporânea, sem o qual não é possível compreender o sentido que hoje tomam as comemorações. O vazio social da história e da memória é preenchido cada vez mais pelo poder espetacular da mídia, que se acentua nas últimas décadas deste século, mas já é, em intensidade menor, contemporâneo de 68. Esse vazio é preenchido então pelo que poder--se-ia chamar de "retorno midiático" (Ory, 1988, p. 22) do acontecimento e pode-se dizer, hoje, que as comemorações do evento tomam a forma em grande medida desse "retorno midiático".

Se, como já se apontou, a comemoração como atividade própria das sociedades, como processo ativo e dirigido da memória coletiva, tem o sentido de trazer o acontecimento do passado para o presente, na busca de uma consagração identitária, que se realiza no presente, mas na qual o movimento presente-passado, passado--presente tem alguma visibilidade, o retorno do acontecimento pela mídia, no vazio social, agora cada vez mais acentuado, da história e da memória, destemporaliza o acontecimento. Este passa a ter existência nos momentos em que o poder espetacular da mídia o coloca em cena e ao sair de cena é como se tivesse deixado de existir. Os intervalos regulares de tempo, de caráter quantitativo e cronológico vêm substituir as datas comemorativas, que guardavam ainda, em certa medida, uma conotação qualitativa. O vazio social da história e da memória dá margem então à descontextualização histórica do acontecimento pela mídia, num sentido muito preciso, de que ele não se torna *questão*. Essa descontextualização realiza-se tanto no que se refere ao seu sentido, na sua própria atualidade, às conexões de sentido com outros eventos dele contemporâneos ou passados, quanto aos sentidos possíveis de algum tipo de reinscrição no presente. Mais do que isso ainda: acompanhando as reflexões de Walter Benjamim sobre o significado da imprensa, nos anos 30, é possível ter a medida da aceleração dos processos que ele já detectava naquele momento, no que se refere ao modo de funcionamento da informação na cultura contemporânea, que vem substituir a narração enquanto possibilidade de experiência histórica, na qual a memória era condição.

O retorno do acontecimento pela mídia faz dele *informação* que é nivelada a outras informações quaisquer por meio do mecanismo da descontextualização. Como informação, o evento passado deve adquirir a expressão da novidade, que pode retornar nesta condição em intervalos regulares de tempo, dado o vazio social da história e da memória. É como novidade, então, no sentido que lhe dá Benjamim (Benjamin, 1980, p. 31), de efêmera e logo superada por outra pelo próprio movimento da mídia, que o evento é posto em cena, não mais no "teatro da memória", que supõe o tempo como duração, mas nos *flashs* dos *mass-media*, cuja aceleração o torna rapidamente descartável. Na linguagem desses meios, caracterizada ainda pela brevidade, pela síntese e por uma necessidade de inteligibilidade imediata, o acontecimento, reduzido à informação, deve significar aquilo que seria o "menor denominador comum do passado". Nessa linguagem não cabem mais as longas narrativas memorialísticas ou reflexivas, que supõem a memória como forma de pensamento sobre o evento passado, que poderiam contextualizá-lo, conduzidas por questões postas pelo presente e que, ao problematizar o passado, estão também problematizando, de algum modo, esse tempo presente. Mas o acontecimento, reduzido à dimensão de o "menor denominador comum do passado" tem que aparecer, pelo contrário, como sendo inteiramente verossímil ao presente, assimilável e reconhecido por ele, até o ponto mesmo em que uma "cultura da diferença" tornou-se também *padrão* para esse presente. O que não pode ser reconhecido como familiar nesse passado torna-se exótico, porque não se põe como alteridade radical, mas se inclui na gama variada das diferenças padronizáveis.

Esta referência aqui tomada não é gratuita porque a questão da diferença consistiu numa das expressões marcantes de 68, embora não passível de generalização, num acontecimento que foi complexo e contraditório. Este traço de 68 é perceptível naquilo que se dá como irrupção de um movimento de *singularização* histórica que se confronta com uma *tradição* também percebida como histórica, tradição esta que recobre desde o plano dos comportamentos individuais até os coletivos, desde a família até as organizações políticas. O que se colocava era a *questão* da diferença diante de um Outro cuja absolutização foi questionada, porque pôde ser percebido como histórico. Este movimento que teve sua expressão também nas formas de produção de conhecimento da sociedade e da cultura, através de profundas reformulações na antropologia, na historiografia, reflui para o presente, quanto mais se distancia de 68, na forma de uma "cultura da diferença", na qual se obscurece a questão da diferença como alteridade, que pode ser historicamente constituída e se consagra a diferença como variação previsível de uma cultura padronizada, que pode comportar tantos "estilos de vida" individualizados quantos os necessários para acomodar a vivência contemporânea sob o signo de um "bem-estar individual".

A possibilidade de compreensão de 68 fica comprometida, hoje, não apenas por ter-se tornado um evento comemorativo, como sobretudo por ter-se configurado como evento midiático, que retorna em intervalos regulares de tempo, definidos pelo critério da numeração decimal, que em razão deste critério constrói a vivência de uma temporalidade social que flui homogeneamente. Recoloca-se então a questão anteriormente referida sobre o significado da série temporal de dez, vinte, trinta anos de 68. 1978, 1988, 1998 não constitui uma série temporal homogênea, a despeito da numeração decimal.

68 teve a característica de um acontecimento que irrompe quase que simultaneamente em vários países do mundo — o que lhe dá um caráter internacional, mas por outro lado coloca a questão de como pôde tomar esta dimensão, se se realizou em países com singularidades históricas tão diversas, desde aquelas do capitalismo central, na América do Norte e na Europa, até os da periferia deste sistema, na América Latina, na África do Norte, na Ásia, incluindo ainda alguns países do Leste Europeu, sob a experiência do "socialismo real". Entretanto, teve também o traço de uma dissolução, mais ou menos rápida, que pode ser identificada como uma normalização da sociedade, da política ou da economia, que se segue imediatamente, caracterizada pela recusa violenta do acontecimento, como já foi apontado.

Para ficar apenas com algumas referências, pode-se destacar como expressão desta normalização, na França, a vitória de De Gaulle nas eleições gerais, "a recomposição dos partidos políticos e do Estado, a recuperação da crise econômica, conjunto este simbolicamente representado pelo asfalto no Quartier-Latin que recobre as pedras utilizadas para as barricadas da luta estudantil. Nos Estados Unidos, a eleição de Nixon é precedida pelos assassinatos de Martin Luther King e de Robert Kennedy. No México, após o imenso massacre na Praça das Três Culturas, é tomada a decisão, até então suspensa, de realizar as Olimpíadas poucos dias depois, apesar das centenas de mortes. Na Tchecoslováquia instala-se a repressão à Primavera de Praga, com a ocupação do país pelas tropas do Pacto de Varsóvia. No Brasil, a normalização, via violenta repressão, tomou a forma: do 'milagre econômico' dos anos 70, da 'distensão lenta, gradual e segura', da 'abertura', da anistia submetida ao veto militar e marcada pela interdição de investigação do passado, de fortes prerrogativas militares institucionais, da mais longa transição, que concorre para o esquecimento ou diluição na memória coletiva, do terror implantado pela ditadura militar" (Cardoso, 1990, p. 113).

1978, então, os dez anos de 68, foi marcado por esta normalização da sociedade e da política, normalização que significou nos contextos singulares dos países onde irrompeu, ou o esquecimento do acontecimento, como diluição na memória, pela própria dimensão inercial do tempo (que é o daquela normalização), ou a imposição mesma, pela força, do esquecimento (característica das experiências sob o regime político ditatorial). Na França, a partir da análise de Morin, é entre 73 e 78 que se concluem alguns fechamentos significativos relativos ao maio de 68: a crise do marxismo e o colapso da ideia de revolução. Opera-se um corte significativo entre estes anos, que expressa ainda "o fracasso das duas formas surgidas em 68, as experiências comunitárias que foram quebradas com a crise econômica e as tendências revolucionárias que foram desintegradas na crise dos valores socialistas" (Morin, 1988b, pp. 43-4).

No Brasil, 1978 é um ano ainda de vigência plena da ditadura, pré-anistia de 1979, não apenas caracterizado pela ausência de comemorações, como ainda pela presença mínima de publicações de análises sobre 68, numa sociedade não apenas sob censura, mas também submetida pela força, quando algum signo de 68 ameaçasse reaparecer. No Brasil de 78, 68 foi caracterizado pelo silêncio ou foi objeto de contracomemoração, o que pode ser evidenciado pela imprensa da época, cuja manchete mais simbólica daquele momento, num suplemento especial do jornal *O Estado de S. Paulo*, foi "Maio de 68: a primavera do nada".

Mesmo nos países que não se encontravam sob ditadura, as comemorações foram muito mais discretas do que vieram a ser posteriormente em 88 e agora em 98, apesar da produção já existente, neste momento, de análises e testemunhos importantes sobre 68. Muitas dessas análises inclusive foram produzidas no calor mesmo do acontecimento e constituem hoje fonte histórica fundamental para os estudos contemporâneos. Em 1978, 68 não podia ainda transmutar-se em evento comemorativo, seja pelo seu impacto sobre o *establishment* ainda relativamente recente, seja pela profunda crise de seus valores que atingia significativa parte de seus ex-protagonistas ou testemunhas, pela dificuldade de decantá-lo que daí resulta, processo que caracterizará o decênio seguinte, cuja visibilidade será clara em 88.

É neste primeiro decênio pós-68, que se inicia um processo de diluição da extrema complexidade e ambiguidade de um acontecimento, que foi caracterizado mesmo por dimensões contraditórias, cuja visibilidade também se dá apenas no *a posteriori*. Este processo de diluição, que começa tão logo a ordem é restabelecida, pode ser caracterizado pelas apropriações ideológicas que foram feitas do acontecimento, apropriações que tiveram em comum o fato de buscarem construir uma *identidade* de 68. Essas apropriações deram-se num amplo espectro, que variou desde a insignificância do acontecimento, o nada, até à sua assimilação institucional. Como diz Morin: "as ideologias cortaram, recortaram o acontecimento para que este se assemelhasse a elas. Tudo entrou na ordem, a ordem leninista, a ordem de Mao, a ordem dos partidos, a ordem das instituições, a ordem burguesa, para que maio se tornasse um acidente. (...) A ordem social, política, ideológica acreditava ter expulsado este ingrediente indigerível" (Morin, 1988a, p. 152).

Este processo de apropriação ideológica de 68 deu origem então a uma lenta assimilação de aspectos de 68, aqueles "digeríveis", assimilação que se inicia neste primeiro decênio, mas cuja visibilidade maior dar-se-á a partir das comemorações dos vinte anos de 68.

As tentativas, por via das apropriações ideológicas, de construir uma identidade de 68, não tiveram o mesmo sucesso, embora tenham tido uma mesma função: transformar um acontecimento que foi justamente caracterizado por um traço não identitário, em uma unidade de significação. A sua complexidade foi apagada e o acontecimento ressurge a partir de cada uma das apropriações ideológicas como uma identidade a ser preservada. Quando se afirma que as tentativas de apropriação de 68 não tiveram o mesmo sucesso, isso se refere ao fato de que a chamada "crise do marxismo", dos valores socialistas, e o colapso da ideia de revolução, deixam margem ainda a um apagamento dos aspectos mais políticos e propriamente revolucionários do acontecimento, nos seus diversos matizes. No percurso de assimilação de 68, que se inicia neste primeiro decênio, predominaram os aspectos que, no limite, puderam ser assimilados pela ordem, em qualquer dimensão que seja desta ordem, embora como processo também não homogêneo, lento e sujeito mesmo a resistências, que retoma aspectos do próprio acontecimento, ou ainda aqueles vistos como seus desdobramentos. As reformas universitárias, os movimentos feminista e ecológico dos anos 70 — como "herdeiros" de 68 —, a liberação da sexualidade, a questão da subjetividade e do individualismo, a nova relação entre o adulto e o jovem, a contestação da hierarquia, as experiências de autogestão ou cogestão constituem, de modos diversos, aspectos que puderam ser lentamente assimilados, processo de assimilação que, além de ser seletivo, obscurece o caráter complexo e contraditório de 68.

Sobre este primeiro decênio, que tem como referência 1978, talvez se possa acrescentar, ainda, um outro elemento importante que o caracteriza especialmente, perde intensidade em 88 e está ligado, possivelmente, àquela complexidade que envolve 68. O profundo abalo causado pelo acontecimento, e sua duração efêmera, entre irrupção e dissolução, provoca nos seus ex-protagonistas e testemunhas, um sentimento nostálgico de uma perda, no qual é difícil localizar o seu sentido. Esse sentimento constrói uma posição de fixação num passado perdido, fixação que impede a construção de um distanciamento em relação a esse passado, para que ele se torne objeto de uma compreensão possível.

Estes três movimentos que caracterizam este primeiro decênio, a via da normalização, a via das apropriações ideológicas do acontecimento, e aquele sentimento de uma perda não reconhecível, embora distintos, têm em comum o que se poderia chamar de *recalque* do acontecimento.

Os movimentos de negação do passado (normalização), de simplificação do passado (apropriações ideológicas) e de fixação no passado (o sentimento de uma perda não reconhecível) produzem o recalque de 68, por meio da destemporalização desse passado e do próprio acontecimento. Talvez por isso se possa incorporar a questão de Morin que, ao se perguntar sobre "qual o efeito mais importante de maio de 68", afirma que este efeito "foi antes de tudo... o recalque de maio de 68" (Morin, 1988a, p. 152).

Este recalque de 68, que é o da sua complexidade e contradições, o *recalque do seu tempo histórico*, acentua-se tanto mais o acontecimento é recoberto pelo silêncio, apenas rompido nos momentos em que sua visibilidade se realiza, pela via da comemoração ou pelo seu retorno midiático. Este recalque foi tão intenso que, em 1988, nos seus vinte anos, 68 era um acontecimento muito pouco conhecido pelos jovens da nova geração, a não ser por alguns signos que restaram do processo, num primeiro momento mais violento e depois lento, de depuração dos seus significados. Estes signos que restaram e que são aqueles exatamente que a mídia coloca e recoloca em circulação não provocam um estranhamento em relação ao acontecimento, mas um reconhecimento de sentidos que são os do presente, dentro da gama, já apontada, do mais familiar ao mais exótico.

O vazio social da história e da memória não permite vê-lo como temporalidade histórica distinta do presente, que pudesse constituí-lo, no dizer de Beatriz Sarlo, como uma "afronta ao presente". Neste momento histórico caracterizado pelo que se apontou anteriormente, o "presenteísmo", 68 não pode ser percebido como alteridade em relação a esse presente, em razão mesmo do seu recalque, que significa também a impossibilidade da memória como pensamento.

Em 1998, trinta anos depois, intensifica-se mais ainda o modo como o acontecimento ganha visibilidade por via das comemorações e especialmente por meio do seu retorno midiático. Neste momento, acrescenta-se um problema a mais: a possibilidade de uma memória histórica deve, hoje, se defrontar com os efeitos que o poder espetacular midiático provocou no acontecimento 68, a partir de 1988.

Trinta anos depois, torna-se cada vez mais necessária uma reflexão sobre o significado daquela série temporal, no sentido de analisar o "destino" do acontecimento, como foi apontado. Reflexão que permita não apenas retomar a complexidade de 68 e a de seu tempo histórico, mas que possibilite ainda iluminar os contornos dos presentes históricos que o colocam em visibilidade. Complexidade de 68 e de seu tempo histórico que pode evidentemente ser enfrentada pelo saber especializado da historiografia ou das ciências sociais, desde que estas possam formular perguntas sobre o acontecimento que ultrapassem o que seria uma mera "dissecação do seu cadáver" (Morin, 1978) e possam reinscrevê-lo como questão, como um dos acontecimentos fundamentais do mundo contemporâneo. De qualquer modo, permanece como problema o fato de que é muito mais difícil a sua inscrição na memória histórica como *questão* e não como informações descontextualizadas ou apropriações identitárias, cuja expressão vazia mais acabada talvez seja "geração 68".

A complexidade de 68 e de seu tempo histórico passa por sentidos contraditórios ou ambíguos, que impedem uma reconstrução identitária do acontecimento: a sua simultaneidade que lhe dá um caráter internacional, as singularidades históricas de cada país em que irrompeu, a surpresa que suscitou, a sua incongruência em relação às teorias e doutrinas que davam conta da nossa sociedade, a sua dimensão revolucionária que condensava signos de outros momentos revolucionários do passado, as suas orientações revolucionárias distintas que representavam estratégias diversas para a revolução, o seu caráter apenas reivindicativo — na ótica de uma ampliação de benefícios sociais, políticos ou econômicos —, o seu caráter de resistência, a sua dimensão de "crise de civilização", o seu caráter de contestação do poder burocrático ou tecnocrático, a crítica da unidimensionalidade da sociedade, o seu caráter de "crise de geração", a sua dimensão mais existencialista, libertária ou anarquista, a sua dimensão de desdobramento do surrealismo.

A complexidade de 68 e de seu tempo histórico passa ainda, como se pôde ter uma ideia aproximada a partir destas referências, por sentidos que irrompem como inteiramente novos e por releituras e retraduções de movimentos ou acontecimentos passados.

O acontecimento de 68 como *abertura*[1] tendo significado a irrupção, não de uma identidade, mas de um questionamento dela, por vias diversas e em intensidades diferentes, questionamento este que era o de uma certa ordem social, foi seguido, como se procurou mostrar, quase imediatamente por um fechamento. A busca dos sentidos de 68, a partir da atualidade, deveria colocar como problema justamente este *intervalo* entre abertura e fechamento. Isso porque os sentidos que vieram para o presente, seja através da via das comemorações, seja através do retorno midiático, são a expressão ou do processo de normalização que se segue ao acontecimento, ou das apropriações ideológicas que dele foram feitas.

A sutura da abertura, resultado desses dois movimentos, responsável pela produção das "unidades imaginárias" que sobre os acontecimentos se construiu, e que são postas em circulação, nos intervalos regulares de tempo, foi a sutura de uma *falta*, que deu origem aos questionamentos ou, se se quiser, à crítica social. Falta que significava poder perceber a ordem, não como identidade fechada de sentido, mas como dividida por sentidos, isto é, *histórica*.

O que se comemora hoje, ou o que vem por meio do retorno midiático, são as apropriações ideológicas do acontecimento reduzidas ao menor denominador comum do passado.

Os sentidos complexos e contraditórios que irromperam na abertura são impossíveis de ser comemorados, não apenas porque não podem se constituir em unidades de sentido, mas porque também não podem ser reconhecidos por um presente, no qual, do ponto de vista social, o questionamento de uma ordem, que pode ser vista como histórica, deixou de ter lugar ou, no limite, é visto como um arcaísmo.

(1998)

---

[1] O termo *brecha*, expressão de Cohn-Bendit, retomada em 68 mesmo por Lefort, Morin e Castoriadis, no livro *Mai 1968 — La brèche* (Morin, Lefort, Coudray, 1968), ainda faz sentido atualmente. Coudray foi o pseudônimo utilizado por Castoriadis durante a Segunda Guerra Mundial, e por alguma razão foi retomado por ocasião da elaboração desse livro.

REFERÊNCIAS BIBLIOGRÁFICAS

ARENDT, H. "A quebra entre o passado e o futuro". In: *Entre o passado e o futuro*. São Paulo: Perspectiva, 1972.

BENJAMIN, W. "Sobre alguns temas em Baudelaire". In: *Benjamin, Adorno, Horkheimer, Habermas — Os Pensadores*. São Paulo: Abril Cultural, 1980.

BROSSAT, A. *et al.* "Introduction". In: *A l'Est, la mémoire rétrouvée*. Paris: Éditions La Découverte, 1990.

CARDOSO, I. "Memória de 68: terror e interdição do passado". *Tempo Social — Revista de Sociologia da USP*, vol. 2, n° 2, 2° semestre de 1990.

DEBORD, G. *A sociedade do espetáculo*. Rio de Janeiro: Contraponto, 1997.

GARCIA, P. "La révolution momifiée". In: *Concevoir la révolution, 89, 68, confrontations. Espace Temps — Réfléchir les sciences sociales*. Paris: 38/39, 1988.

HOBSBAWM, E. *A era dos extremos: o breve século XX (1914-1991)*. São Paulo: Companhia das Letras, 1995.

_____. "Entrevista". *Folha de S. Paulo*, Caderno Mais!, 23/06/1997.

LE GOFF, J. "Memória". In: *História e memória*. Campinas: Ed. Unicamp, 1990.

MORIN, E.; LEFORT, C.; COUDRAY, J.-M. *Mai 1968 — La brèche: premières réflexions sur les événements*. Paris: Fayard, 1968.

MORIN, E. "O jogo em que tudo mudou". *O Estado de S. Paulo*, suplemento especial "Maio de 68: a primavera do nada", 07/05/1978.

_____. "Mai (1978)". In: MORIN, E.; LEFORT, C.; CASTORIADIS, C. *Mai 68 — La brèche: suivi de vingt ans après*. Bruxelles: Éditions Compléxes, 1988a.

_____. "L'ère des ruptures". In: *Concevoir la révolution, 89, 68, confrontations. Espace Temps — Réfléchir les sciences sociales*. Paris: 38/39, 1988.

ORY, P. "La beauté du mort". In: *Concevoir la révolution, 89, 68, confrontations. Espace Temps — Réfléchir les sciences sociales*. Paris: 38/39, 1988.

12.
FOUCAULT E A NOÇÃO DE ACONTECIMENTO

A partir da análise das últimas obras de Foucault, *O que é o Iluminismo* (Foucault, 1984c; 1988) e *História da sexualidade II — O uso dos prazeres* (Foucault, 1984a), destacarei o que ele chama de sua escolha filosófica de um pensamento crítico que toma a forma de uma ontologia da atualidade. Referindo-se ao que considera as duas grandes tradições críticas fundadas por Kant, a de uma "filosofia crítica que se apresentará como uma filosofia analítica da verdade em geral" e a de "um pensamento crítico que tomará a forma de uma ontologia de nós mesmos, de uma ontologia da atualidade", inscreve-se na segunda tradição, que se caracteriza pela interrogação crítica: "O que é a nossa atualidade? Qual é o campo atual das experiências possíveis?" Uma "ontologia do presente; uma ontologia de nós mesmos" (Foucault, 1984c, pp. 111-2).

Referindo-se à questão do cuidado ético entre os gregos, questiona o sentido dessa "problematização", afirmando que "esta é a tarefa de uma história do pensamento por oposição à história dos comportamentos ou das representações". Trata-se de "definir as condições nas quais o ser humano 'problematiza' o que ele é e o mundo no qual ele vive" — a sua atualidade (Foucault, 1984a, p. 14).

Focalizar o mundo grego desse modo significa que a história do pensamento é construída a partir da tradição crítica na qual Foucault se inscreve, de uma ontologia da atualidade, que problematiza a Grécia clássica, não como "valor exemplar", nem como "algo ao qual retroceder". Mas entendendo que "entre as invenções culturais da humanidade, há as que constituem ou ajudam a constituir um certo ponto de vista que pode ser muito útil como uma ferramenta para analisar o que está acontecendo agora — e modificá-lo" (Foucault, 1984e, pp. 47 e 49). Essa problematização de um cuidado ético como um "tipo de relação que você deve ter consigo próprio, *rapport à soi*, (...) e que determina como o indivíduo se constitui como sujeito moral de suas próprias ações", a partir de um domínio de si, constrói-se a partir de uma questão atual, a das liberações, a da liberdade. Essa questão, por sua vez, está inscrita na tradição kantiana da *Aufklärung*, "inscrita desde o século XVIII em nosso pensamento", tradição que caracteriza "o *ethos* filosófico presente na crítica ontológica de nós mesmos como uma prova histórico-prática dos limites que podemos ultrapassar e desta maneira como um trabalho levado a cabo por nós mesmos, sobre nós mesmos, como seres livres" (Foucault, 1984e, p. 51; 1988, p. 301). Num texto bem anterior, de 1978, Foucault, perguntando "o que é a crítica" e inscrevendo-a na tradição kantiana afirmava que é possível interrogar os gregos "sem nenhum anacronismo, mas a partir de um problema que é e que foi em todo caso percebido por Kant como sendo um problema da *Aufklärung*". Não se trata de dizer que os gregos do século V são um pouco como os filósofos do século XVIII, "mas sim de tentar ver sob quais condições, ao custo de que modificações e generalizações podemos aplicar, a qualquer momento da história, esta questão da *Aufklärung*: as relações dos poderes, da verdade e do sujeito" (Foucault, 1990, pp. 46-7, 58).

    A questão colocada por Foucault "o que é a nossa atualidade?" tem como implicação tomar a noção de acontecimento como constitutiva desta interrogação. Interrogar a atualidade é questioná-la como acontecimento na forma de uma problematização.

    Este tipo de interrogação define o campo das preocupações filosóficas de Foucault nas últimas obras, embora possamos encontrá-lo em textos anteriores que já o enunciam: "Qu'est-ce que la critique? [Critique et Aufklärung]" de 1978 (Foucault, 1990) e "La vie: l'expérience et la science" publicado em 1985, mas que se constitui em pequena modificação da introdução à edição norte-americana de *O normal e patológico*, de Canguilhen, em 1978 (Foucault, 1985b).

É preciso dizer ainda que as noções de acontecimento, de problematização e de atualidade já estavam presentes em suas análises anteriores. Em *A arqueologia do saber*, de 1969 (Foucault, 1972, p. 152), e "Nietzsche, a genealogia e a história", de 1971 (Foucault, 1979, p. 28), a noção de acontecimento é central como a irrupção de uma singularidade única e aguda, no lugar e no momento da sua produção. Em *A arqueologia do saber*, ainda, a noção de atualidade, que se diferencia da noção de presente, aparece como a "borda do tempo que envolve nosso presente, que o domina e que o indica em sua alteridade" (Foucault, 1972, pp. 162-3). A noção de problematização é considerada por Foucault como "forma comum aos seus estudos" desde a *História da loucura*. Alerta, no entanto, que se deveria considerar "isto com cuidado" pois não havia ainda isolado suficientemente esta noção (Foucault, 1984b, p. 76).

No entanto, a grande novidade das últimas obras é que Foucault explicitamente se inscreve no que considera a tradição crítica herdeira de Kant, a de uma ontologia da atualidade: "forma de filosofia que de Hegel à Escola de Frankfurt, passando por Nietzsche e Max Weber, fundou uma forma de reflexão" dentro da qual tentou trabalhar — embora essa referência também já estivesse enunciada no texto de 1978 (Foucault, 1984c, p. 112; 1990, pp. 43-6). Além disso a sua preocupação filosófica está construída, ainda, por uma interrogação sobre a atualidade como acontecimento. Diferenciando a atualidade do presente, é o acontecimento que constrói a interrogação sobre o que somos, na perspectiva dos "limites contemporâneos do necessário, isto é, para aquilo que não é, ou já não é, indispensável para a constituição de nós mesmos, como sujeitos autônomos": a problematização (Foucault, 1988, p. 298).

Procurarei, na medida do possível, caracterizar a partir dos seus últimos textos, a noção de atualidade e a noção de acontecimento; tentarei ainda explicitar por que interrogar a atualidade é problematizá-la como acontecimento e nestes dois movimentos de análise extrair elementos para pensar a concepção de temporalidade histórica que está implicada na utilização dessas noções. Considero relevante nessa concepção uma influência heideggeriana, no que se refere ao modo como a historicidade está sendo problematizada. Esta referência não se constitui como arbitrária pois se revela a partir da análise dos textos antes mencionados. Não é arbitrária, ainda, porque Foucault, embora tenha afirmado que nunca tivesse escrito sobre Heidegger, diz também que, ao lado de Nietzsche, estes se constituíram nas suas "duas experiências fundamentais". "Todo o meu devir filosófico foi determinado por minha leitura de Heidegger (...) é importante ter um pequeno número de autores com os quais se pensa, com os quais se trabalha, mas sobre os quais não se escreve", que se constituem em "instrumentos de pensamento" (Foucault, 1984d, pp. 134-5).

As questões que Foucault formula sobre a atualidade revelam a importância atribuída a essas noções e, simultaneamente, a diferenciação que estabelece entre elas (Foucault, 1984c, 1988). A noção de atualidade não é idêntica à noção de presente, mas é construída a partir de um certo tipo de temporalização deste.

Referindo-se ao texto de Kant, "O que é o Iluminismo", que teria feito surgir um novo tipo de questão no campo da reflexão filosófica concernente à história, formula a sua problematização: "A questão que me parece surgir pela primeira vez neste texto de Kant é a questão do *presente*, a questão da *atualidade*: que é que se passa *hoje*? Que é que se passa agora? E o que é este 'agora', no interior do qual estamos uns e outros; e quem define o momento em que escrevo" (Foucault, 1984c, p. 103 — destaques meus). "A questão tem por objeto o que é este presente, tem por objeto inicialmente a determinação de *um certo elemento do presente* que se trata de reconhecer, de distinguir entre todos os outros. O que é que, no *presente*, faz sentido *atualmente* para uma reflexão filosófica" (p. 104 — destaques meus).

Em "Que es la Ilustración?", Foucault considera o texto de Kant como estando na "encruzilhada da reflexão crítica e da reflexão histórica": uma reflexão de Kant sobre o *status* contemporâneo de sua própria iniciativa". Uma "reflexão sobre a história e uma análise particular do momento específico no qual escreve e por que escreve". Uma reflexão sobre "o presente como diferença histórica", "motivo para uma particular tarefa filosófica", que se constituiria numa grande novidade (Foucault, 1988, p. 294). Há uma distinção, portanto, entre o presente e o atual, entre o hoje e o agora. O atual é construído a partir de um "certo elemento do presente que se trata de reconhecer", como "diferença histórica". Este reconhecimento, que é o da crítica, da problematização, desatualiza o presente, desatualiza o hoje, no movimento de uma interpelação. Nesse sentido o presente não é dado, nem enquadrado numa linearidade entre o passado e o futuro. Mas enquanto atualidade, no movimento de uma temporalização, o que somos é simultaneamente a expressão de uma força que já se instalou e que continua atuante, na expressão heideggeriana, do "vigor de ter sido presente" e o que nos tornamos, o que estamos nos tornando, enquanto abertura para um campo de possibilidades (cf. Heidegger, 1990, pp. 186-92).

Assim é que a atualidade é atualização e porvir, mas também desatualização do hoje. Diante da questão "O que é *Aufklärung*", a interrogação sobre a atualidade não supõe uma manutenção fiel aos "elementos doutrinários", mas como atualização seria, antes, a de uma "reativação permanente de uma atitude; isto é, [de] um *ethos* filosófico que poderia descrever-se como uma crítica permanente de nossa era" (Foucault, 1988, p. 298). A questão, portanto, não seria a de retrospectivamente orientar-se para o "miolo essencial da racionalidade", que se pode encontrar na *Aufklärung*, mas para os "limites contemporâneos do necessário, isto é, para aquilo que não é ou já não é indispensável para a constituição de nós mesmos como sujeitos autônomos" (p. 298). O movimento de atualização é também porvir, pois a interrogação sobre a atualidade é uma "atitude limite": "devemos nos mover mais além das alternativas internas e externas; colocando-nos na fronteira", no ponto de uma "transgressão possível" (p. 300).

A interrogação sobre "o que é a nossa atualidade" supondo o movimento de atualização e porvir constitui-se numa crítica do presente, e nesse sentido, desatualizando o hoje, re-inscreve, pela reativação permanente de uma certa atitude referente a *Aufklärung*, algo "que permanece nos enfrentando" (Heidegger, 1964, p. 224).

Talvez, a partir dessas considerações, seja possível indicar em que termos Foucault vai considerar, a partir de Kant, que a *Aufklärung* e a Revolução Francesa constituiram-se como "acontecimentos que não se podem mais esquecer": quando a "constituição política escolhida à vontade pelos homens e uma constituição política que evita a guerra são o processo mesmo da *Aufklärung*" (Foucault, 1984c, p. 110).

Pode-se indicar como Foucault, a partir de Kant, entende que a filosofia pela primeira vez problematiza sua própria "atualidade discursiva: atualidade que ela questiona como acontecimento, como um acontecimento do qual ela pode dizer o sentido, o valor, a singularidade filosófica" (Foucault, 1984c, p. 104). "O que é *Aufklärung*, o que é a Revolução, são as duas formas sob as quais Kant colocou a questão da sua própria atualidade. São também, creio, as duas questões que não cessaram de perseguir senão toda a filosofia moderna, desde o século XIX, pelo menos grande parte desta filosofia". A *Aufklärung* "não é simplesmente para nós um episódio na história das ideias. Ela é uma questão filosófica inscrita desde o século XVIII em nosso pensamento. Deixemos à sua devoção aqueles que querem que se guarde viva e intacta a herança da *Aufklärung*. Esta devoção é certamente a mais comovedora das traições. Não são os restos da *Aufklärung* que se trata de preservar; é a questão mesma deste acontecimento e do seu sentido (a questão da historicidade do pensamento universal) que é preciso manter presente e guardar no espírito como aquilo que deve ser pensado" (p. 111).

Essas afirmações de Foucault permitem entender que "O que é a *Aufklärung*" e "O que é a Revolução" constituem-se no modo como Kant interpelou a sua própria atualidade, em questões reativadas desde o século XVIII e inscritas no pensamento de nossa atualidade. A herança da *Aufklärung* e da Revolução Francesa não se configura como um "passado simplesmente dado". Mas essas questões, enquanto revelação de um acontecimento e do sentido desse acontecimento, devem ser mantidas presentes como aquilo que deve ser pensado. A reativação e a manutenção da presença dessas duas questões concernem à sua atualização — à sua re-inscrição permanente no pensamento desde o século XVIII até o presente. Manter presente o acontecimento é impedi-lo de se dissipar na dispersão do tempo, no esquecimento, é guardá-lo no espírito como aquilo que deve ser pensado. É a manutenção de uma memória como o re-colher do já pensado — memória como pensamento sobre aquilo que foi pensado, no sentido ainda de aguardar o não pensado que aí se esconde (Heidegger, 1990, p. 220; 1966, pp. 161 e 165; Foucault, 1972, pp. 153-5).

É nesse contexto que podemos compreender que para Foucault "a questão para a filosofia não é determinar qual a parte da revolução que conviria preservar e fazer valer como modelo. É preciso saber o que é preciso fazer desta vontade de revolução, deste 'entusiasmo' pela Revolução que é outra coisa que o empreendimento revolucionário. As duas perguntas 'o que é *Aufklärung*' e 'que fazer da vontade de Revolução' definem sozinhas o campo da interrogação filosófica que concerne àquilo que somos em nossa atualidade" (Foucault, 1984c, p. 111).

É a partir daí que fazem sentido as interrogações de Foucault: "O que é a nossa atualidade? Qual o campo atual das experiências possíveis?".

Nessa direção, ainda, é possível compreender a interpretação que Foucault faz da problematização de Kant sobre o entusiasmo pela Revolução Francesa como acontecimento, signo de uma disposição moral da humanidade, que se manifesta permanentemente sob dois aspectos: o direito que um povo tem de elaborar independentemente sua constituição e o princípio conforme ao direito e à moral de uma constituição política tal que evite toda guerra ofensiva. Este signo é *rememorativum* porque "revela essa disposição presente desde a origem"; *demonstrativum* porque "mostra a eficácia presente dessa disposição"; *prognosticum*, "pois se há muitos resultados da Revolução que podem ser colocados em questão, não se pode esquecer a disposição que se revelou através dela" (Foucault, 1984c, p. 109). Nesse sentido a Revolução como acontecimento é uma "virtualidade permanente e que não pode ser esquecida" (p. 110). Nos três registros apontados trata-se da *presença* ou da manutenção da *presença* (o não esquecimento) dessa disposição como um acontecimento-signo, seja como reativação ou projeção na história.

Essa concepção de Foucault sobre o acontecimento Revolução Francesa e *Aufklärung*, como aquilo que se constitui através da problematização que Kant faz de sua própria atualidade, é também algo que se inscreve no pensamento da modernidade e se coloca para a nossa atualidade como alguma coisa que nos concerne — enquanto possibilidade de "constituição de nós mesmos como sujeitos autônomos" (Foucault, 1988, p. 298).

Neste movimento há uma temporalização do acontecimento que indica uma certa concepção de historicidade. Como diz Foucault, não se trata de tomar a *Aufklärung* como um "miolo essencial da racionalidade", como herança guardada viva e intacta, ou ainda, como preservação dos seus restos. Não se trata também de considerar a Revolução Francesa como o Grande Acontecimento, nem como modelo a ser preservado. Mas o que importa é "manter presente e guardar no espírito como aquilo que deve ser pensado", é a "questão mesma do acontecimento e do seu sentido" — a "questão da historicidade do pensamento universal" (Foucault, 1984c, p. 111).

Para poder compreender essa ideia de historicidade do pensamento na perspectiva de Foucault, enquanto articulada com a noção de acontecimento, é preciso, antes, caracterizar esta noção.

Se, em *A arqueologia do saber* e em "Nietzsche, a genealogia e a história" (Foucault, 1972; 1979), Foucault entende o acontecimento como a irrupção de uma singularidade única e aguda, no lugar e no momento de sua produção, no "*Theatrum Philoso-*

ficum" (Foucault, 1980, pp. 46-51), comentando Deleuze, vai definir o "sentido-acontecimento" como sendo "sempre tanto a ponta deslocada do presente como a eterna repetição do infinitivo". Neste sentido, no exemplo que toma: "morrer nunca se localiza na espessura de algum momento, antes a sua ponta móvel divide infinitamente o mais breve *instante*; morrer é muito mais pequeno que o momento de pensá-lo; e de uma outra parte desta hediondez sem espessura morrer repete-se *indefinidamente*. Eterno presente? Com a condição de pensar o presente sem plenitude e o eterno sem unidade: Eternidade (múltiplo) do presente (deslocado)" (pp. 48-9 — destaques meus). É a partir dessa concepção que critica uma filosofia da história que "encerra o acontecimento no ciclo do tempo (...) converte o presente numa figura enquadrada pelo futuro e pelo passado; o presente é o anterior futuro que já se desenhava na sua própria forma, e é o passado por chegar que conserva a identidade do seu conteúdo. Precisa, pois, por um lado, de uma lógica de essência (que a fundamenta na memória) e do conceito (que estabeleça como saber futuro) e, por outro lado, de uma metafísica do cosmos coerente e acrescida, do mundo em hierarquia. Três filosofias, pois, que deixam escapar o acontecimento" (p. 50).

Foucault, caracterizando o *ethos* filosófico como um pensamento crítico que nos liga à *Aufklärung*, afirma que essa crítica, referindo-se então à sua própria atualidade, "se separará da contingência que nos fez ser como somos, [levando-nos] à possibilidade de não sê-lo mais, de pensar e atuar diferente. Não é buscar tornar possível uma metafísica que finalmente se converte numa ciência, mas sim buscar dar novos ímpetos, tanto quanto seja possível, ao *indefinido trabalho da liberdade*" (Foucault, 1988, p. 301 — destaque meu).

Nesta passagem, o "sentido-acontecimento" poderia ser simultaneamente definido como o infinitivo acontecer da liberdade — "indefinido trabalho da liberdade" — e a "ponta deslocada do presente" — o "buscar dar novos ímpetos" ou o "relançar-se" da crítica no sentido de uma "apropriação" da liberdade como possibilidade de "pensar e atuar diferente" do que pensamos e atuamos: uma reflexão sobre os "limites" de nossa finitude histórica. Neste sentido ainda, o acontecimento pode ser considerado como uma abertura de um campo de possibilidades: "qual o campo atual das experiências possíveis?"

Pode-se aproximar ainda a noção de acontecimento de Foucault à acepção que Deleuze dá a ela: de um "entre-tempo" como "espera e reserva" (Deleuze, 1993, pp. 203-4), ou ainda como o "ins-tante" (*Augenblick*), como o conjunto de tudo o que do porvir e do vigor de ter sido se concentra e condensa na dinâmica de uma unidade (Heidegger, 1990, pp. 197, 204).

Não se pode isolar, no entanto, a noção de *acontecimento*, das noções de *problematização* e de *atualidade*. Pois como já se disse anteriormente, para Foucault, com Kant "a filosofia pela primeira vez problematiza a sua própria atualidade discursiva: atualidade que ela questiona como acontecimento, do qual ela pode dizer o sentido, o valor, a singularidade filosófica (...)" (Foucault, 1984c, p. 104). A problematização da atualidade como acontecimento constitui-se num certo movimento do pensamento, da crítica, que desatualiza o hoje, o presente, fazendo da atualidade uma "borda do tempo que envolve nosso presente, que o domina e que o indica em sua alteridade" (Foucault, 1972, pp. 162-3).

A problematização, como crítica, se constituiria num certo "*ethos* filosófico", entendendo por *ethos*, no sentido grego: "uma atitude (...) uma maneira de relacionar-se com a realidade atual, a opção voluntária pela qual optam algumas pessoas e, finalmente, uma maneira de pensar e de sentir; uma forma de atuar e conduzir-se que, ao mesmo tempo, marca a relação de pertinência e de apresentação de si mesma como uma tarefa" (Foucault, 1988, p. 295).

Se o que nos liga à *Aufklärung* é uma reativação permanente de "um *ethos* filosófico que poderia descrever-se como a crítica permanente de nossa era", compreende esse *ethos* como uma "atitude limite — reflexão sobre os limites" no sentido de "transformar a crítica conduzida até agora na forma de uma limitação necessária, em uma crítica prática de uma transgressão possível"

(Foucault, 1988, pp. 298, 300). Se a "reflexão kantiana é ainda uma maneira de filosofar que não perdeu a sua importância ou efetividade durante os últimos dois séculos", a "crítica ontológica de nós mesmos não deve ser considerada somente como uma teoria, uma doutrina, nem sequer como um corpo permanente de conhecimentos que foram se acumulando; deve conceber-se como uma atitude, um *ethos*, uma vida filosófica onde a crítica ao que somos é ao mesmo tempo uma análise histórica dos limites que se nos impõem e um *experimento* que torna possível ultrapassá--los" (Foucault, 1988, p. 304 — destaque meu).

Nessa linha de reflexão — sobre a problematização como acontecimento — talvez se possa indicar que, nesse sentido, problematização seja um modo de apropriação do acontecimento pelo pensamento, por meio de um questionamento da atualidade. A problematização constitui-se numa abertura do pensamento diante da abertura do acontecimento. Este movimento de apropriação do acontecimento pelo pensamento é simultaneamente reserva — apropriação do já pensado — e espera — como o aguardar por todos os lados, no interior do já pensado, o não pensado ainda (Heidegger, 1958, p. 165). Esse movimento do pensamento, a problematização, é ainda *experimento*, no sentido antes indicado por Foucault, que se aproxima da perspectiva heideggeriana da experiência como aquilo que consiste em nos afetar e transformar (Figueiredo, 1994, p. 121). Neste sentido o pensamento é problematização e experimento (Deleuze, 1988, p. 124).

Assim é que para Foucault a tarefa desse *ethos* filosófico, da crítica, não é a de perseguir uma "continuidade meta-histórica através do tempo", nem suas "variações", mas a busca de "determinadas figuras históricas" e da "*experiência* que temos dela em nós mesmos", "por via de certas formas de problematização". "O estudo dos modos de problematização (isto é, o que não é uma constante antropológica nem uma variação cronológica) é portanto uma maneira de analisar perguntas de importância geral em sua forma histórica única" (Foucault, 1988, pp. 303-4 — destaque meu).

A problematização é um trabalho interrogativo do pensamento: "O que é *Aufklärung*?"; "O que é a Revolução?"; "O que é que se passa hoje?" (Foucault, 1984c, p. 35); "O que é a crítica?" (Foucault, 1990, p. 35). Trata-se de "uma atitude filosófica [que] deve traduzir-se em um trabalho de diversas perguntas" (...) e "tem sua coerência teórica na definição de formas históricas únicas, onde as generalidades de nossas relações com as coisas, com os outros, com nós mesmos, foram problematizadas" (Foucault, 1988, p. 304). Quando Foucault incorpora a questão de Kant "o que é *Aufklärung*?" toda a sua interpretação é marcada pelas problematizações constituindo-se num "trabalho de diversas perguntas".

Não é possível deixar de lado uma referência a Heidegger, quando ele diz que: "escrevo todas estas coisas em forma de perguntas, pois, tanto quanto vejo, um pensamento não é hoje capaz de outro passo que não seja meditar insistentemente sobre aquilo que suscitam as interrogações levantadas" (Heidegger, 1969, p. 38).

O trabalho interrogativo sobre a "herança" da *Aufklärung*, como já se disse anteriormente, não é o de preservá-la intacta, mas se trata, antes, de um certo modo de ligar-se à "tradição", em que a problematização pelo pensamento é fundamental.

Como afirma Heidegger: "A tradição não nos entrega à prisão do passado (...). Transmitir, *delivrer*, é um libertar para a liberdade do diálogo com o que foi e continua sendo" (Heidegger, 1979b, p. 15). Ou ainda: "Que quer que pensemos e qualquer que seja a maneira como procuramos pensar sempre nos movimentamos no âmbito da tradição. Ela impera quando nos liberta do pensamento que olha para trás e nos libera para um pensamento do futuro (...). Mas, somente se nos voltarmos pensando para o já pensado, seremos convocados para o que ainda está para ser pensado" (Heidegger, 1979a, p. 187).

Na perspectiva de Foucault o trabalho interrogativo que caracteriza o *ethos* filosófico presente na crítica ontológica de nós mesmos, a partir da *Aufklärung*, consiste numa "prova histórico-prática dos limites que podemos ultrapassar [o experimento] e desta maneira como um trabalho levado a cabo *por nós mes-*

mos, sobre nós mesmos, como seres livres" (Foucault, 1988, p. 301 — destaques meus). Um trabalho sobre "os 'limites contemporâneos do necessário', isto é, para aquilo que não é, ou já não é, indispensável para a constituição de nós mesmos como *sujeitos autônomos*" (Foucault, 1988, p. 298 — destaque meu). Nessa perspectiva, ainda, esse trabalho da crítica não busca as "estruturas formais como valor universal", mas sim "uma investigação histórica dos fatos que nos conduziram a nos constituirmos a nós mesmos e a nos reconhecermos como *sujeitos do que fazemos, pensamos e dizemos*" (p. 300 — destaques meus).

A "herança" da *Aufklärung* inscrita na problematização que Foucault faz de sua própria atualidade, como uma reativação pelo pensamento da questão da autonomia e da liberdade do sujeito, questiona os limites do "estado de coisas" atual, a "finitude histórica" do seu presente. Nesse movimento, a herança da *Aufklärung* é simultaneamente uma possibilidade herdada e escolhida. É através da escolha, que se manifesta no modo como a problematização da atualidade se propõe, que se dá a transmissão das possibilidades legadas, como aquilo que "permanece nos enfrentando" hoje. Nesse sentido a possibilidade é herdada porque ela é possível, mas só se torna efetiva a partir da decisão que a escolhe (Heidegger, 1990, pp. 189-90; 1964, p. 224).

Nesta direção pode-se acrescentar, ainda, um outro traço importante desse "*ethos* filosófico", como uma "crítica ontológica de nós mesmos". Esse *ethos* teria "sua coerência prática na *inquietude* que produz o processo de pôr à prova a reflexão histórico-crítica de práticas concretas. Não se deve dizer, hoje em dia, que esta tarefa crítica ocasiona confiança na Ilustração; mas continuo pensando que esta tarefa requer trabalhar sobre nossos limites, isto é, *um trabalho paciente proveniente de nossa impaciência pela liberdade*" (Foucault, 1988, p. 304 — destaque meu).

Esta "inquietude" que se expressa na "impaciência pela liberdade" e que "produz o processo de pôr à prova a reflexão crítica de práticas concretas", enquanto uma "atitude limite", reativa a "herança" de um passado, como aquilo que permanece nos enfrentando como questão, e exige um "trabalho paciente" sobre "nossos limites", na direção de uma "transgressão possível" — a projeção de um campo de possibilidades.

É neste movimento de temporalização do pensamento, que revela uma certa concepção de historicidade, que Foucault formula a sua problematização sobre os gregos da Grécia clássica. É a partir dessa "inquietude" como "impaciência pela liberdade" que ele questionará os limites que a "problemática das liberações" coloca para a sua atualidade; quando indica que esta problemática está presa nos termos mesmos que o poder que ela denuncia lhe impõe. Neste sentido, como já se disse anteriormente, mas convém reafirmar, os gregos não se constituem em "valor exemplar", nem em "algo ao qual retroceder". Mas podem ajudar a constituir um "certo ponto de vista (...) para analisar o que está acontecendo agora — e modificá-lo" (Foucault, 1984e, pp. 47 e 49).

Como afirma Deleuze, analisando Foucault: "Nenhuma solução pode ser transposta de uma época à outra, mas pode haver usurpações ou invasões de campos problemáticos, fazendo os 'dados' de um velho problema serem reativados em outros. (Talvez haja ainda um grego dentro de Foucault, uma certa confiança numa 'problematização' dos prazeres...)" (Deleuze, 1988, p. 122).

Nesse sentido, o que é reativado da problemática grega, pela interrogação sobre os limites da "problemática das liberações" na atualidade, é o que Foucault chama "ética", entendida como "um domínio de si", "um tipo de relação que determina como o indivíduo se constitui como sujeito moral de suas próprias ações" (Foucault, 1984e, p. 51).

Como afirma F. Ewald, os últimos textos de Foucault — *O uso dos prazeres* e *O cuidado de si* (Foucault, 1984a; 1985) — apresentam uma inflexão importante em seu pensamento: passa da "problemática do governo dos outros à do governo de si mesmo". A sua análise indica "a maneira como o sujeito se constitui como sujeito em um campo onde ele é livre com relação a códigos e interdições, segundo os procedimentos de subjetivação que são os da ética". "Com a ideia do cuidado ético, de uma estética da existência, Foucault indica, hoje, uma maneira de sair dos impasses que continha a sua problemática das 'liberações'" (Ewald, 1984, pp. 72-3).

É importante ressaltar, ainda, contra aquilo que se poderia considerar como um exacerbado individualismo que caracterizaria o último Foucault, que a sua problematização sobre a ética e a liberdade no pensamento grego considera que esta liberdade "não é simplesmente refletida como a independência de toda a cidade".

"A liberdade que convém instaurar é evidentemente aquela dos cidadãos no seu conjunto, mas é também, para cada um, uma certa forma de relação do indivíduo para consigo (...). A atitude do indivíduo em relação a si mesmo, a maneira pela qual ele garante sua própria liberdade no que diz respeito aos seus desejos, a forma de soberania que ele exerce sobre si, são elementos constitutivos da felicidade e da boa ordem da cidade" (Foucault, 1984a, pp. 73-4). Mais ainda, e de um certo modo relacionando a "problemática do governo dos outros à do governo de si mesmo" enfatiza que a liberdade "na sua forma plena e positiva (...) é poder que se exerce sobre si, no poder que se exerce sobre os outros; (...) quem deve comandar os outros é aquele que deve ser capaz de exercer uma autoridade perfeita sobre si mesmo (...). A temperança entendida como um dos aspectos de soberania sobre si é não menos do que a justiça, a coragem ou a prudência, uma virtude qualificadora daquele que tem a exercer domínio sobre os outros" (p. 75).

Para Foucault, ainda, a liberdade "que caracteriza o modo de ser do homem temperante não pode conceber-se sem uma relação com a verdade. Dominar os seus próprios prazeres e submetê-los ao *logos*, formam uma única e mesma coisa" (Foucault, 1984a, p. 79). "Não se pode constituir-se como sujeito moral no uso dos prazeres sem constituir-se ao mesmo tempo como sujeito de conhecimento" (p. 80). Essa relação com a verdade abre-se para uma "estética da existência". "Deve-se entender com isto uma maneira de viver cujo valor não está em conformidade a um código de comportamentos nem em um trabalho de purificação, mas depende de certas formas, ou melhor, certos princípios formais gerais no uso dos prazeres, na distribuição que deles se faz, nos limites que se observa, na hierarquia que se respeita. Pelo *logos*, pela razão e pela relação com o verdadeiro que a governa, uma tal vida inscreve-se na manutenção ou reprodução de uma ordem ontológica; e, por outro lado, recebe o brilho de uma beleza manifesta aos olhos daqueles que podem contemplá-la ou guardá-la na memória" (p. 82).

Essa problematização da ética no pensamento grego, realizada por Foucault, capta aquilo que seria uma singularidade única: a problematização ética entre os gregos dava-se em domínos da vida em que imperava a liberdade. Nestes domínios o homem grego tinha liberdade de decisão sobre suas ações. Neste sentido, "a liberdade não seria uma possibilidade ética entre outras mas a possibilidade mesma da ética" (Fonseca, 1994, p. 114).

Foucault, numa interrogação sobre a sua atualidade, que indica os "impasses da problemática das liberações" — os limites do pensamento no presente — neste mesmo movimento nela reinscreve a problemática de uma ética da existência — e da liberdade — como acontecimento. Num "trabalho paciente proveniente de nossa impaciência pela liberdade", o trabalho da crítica, do pensamento, Foucault problematiza na sua atualidade a possibilidade do que seria "indispensável para a constituição de nós mesmos como sujeitos autônomos". E reativa, por meio desse trabalho, um certo modo de pensar a constituição do sujeito por si mesmo como ser livre e um certo modo de pensar a liberdade, como alguma coisa que permanece nos enfrentando como questão na atualidade.

Este acontecimento, re-inscrito na crítica ontológica da atualidade, pode ser entendido como uma "ponta deslocada do presente", na perspectiva de uma desatualização do hoje, do presente. Nesse movimento, a problematização da nossa atualidade configura-se como uma abertura do pensamento, que é simultaneamente reserva e espera — o re-colher do já pensado e a possibilidade que nos convoca a pensar sobre o não pensado ainda, no interior do já pensado.

Trata-se, como diz Foucault, interpretando o seu próprio trabalho, de uma "história do pensamento", que quer dizer "não simplesmente história das ideias ou das representações, mas também a tentativa de responder a esta pergunta: *como é que um saber pode se constituir?*" (Foucault, 1984b, p. 75 — destaque meu). Como afirma Deleuze: "certamente uma coisa perturba Foucault, e é o pensamento. 'Que significa pensar? O que se chama pensar?' — a pergunta lançada por Heidegger, retomada por Foucault, é a mais importante de suas flechas. Uma história, mas do pensamento enquanto tal. Pensar é experimentar, é problematizar" (Deleuze, 1988, p. 124).

(1995)

REFERÊNCIAS BIBLIOGRÁFICAS

DELEUZE, G. *Foucault*. São Paulo: Brasiliense, 1988.

DELEUZE, G; GUATTARI, F. *O que é a filosofia?* Rio de Janeiro: Editora 34, 1992.

EWALD, F. "Michel Foucault". In: ESCOBAR, C. H. (org.). *Michel Foucault (1926-1984) — O dossier: últimas entrevistas*. Rio de Janeiro: Taurus, 1984.

FIGUEIREDO, L. C. *Escutar, recordar, dizer: encontros heideggerianos com a clínica psicanalítica*. São Paulo: Educ/Escuta, 1994.

FONSECA, M. A. *O problema da constituição do sujeito em Michel Foucault*. São Paulo: PUC, 1994. (mimeo.)

FOUCAULT, M. *A arqueologia do saber*. Petrópolis/Lisboa: Vozes/Centro do Livro Brasileiro, 1972.

_____. "Nietzsche, a genealogia e a história". In: *Microfísica do poder*, Roberto Machado (org.). Rio de Janeiro: Graal, 1979.

_____. *Nietzsche, Freud e Marx — Theatrum Philosophicum*. Porto: Anagrama, 1980.

_____. *História da sexualidade II — O uso dos prazeres*. Rio de Janeiro: Graal, 1984a.

_____. "O cuidado com a verdade". Entrevista de François Ewald com Michel Foucault, *Le Magazin*. In: ESCOBAR, C. H. (org.). *Michel Foucault (1926-1984) — O dossier: últimas entrevistas*. Rio de Janeiro: Taurus, 1984b.

_____. "O que é o Iluminismo". In: ESCOBAR, C. H. (org.). *Michel Foucault (1926-1984) — O dossier: últimas entrevistas*. Rio de Janeiro: Taurus, 1984c.

_____. "O retorno da moral". Entrevista de Gilles Barbedette e André Scalla com Michel Foucault, *Les Nouvelles*, 29/05/1984. In: ESCOBAR, C. H. (org.). *Michel Foucault (1926-1984) — O dossier: últimas entrevistas*. Rio de Janeiro: Taurus, 1984d.

_____. "Sobre a genealogia da ética: uma visão do trabalho em andamento". Entrevista de Hubert L. Dreyfus e Paul Rabinow com Michel Foucault em Berkeley, abril de 1983. In: ESCOBAR, C. H. (org.). *Michel Foucault (1926-1984) — O dossier: últimas entrevistas*. Rio de Janeiro: Taurus, 1984e.

_____. *História da sexualidade III — O cuidado de si*. Rio de Janeiro: Graal, 1985a.

_____. "La vie: l'expérience et la science". *Revue de Métaphysique et de Morale*, n° 1, jan./mar.: 3-14, 1985b

_____. "Que es la Ilustración? (Was ist Aufklärung?)". Tradução de Rebeca Treviño. In: *Sociologica*, México, Universidad Autonoma Metropolitana, ano 3, n° 7-8, may./dic. 1988.

_____. "Qu'est-ce la critique? [Critique et Aufklärung]. Séance du 27 mai 1978". *Bulletin de la Societé Française de Philosophie*, Paris, 84ème année, n° 2, avr./jui. 1990.

HEIDEGGER, M. "Que veut dire 'penser'?" In: *Essais et conférences*. Paris: Gallimard, 1958.

_____. *Que significa pensar?* Buenos Aires: Editorial Nova, 1964.

_____. *Sobre o problema do ser: o caminho do campo*. São Paulo: Livraria Duas Cidades, 1969.

_____. "O princípio da identidade". In: *Heidegger — Os Pensadores*. São Paulo: Abril Cultural, 1979a.

_____. "Que é isto — a filosofia?". In: *Heidegger — Os Pensadores*. São Paulo: Abril Cultural, 1979b.

_____. *Ser e tempo — Parte II*. Petrópolis: Vozes, 1990.

13.
UMA CRÍTICA DO PRESENTE

A leitura da coletânea *Paisagens imaginárias*[1] significou o reencontro de uma grande sintonia com o estilo de reflexão de Beatriz Sarlo, que já havia experimentado em 1985, quando do contato com o seu ensaio "Uma alucinação dispersa em agonia" (Sarlo, 1985). Naquele momento em que eu procurava problematizar o que chamava de modos de aproximação do acontecimento 68 no Brasil (que condensava e concentrava significações que extrapolavam a dimensão temporal daquele ano e cuja extensão envolvia também o Terror de Estado) aquele texto me foi de grande valia, porque a construção das interrogações que fazia a propósito da Argentina permitia uma analogia, quanto às questões levantadas, com a situação brasileira, apesar das especificidades históricas dos processos ocorridos nos dois países e da sua menor intensidade e menor abrangência, no que diz respeito ao Brasil. Mas a despeito disto, um núcleo de significados comuns poderia ser questionado e deste modo a reflexão sobre a experiência argentina, que se abriu para mim a partir da leitura daquele texto, foi de grande importância.

Mas por que um certo estilo de reflexão chamava a atenção?

Possivelmente porque se tratava de um modo de pensar a situação argentina basicamente construído a partir de interrogações postas pelo presente, sob a forma de problematizações, que

[1] Beatriz Sarlo, *Paisagens imaginárias: intelectuais, arte e meios de comunicação*, São Paulo, Edusp, 1997.

desse modo, ao temporalizar o presente, construíam outro tipo de relação com o passado, no sentido de sua presentificação como questão. Diferentemente da postura tão comum aos sociólogos e cientistas políticos daquele momento, o seu estilo não era o da interpretação a partir do quadro dos conceitos e das atitudes da época — tão comum às análises sobre a transição brasileira, que implicava pensar o presente a partir deste quadro restritivo, que fazia submergir o passado — nem se tratava de uma análise "técnica" de dissecação dos eventos pelos instrumentos conceituais da ciência social e política, mas o que se colocava era uma questão de outra ordem.

Diante da "fratura sofrida pela sociedade argentina", fratura esta que afetou também a dimensão subjetiva e a própria trama dessas subjetividades com o seu passado recente, diante da emergência do inominável da morte, a partir do Relatório "Nunca Más", a interrogação colocada por Beatriz Sarlo era a de como seria possível "restabelecer uma continuidade entre as experiências dos últimos dez anos e o presente (...) submetendo-as ao mesmo tempo à crítica" (Sarlo, 1985, pp. 34-5).

Este tipo de questão se inscreve no que poderíamos chamar de uma crítica do presente, posição que atravessa toda esta coletânea de ensaios. No âmbito daquele artigo, significava que o movimento da crítica, ao temporalizar o presente, por via das interrogações feitas em seu nome sobre o passado, permitiria o descongelamento deste pela memória. Contra a imposição do esquecimento pela violência militar e pelo processo de democratização que se segue a ela, não se tratava, nem de recuperar um passado "petrificado", nem tampouco inventar uma "nova unidade imaginária". Mas a crítica significava aqui também a busca das implicações numa história, daqueles que foram seus protagonistas, "como atores e como vítimas", e que não a suportaram simplesmente. Como nela implicados, os protagonistas desta história — e aqui a referência é à esquerda argentina — pareciam ali realizar ideias e desejos. E a questão se aprofundava corajosamente ao indagar se nesse confronto com o passado, absolutamente necessário, a partir do presente, "nem todas as acusações podem ter os militares como objeto. Nossa autobiografia tem um espaço aberto para a nossa responsabilidade: somos uma parte do que ocorreu na Argentina, e ter sofrido mais não é uma razão para que na reconstrução do passado nos esqueçamos de nós, cujo orgulho fez crer, em alguns momentos, que, na certeza da revolução futura, nos tenhamos convertidos nos senhores da história" (Sarlo, 1985, p. 35).

Esta posição de fazer da história da Argentina uma autobiografia reaparece também nos textos desta coletânea, e ela tem o sentido de uma subjetividade que se inscreve nessa história, a partir de um apelo do presente, enquanto protagonista dele e herdeira de um passado. É neste registro que Beatriz Sarlo se interroga sobre o "lugar do intelectual na sociedade", sobre o seu destino enquanto interlocutor significativo na esfera pública e sobre a possibilidade da crítica. A sua posição é a da renúncia a um pensamento tranquilizante e tranquilizador porque semeado permanentemente por construções interrogativas que tocam pontos cada vez menos considerados importantes, quer pela academia, quer pela prática política.

Apesar da diversidade temática dos textos desta coletânea, pode-se dizer que neles a questão da crítica é central e que eles permitem ao leitor perceber o modo como Beatriz Sarlo a constrói.

Tanto os textos relativos ao passado mais ou menos recente na Argentina, quanto os que analisam questões absolutamente contemporâneas, e tanto os que exploram os discursos da literatura, do cinema, quanto os da história, da política ou da mídia, têm em comum a busca da construção de um lugar da crítica e de um modo de realizá-la.

Pode-se dizer que o lugar dessa crítica é o presente, mas não enquanto o imediatamente dado, e sim um presente construído tanto na sua relação com o passado quanto pelo distanciamento diante da percepção imediata. O modo de construção desse lugar realiza-se fundamentalmente por meio de um estilo de reflexão caracterizado por interrogações permanentes. A construção de questões fazem desse lugar uma posição instável e sem garantia, mas, por isso mesmo, a condição de uma autonomia possível do pensamento crítico.

Em alguns momentos dos textos, esta posição se evidencia com maior intensidade. Tratando da literatura, do cinema ou dos intelectuais, a problematização desse lugar da crítica é insistentemente reiterada.

Não por acaso, é na literatura que surge com mais clareza esta posição de instabilidade e não garantia. "A ambiguidade radical da literatura se manifesta escondendo e mostrando palavras, sentimentos, objetos: ela os nomeia e ao mesmo tempo os desfigura (...), sua própria dificuldade garante a permanência daquilo que se diz (...), [a literatura] leva as coisas ao extremo, pode tocar esse núcleo denso que está fora do alcance das explicações dos outros discursos. Empenha-se em morder este centro deslocado, reprimido ou ignorado (...), [a literatura] acolhe a ambiguidade ali onde as sociedades querem bani-la (...)" (Sarlo, 1997a, pp. 26-7).

Essa posição de ambiguidade radical da literatura é construída justamente porque cabe a ela registrar as "perguntas do seu tempo". O "poeta não procura respostas e sim perguntas: indaga sobre aquilo que, numa época, parece, além de todo princípio de compreensão, a resistência que o horrível, o sinistro, o sublime ou o trágico opõem a outras formas do discurso e da razão. Os poetas não explicam, mas assinalam essas zonas (...)" (Sarlo, 1997a, p. 30).

É por meio da linguagem do cinema (filme *Shoah*) que a reconstrução histórica dos acontecimentos relativos ao nazismo torna-se possível pela interrogação de uma câmera que pode perguntar "o que resta desse passado no presente?" e "quais são os laços (metafóricos, simbólicos, ideológicos ou sociais) que ligam os fatos da década de 1940 ao presente?" (Sarlo, 1997b, pp. 36 e 38). E a partir dessas questões pode-se perguntar também, como o faz Beatriz Sarlo — na possibilidade, aberta por elas, de um deslocamento temporal e espacial — sobre o esquecimento, o indulto, a reconciliação nacional na Argentina, que se dão por meio de uma amnésia histórica, que se constitui como uma "afronta ao presente". O que a análise da autora destaca na linguagem do filme é a presença do que poderíamos chamar de um saber interrogativo que se expressa em uma "narração que constrói a estranheza", aquela que toca, como chamou a atenção no que se refere à literatura, em pontos, cuja possibilidade de percepção implica uma desfamiliarização do habitual, do imediato ou do cotidiano. Pontos que na sua análise são "detalhes" que "lutam pela presentificação do passado para tornar presentes os valores que, nesse passado, foram atacados por uns e defendidos por outros". Neste sentido *Shoah* não consistiria num "movimento apenas reconstrutivo, mas também *prospectivo*. Não afirma apenas 'isto foi feito' mas 'isto pôde (e pode) ser feito'" (Sarlo, 1997b, p. 42). Esse movimento da crítica atualiza o passado no presente por via das questões que constrói, permitindo perceber a possibilidade da repetição.

Mas se à literatura pode caber a posição de indagar "sobre aquilo que numa época parece além de todo princípio de compreensão", na construção do lugar dos intelectuais, problematizada nos textos desta coletânea, algo de análogo pode ser percebido. E a questão que permite esta aproximação dos discursos é a da possibilidade de "audibilidade" pela sociedade, em determinados momentos da história, de falas que, embora não possam ser escutadas, nem por isso perdem sua perspectiva de verdade. Essa questão é extremamente instigante, porque, embora referida ao passado recente da Argentina, é sublinhada como também atinente ao presente. A referência histórica é a da Guerra das Malvinas e a da produção da divergência, entre os intelectuais, a respeito do seu sentido. Não se tratava de uma divergência meramente acadêmica, mas de algo que dizia respeito a uma certa forma de autocompreensão da própria sociedade argentina.

A Guerra das Malvinas, considerada como o "primeiro acontecimento de magnitude que teve lugar em um cenário completamente midiático", foi compreendida por parte dos intelectuais, que assim se aproximaram "do senso comum e dos desejos coletivos" da sociedade, como a possibilidade de construção de uma unidade nacional patriótica que poderia levar à derrota dos militares. O "discurso crítico foi impotente" naquela conjuntura histórica: alguns intelectuais que não aceitaram aquele ponto de vista e propunham o entendimento de que a invasão das Malvinas não significava a "liquidação do processo militar", mas sim a possibilidade de "tirá-lo do atoleiro e conduzi-lo ao cumprimento de suas metas" (como afirmava C. Altamirano), não tiveram as condições naquele momento de ser escutados pela sociedade argentina, porque distantes do senso comum, este também reforçado pela construção do acontecimento pela mídia. Se depois a possibilidade deste entendimento se realizou, após a derrota da Argentina, naquele momento da guerra, os "pacifistas-derrotistas" estavam "longe demais" e "alienados da comunidade". E Beatriz Sarlo se pergunta: "Estávamos por isso enganados? Enganávamo-nos porque éramos inaudíveis?" (Sarlo, 1997c, pp. 158-60).

Esse tipo de questão, que evidentemente extrapola a situação específica da Argentina, remete à condição da crítica como posição de instabilidade e não-garantia. Além disso, a leitura da coletânea permitiria ainda formulá-la no tempo presente: enganamo-nos porque somos inaudíveis?

Esses dois aspectos ganham uma expressão bastante significativa ao longo de vários textos. O primeiro deles é explicitamente tratado. O segundo é a interrogação, que fica para o leitor, após a leitura dos textos que enfrentam as questões postas pelo presente, as profundas transformações contemporâneas nas esferas da cultura, da política, da sociedade, produzidas pela hegemonia e expansão da "videoesfera" e a sua relação com os intelectuais.

A perspectiva da "biografia intelectual" no sentido de uma "autobiografia coletiva" constrói a reflexão de Beatriz Sarlo sobre o lugar dos intelectuais na sociedade argentina (Sarlo, 1985, p. 35). A perspectiva autobiográfica, pondo em cena uma reflexão sobre o passado a partir de uma situação presente, nesse mesmo movimento avalia as diversas posições do intelectual nessa história. Tendo o caráter de autobiografia, a perspectiva põe em cena também as implicações destes intelectuais, sujeitos de uma história, na sua própria história. A análise crítica daquelas posições, que não teme levar a fundo as suas indagações, encaminha-se para a construção de um lugar do intelectual caracterizado pela instabilidade e pela não garantia (condição de possibilidade da própria crítica).

No texto "Intelectuais: cisão ou mimese?", cuja referência são as transformações político-ideológicas da esquerda na Argentina, Beatriz Sarlo já o define de início como "notas" que se constituem "num exercício de memória" e como "uma construção hipotética de alguns sentidos para o nosso passado mais recente". Essas notas constituem-se em "questões abertas" e, "por isso, tudo o que se afirma está permeado de fissuras e o efeito é, provavelmente, o de um conjunto de proposições que se criticam entre si no interior de um mesmo texto" (Sarlo, 1997d, pp. 141-2).

O modo como o seu pensamento se constrói e o modo de escritura do próprio texto são reveladores do estilo de reflexão de Beatriz Sarlo, que nos chama a atenção num momento em que as análises sobre o social e a política adquirem cada vez mais uma perspectiva técnica. É assim que a sua posição de análise é definida por ela mesma como uma "perspectiva móvel e instável", na qual, quando descreve um "posicionamento que nem bem se fixa num ponto, tende a mover-se para o seu oposto". Essa posição, que também significa a de construção de "questões abertas", implica desconstruir polaridades interpretativas, mas, mais do que isto, em não se contentar com os sentidos unívocos da interpretação, mas neles buscar outras significações ali existentes, às vezes paradoxais, a partir de um tipo de atenção analítica que procura discriminá-las o mais possível.

Diante da polaridade dos discursos de frações intelectuais (produto daquelas transformações político-ideológicas da esquerda), a reflexão de Beatriz Sarlo coloca questões que, embora referidas à situação histórica particular da Argentina, têm certamente uma abrangência maior. A sua crítica às posições polares da "imobilidade ideológica e teórica reivindicada como mérito" (a da permanência das posições políticas das últimas duas décadas, em nome ainda da revolução) e da "assimilação de democracia e moderantismo" a leva, colocando sua análise numa perspectiva histórica, a problematizar as posições da esquerda a partir da não aceitação de uma posição presente de petrificação "na contemplação de nosso passado, quer sob a forma do movimento revolucionário derrotado, ou do monstruoso equívoco do qual nada se pode tirar, (...) contemplar o passado como o que pode ser um futuro desejável ou como o erro absoluto". E sobre essa questão incide o que é extremamente instigante na sua análise — permitido pela perspectiva autobiográfica que assume, de indagar permanentemente sobre as implicações dos intelectuais na sua própria história — quando afirma que "ambas as perspectivas transformam-nos em sujeitos inexplicáveis e, ao mesmo tempo, ocluem a possibilidade de reconstruirmo-nos como intelectuais públicos" (Sarlo, 1997d, pp. 141 e 150). Tanto a posição de se estar aprisionado num passado que faz do presente a sua extensão homogênea quanto a posição de recusa desse passado no presente abolem a temporalidade histórica e, por isso, a possibilidade de construção de outros pontos de vista, que é a condição da própria crítica.

A reflexão de Beatriz Sarlo vai fundo na questão sobre o lugar do intelectual, hoje na Argentina, como herdeiro de uma história. E a posição não é nem a da recusa dessa herança, nem a da sua aceitação passiva. Mas diante dela é preciso o movimento da crítica que permita reconstruí-la na atenção aos seus múltiplos sentidos, muitas vezes contraditórios, para então indagar sobre questões que ainda possam ser pertinentes para pensar a atualidade.

Assim é que ao fazer a crítica à posição dos intelectuais, que há dez ou quinze anos atrás buscavam o seu "fundamento no povo, na classe operária ou no partido" — a partir de uma "carência que somente o Outro, diferente de nós mesmos, poderia preencher (...) e encontrávamos nessas construções que oscilavam entre o real e o imaginário a garantia de um sentido" — enfatiza também que "este movimento não significava apenas a delegação de nossa razão a outras razões. Significava, também, mover-se para além do perímetro de nosso campo, renunciando, ao mesmo tempo, à plácida comodidade corporativa. Viver com má consciência a nossa identidade de intelectuais não foi somente um erro" (Sarlo, 1997d, p. 152).

O encaminhamento de sua análise a partir daí, quando põe em relevo os sentidos contraditórios implicados nessa mesma posição, afirma que "a desconfiança diante do império de razões exteriores, que tinham apagado as tensões entre cultura e política, é uma das formas da crítica a nosso passado". Mas, por isso, "a conformidade com os limites de nossa prática presente não tem de ser necessariamente a consequência dessa crítica" (que, no limite, significaria a posição do intelectual que escreve para os seus pares) e "a crítica de nossa política passada não tem como corolário indispensável o moderantismo" (Sarlo, 1997d, pp. 152-3).

Não se trata de que um "novo conformismo" venha a substituir o "inconformismo revolucionário dos anos 60 e 70". Nem mesmo de que a partir do aprendizado doloroso que mostrou em relação ao passado — que "pedir o impossível não implicava em conseguir o possível" — possamos agora achar que "desejar só o possível" garanta "que vamos consegui-lo" (Sarlo, 1997d, pp. 151 e 154).

O que propõe é a necessidade de se "repensar as relações entre cultura, ideologia e política como relações regidas por uma tensão impossível de eliminar (...)". O intelectual seria então o "sujeito atravessado por essa tensão e não como subordinado às legalidades de uma ou outra instância, pronto para sacrificar em uma delas o que defenderia na outra" (Sarlo, 1997d, p. 153). É dessa tensão trágica, que não pode ser suprimida, que emerge a possibilidade de interrogação do intelectual sobre o seu próprio tempo.

É a partir dessa posição de não estabilidade e de não garantia que pode então aceitar alguma coisa da herança do passado que seria um "desejo de mudança", inscrevê-lo numa "nova tópica", mas ao mesmo tempo se perguntar sobre a possibilidade, hoje, de se encontrar a "fonte desse desejo" (Sarlo, 1997d, p. 155).

Mas é na análise das profundas transformações da cultura e da política contemporâneas, das suas reconfigurações produzidas pela mídia, que as questões construídas, relativas seja ao lugar do intelectual, seja à possibilidade de autocompreensão da sociedade argentina, são especialmente contundentes. Na leitura desses ensaios, não há como não estabelecer pontos de analogia com outras situações históricas, incluindo aí a brasileira, para além daqueles apontados pela própria autora.

Tomando o episódio da Guerra do Golfo como o marco histórico de uma "reviravolta cultural" e as campanhas eleitorais de Menem e Collor (às quais podemos acrescentar as mais recentes brasileiras, cujo grau de predominância da linguagem midiática sobre a linguagem política atingiu a exacerbação que se pôde constatar) é possível perceber aquelas profundas transformações, nos anos 90, pelas quais passam também outros países da América Latina (Sarlo, 1997e, pp. 107, 112-3).

A produção do acontecimento pela mídia, implicando uma profunda transformação da sua percepção temporal e espacial, faz dele um dado que se projeta antes da possibilidade da sua elaboração, antes de qualquer trabalho do tempo. É o imediatamente vivido, que invade a esfera privada, produzindo o simulacro da participação. A diluição da esfera pública provocada pela mídia faz, daquele que seria cidadão, o indivíduo portador de uma opinião equivalente a qualquer outra.

A análise que Beatriz Sarlo faz do que denomina de "democracia midiática" é extremamente aguda quando mostra a transformação da esfera pública em "esfera pública eletrônica" e o "rearranjo" que provoca das "fronteiras entre o que é público e o que é privado". A "democracia midiática é insaciável em sua voracidade pelas vicissitudes privadas que se transformam em vicissitudes públicas (...). Em sociedades onde os grandes problemas são cada vez mais complexos e residem em cenários inacessíveis à opinião, o *caso* [privado] aparece como o democrático por excelência: sobre o *caso* todos podemos opinar, e para opinar bastam os saberes mais comuns (...)"[2] (Sarlo, 1997f, pp. 123, 125).

O juízo de senso comum, o único compatível com a "democracia de opinião", é o fundamento da "expansão do privado sobre o público" e da "correlativa conversão do privado em público". Este juízo que funciona na imediatez das circunstâncias, ao mesmo tempo em que é a base da "democracia midiática", também é construído por ela. Concomitantemente a este processo surgem no "novo cenário", os "novos intelectuais", os "intelectuais eletrônicos", "próximos ao senso comum", que ao mesmo tempo o interpretam e o constroem numa linguagem "cuja simplicidade é a máxima virtude argumentativa", portanto, mais "próxima" e mais "familiar" (Sarlo, 1997c, p. 169).

A linguagem da familiarização é um sintoma de um tipo de vivência intensificada pela "democracia midiática", reduzida ao eterno presente. Não por acaso Beatriz Sarlo refere-se àquilo que Benjamin e Adorno apontam como "o retorno do sempre igual" e destaca ainda que "a videopolítica desliza por um *continuum* cujo ponto nodal está fortemente fixado no presente. A videopolítica intensifica o presente bem como debilita o passado e o futuro. A continuidade do tempo (o tempo do projeto, da comunidade, da história) é representada como uma sucessão de intervenções num presente deslocado do fluxo denso da temporalidade (...)" (Sarlo, 1997g, p. 135).

Não é possível deixar de pensar, a partir da "deixa" adorniana, nos efeitos produzidos por essa vivência, para um pensamento e uma política que passam a ter o seu fundamento no imediatamente presente e na preservação do existente. A videopolí-

---

[2] Aqui não é possível deixar de construir uma analogia entre o "caso" argentino citado por Beatriz Sarlo e aqueles tratados pelos programas televisivos brasileiros, tipo *Você decide*, nos quais o juízo de senso comum, ao incidir sobre o imediato a partir dos saberes comuns, abole a dimensão mais lenta e institucional da lei.

tica, explorando esta unidimensionalidade, retira a história da política — o que ficou evidenciado na campanha eleitoral de 1996 para as prefeituras no Brasil, independentemente das posições partidárias — impossibilitando a construção de qualquer tipo de conexão significativa, seja no que se refere a uma mesma personagem política em momentos diferentes da história, seja às questões apresentadas que, na ausência de uma memória histórica, aparecem como incessantemente inauguradoras. O apelo permanente ao senso comum do existente (e a sua concomitante construção e manipulação) levam à indagação, a partir da experiência histórica, sobre as fronteiras entre a "democracia de opinião" e as formas políticas e culturais do arbítrio.

Diante da hegemonia midiática na esfera da cultura e da política, Beatriz Sarlo problematiza a questão do lugar e do destino dos "intelectuais como interlocutores significativos na esfera pública", sobre a "crise dos nossos instrumentos de análise" e a possibilidade presente de renúncia "à tensão crítica que justamente faz da crítica algo significativo na construção da esfera pública". Qual o destino do intelectual crítico diante dos "novos intelectuais" caracterizados pelo "relativismo valorativo" e a "nivelação midiática"?

Afirma, a partir de uma interrogação e de uma análise sempre marcadas pelas experiências históricas dos intelectuais, que vê, sob o ângulo de um aprendizado, "que o pensamento crítico é, por definição, autônomo. Autonomia e crítica são duas características que se pressupõem, e a exclusão de uma, inevitavelmente, põe em risco a outra" (Sarlo, 1997c, p. 166).

Deixa bastante claro que a sua postura relativa à autonomia do pensamento crítico não é a do "afastamento da política e o desprezo pelas questões públicas". Mas a sua posição, relativa ao lugar do intelectual como aquele atravessado por uma tensão crítica, indica que "sem uma relação tensa com a política, em que o pensamento crítico resista à expansão colonizadora dos interesses imediatos, mas que, ao mesmo tempo, não considere uma virtude furtar-se aos problemas que estes lhe colocam, parece difícil pensar a prática intelectual crítica" (Sarlo, 1997c, p. 167).

A sua preocupação com a presença do intelectual como interlocutor significativo na esfera pública permanece como questão apesar da acuidade da sua reflexão de que o pensamento crítico se encontre hoje "num abismo: de um lado, a crise de seus paradigmas; de outro, a crise de seus cenários tradicionais" (Sarlo, 1997c, p. 168).

É diante da permanência deste tipo de questão, que caracteriza o dilema do intelectual contemporâneo, que a autora parece se afastar da posição que chama de "insatisfação adorniana em relação ao presente" porque esta imporia "limites a uma crítica que quer disputar um lugar ideológico e político na construção da esfera pública" (Sarlo, 1997e, p. 114).

No entanto, da leitura do conjunto dos ensaios dessa coletânea, a interrogação que pode ficar para o leitor diante da análise da cultura contemporânea caracterizada pela intensificação do presente e pela debilitação do passado e do futuro, isto é, de um presente sem história, é a da possibilidade de escuta de um pensamento crítico por parte da sociedade. Esta questão, colocada por Beatriz Sarlo em relação a outro momento histórico (aqui já referido), recoloca-se com todo o peso, a partir de sua própria reflexão, ao leitor.

Esta impossibilidade de escuta de um discurso crítico por parte de uma sociedade, caracterizada por uma cultura cuja unidimensionalidade é o eterno presente e o "sempre igual", repõe de algum modo a questão adorniana de descrença na política como possibilidade de intervenção — diante de uma praxis que deixou de ser instância crítica e se transformou em mera autoconservação — mas também de afirmação de um pensamento crítico que, na sua contundência diante da objetividade, nunca perde o caráter de autorreflexão.

Diante da força das suas análises sobre a cultura contemporânea, nas quais constrói os contornos de um presente sem história, ou na sua formulação de um "puro presente", não há como não se deixar tomar pelas imagens construídas por Beatriz Sarlo, a partir do romance de Fogwill, *Los pichiciegos*. Embora referidas à Guerra das Malvinas, podemos — correndo o risco da ousadia de um deslocamento espacial e temporal da significação — dizer que aquelas imagens poderiam ser pensadas como uma metáfora da cultura contemporânea. "Os *pichis* formam uma colônia de sobreviventes da qual desapareceram todos os valores, exceto aqueles que podem reverter em ações que permitam conservar a vida (...). Os *pichis* carecem absolutamente de futuro (...). Seu tempo é puro presente: e sem temporalidade não há configuração do passado, compreensão do presente, nem projeto". Os *pichis* "veem *o que lhes acontece* [o imediato] mas não a origem daquilo que lhes acontece: sofrem os efeitos de um arranjo de ideias e de eventos que eles desconhecem" (Sarlo, 1997h, pp. 46-7). Embora sejam uma "comunidade prática" não podem se constituir em "comunidade simbólica" porque não têm história.

A ausência da história a que está cada vez mais submetida a vivência de um eterno presente na cultura contemporânea, cuja possibilidade de escuta de si própria não vai além do imediato, coloca com toda a ênfase a questão da possibilidade de um pensamento crítico e autônomo atingir a sociedade, produzindo nela um autoquestionamento.

Quando Beatriz Sarlo se pergunta sobre o destino dos intelectuais na cultura contemporânea interroga-se também, no mesmo movimento, sobre o destino da arte, e é interessante perceber, então, que esta possa desempenhar, no presente, o papel de uma "hipótese estético-narrativa do futuro: a memória ficcional do que ainda não aconteceu, que funciona como uma advertência moral", a partir da pergunta "o que será isto, o mundo, se hoje é assim?" (Sarlo, 1997i, p. 71).

(1997)

REFERÊNCIAS BIBLIOGRÁFICAS

SARLO, B. "Uma alucinação dispersa em agonia". *Novos Estudos CEBRAP*, São Paulo, n° 11, jan. 1985.

_____. "Os militares e a história". In: *Paisagens imaginárias: intelectuais, arte e meios de comunicação*. São Paulo: Edusp, 1997a.

_____. "A história contra o esquecimento". In: *Paisagens imaginárias: intelectuais, arte e meios de comunicação*. São Paulo: Edusp, 1997b.

_____. A voz universal que toma partido?" In: *Paisagens imaginárias: intelectuais, arte e meios de comunicação*. São Paulo: Edusp, 1997c.

_____. "Intelectuais: cisão ou mimese". In: *Paisagens imaginárias: intelectuais, arte e meios de comunicação*. São Paulo: Edusp, 1997d.

_____. "A Guerra do Golfo". In: *Paisagens imaginárias: intelectuais, arte e meios de comunicação*. São Paulo: Edusp, 1997e.

_____. "A democracia midiática e seus limites". In: *Paisagens imaginárias: intelectuais, arte e meios de comunicação*. São Paulo: Edusp, 1997f.

_____. "Sete hipóteses sobre a videopolítica". In: *Paisagens imaginárias: intelectuais, arte e meios de comunicação*. São Paulo: Edusp, 1997g.

_____. "Não esquecer a Guerra das Malvinas". In: *Paisagens imaginárias: intelectuais, arte e meios de comunicação*. São Paulo: Edusp, 1997h.

_____. "A imaginação do futuro". In: *Paisagens imaginárias: intelectuais, arte e meios de comunicação*. São Paulo: Edusp, 1997i.

14.
A NARRATIVA SILENCIADA

"Os pichis formam uma colônia de sobreviventes da qual desapareceram todos os valores exceto aqueles que podem reverter em ações que permitam conservar a vida (...). Os pichis parecem, à primeira vista, uma tribo. Contudo, à diferença das tribos, seu laço é efêmero: durará até a morte de cada um deles e não perdurará além da morte, exceto na voz do pichi que relembra (para o escritor que transcreve essa voz imaginária). Eles foram unidos, temporariamente, não por uma identidade, mas por uma necessidade; não compartilham uma memória anterior à do início da invasão das Malvinas (...). Assim a tribo pichi definiu um novo território, a colônia subterrânea onde se refugiam para sobreviver e onde os valores se organizam em função desta única missão social: a de conservar a vida (...). Os pichis carecem absolutamente de futuro, caminham para a morte e, por isso mesmo, só podem raciocinar em termos de estratégia de sobrevivência (...). Seu tempo é puro presente: e sem temporalidade não há configuração do passado, compreensão do presente, nem projeto (...). Nessas condições de miséria simbólica, o romance apresenta as condições de miséria material e as artimanhas das transações no mercado que também é puro presente (...). A comunidade dos pichis foi uma comunidade prática, onde o simbólico tendia a se deslocar (...) e a morte de uma comunidade prática é, na-

turalmente, definitiva. *A reflexão sobre as condições não materiais dessa morte fica, portanto, fora do espaço ficcional do romance, fora do alcance de seus personagens que veem o que lhes acontece, mas não a origem daquilo que lhes acontece: sofrem os efeitos de um arranjo de ideias e de eventos que eles desconhecem. São hábeis para lidar com os efeitos imediatos e desinteressados das configurações que não podem ser captadas pela visão ou pela experiência."* (Sarlo, 1997a, pp. 46-8 e 50 — destaques de Beatriz Sarlo)[1]

Nesse relato de Beatriz Sarlo do romance de Fogwill, *Los pichiciegos*,[2] estão presentes alguns traços significativos para problematizar a cultura contemporânea e a possibilidade, hoje, da narrativa. A leitura do relato provoca no leitor a possibilidade de percebê-lo — através de um deslocamento espacial e temporal das significações — como uma metáfora da cultura contemporânea, cujo sentido é a de um eterno presente, sem história e sem memória. No "puro presente" não há lugar para a narrativa de uma história. Na vivência reduzida à relação com o imediato e com o existente, à autoconservação, sem temporalidade, sem configuração do passado e do futuro, a possibilidade de narrar a própria história sequer se coloca como questão. Na ausência de uma história à qual se referir, na submissão à "facticidade bruta do existente" (Rouanet, 1986, p. 103), a cultura se reduz a ser uma "comunidade prática" caracterizada pela "miséria simbólica". Nela os seus "personagens" sofrem os efeitos do que lhes acontece mas não percebem "a origem daquilo que lhes aconte-

---

[1] A noção de experiência é utilizada aqui na acepção de um contato imediato com a realidade, experiência prática.

[2] Trata-se do relato que Beatriz Sarlo faz do romance de Fogwill, *Los pichiciegos*, Buenos Aires, Sudamericana, 1994.

ce". Embora "hábeis para lidar com os efeitos imediatos", não podem se constituir numa "comunidade simbólica" porque são incapazes de se ancorar em alguma história constitutiva de si próprios. Esta incapacidade é também, consequentemente, a de narrar esta história.

Não é de modo algum casual que a leitura de um relato (de Beatriz Sarlo) de uma narrativa (de Fogwill) viesse a se constituir nessa metáfora da cultura contemporânea. Não é de modo algum casual que uma narrativa ficcional possa problematizar a impossibilidade da própria narrativa numa temporalidade sem história, reduzida a um eterno presente. Na cultura contemporânea, a prevalência do "imediatamente presente e do existente" (Adorno e Horkheimer, 1985, p. 184) é também a prevalência de uma linguagem comunicacional privada de qualquer dimensão metafórica e ficcional.

E nessa cultura é ainda a literatura que é capaz dessa problematização porque "a ambiguidade radical da literatura se manifesta escondendo e mostrando palavras, sentimentos, objetos: ela os nomeia e, ao mesmo tempo, os desfigura até torná-los duvidosos, elusivos, duplos. A literatura impõe obstáculos, é difícil, exige trabalho. Mas sua própria dificuldade garante a permanência daquilo que se diz. Ninguém que tenha lido poderá apagar por completo o resíduo de uma leitura: perdem-se os detalhes ou o traçado geral, a ordem dos acontecimentos ou das imagens, mas algo permanece desafiando o tempo e o esquecimento (...). Com esses restos, nós, leitores, reconstruímos experiências de leitura, nas quais se misturam o prazer, o reconhecimento, a estranheza, a felicidade, a melancolia e o horror".

Nesse sentido, a literatura, na cultura contemporânea, "competindo com outras formas de simbolizar (...), falando daquilo que se cala, oposta, por seu excesso, por sua permanente dissipação de sentidos, à economia que rege uma relação 'normal': a literatura é, pelo menos desde o século XIX, quase sempre incômoda e, por vezes, escandalosa. Acolhe a ambiguidade ali onde as sociedades querem bani-la; diz, por outro lado, coisas que as sociedades prefeririam não ouvir; com argúcia e futilidade, brinca de reorganizar os sistemas lógicos e os paralelismos referenciais; dilapida a linguagem porque a usa perversamente para fins que não são apenas prático-comunicativos; cerca as certezas coletivas e procura abrir brechas em suas defesas; permite-se a blasfêmia, a imoralidade, o erotismo que as sociedades somente admitem como vícios privados; opina, com excessos de figuração ou imaginação ficcional, sobre história e política; pode ser cínica, irônica, trabalhar a paródia, dar um caráter cômico a temas que, por consenso ou imposição, são dados por sérios ou proibidos; pode, no limite, falar sem falar, usar a linguagem para não dizer nada em particular, exibir essa impossibilidade na cena dos textos; falsifica, exagera, distorce porque não acata os regimes de verdade dos outros saberes e discursos. Mas nem por isso deixa de ser, a seu modo, verdadeira" (Sarlo, 1997b, pp. 26-8).

Por isto talvez aquela narrativa ficcional referida à situação histórica da Guerra das Malvinas possa ser lida de um outro modo a partir de um movimento de deslocamento temporal e espacial. O contacto com o relato da narrativa pode produzir uma "experiência de leitura" que se constrói a partir da repercussão que provoca naquele que a lê. Essa repercussão é possibilitada por outras "experiências de leitura" e é a partir dela que alguns traços essenciais podem ser retidos. Uma nova articulação deles permite outras ressignificações; uma retomada de traços que, descontextualizados de uma referência histórica específica, possibilita construir uma figuração da cultura contemporânea: a autoconservação, a comunidade prática, a miséria simbólica, a temporalidade de um puro presente — uma extensão homogênea na qual não há configuração nem de um passado nem de um futuro — e a impossibilidade de narrar a própria história.

Se a narrativa sobre os pichis pôde produzir uma problematização sobre a cultura contemporânea, no que se refere à própria impossibilidade da narrativa de uma história, foi porque a linguagem ficcional permitiu a construção de um distanciamento em relação à "facticidade do existente". Esse distanciamento, cada vez mais difícil de ser realizado numa cultura caracterizada pela prevalência de uma linguagem prático-comunicativa, permite uma desfamiliarização em relação ao imediatamente presente e então, paradoxalmente, é a literatura, ainda, desafiando esse tempo, que pode problematizar o fim da possibilidade de se narrar uma história.

A narrativa de Fogwill sobre os pichis refere-se a eles como sobreviventes de uma guerra — a Guerra das Malvinas. Na análise de Beatriz Sarlo ela enfatiza: "a Guerra das Malvinas pertence a uma ordem de materialidade que é prévia e fundadora de toda possibilidade de relato sobre a guerra" (Sarlo, 1997a, p. 46). A partir da leitura do relato da narrativa e da interpretação que se dá a ela, não é possível deixar de lado a associação que imediatamente emerge com a reflexão de W. Benjamin sobre a Primeira Guerra Mundial, da qual "os combatentes tinham voltado silenciosos do campo de batalha, mais pobres em experiência comunicável e não mais ricos" (Benjamin, 1985, pp. 114-5)[3] é a conexão que estabelece entre a pobreza da experiência e o fim da narrativa (Benjamin, 1980a, p. 57). A pobreza em "experiência comunicável" provocada pela guerra é o resultado da vida reduzida às puras estratégias de sobrevivência, ao estado de "comunidade prática" dos pichis. A Primeira Guerra, vista por Benjamin como um dos pontos de inflexão na problematização do fim da narrativa, como a pobreza em "experiência comunicável", aponta para a perda da importância da palavra como dimensão simbólica, e consequentemente para o indivíduo, que perde a sua própria história, porque cada vez menos é capaz de narrá-la. O estado da "comunidade prática" produz então a "miséria simbólica" pela ausência de uma história à qual se remeter.

---

[3] A noção de comunicação não tem aqui nenhuma conotação prático-comunicativa. Mais adiante, o seu sentido para Benjamin ficará claro a partir de sua noção de "conselho".

A reflexão de W. Benjamin sobre a Guerra e o fim da possibilidade da narrativa é um dos núcleos expressivos do que seria uma reflexão mais abrangente sobre a cultura contemporânea. Nela, essa "miséria simbólica" pode ainda ser problematizada pelo fato de que o fim da narrativa tem ainda por indício a prevalência de uma linguagem cada vez mais instrumental. A informação através da imprensa tem como objetivo "excluir rigorosamente os acontecimentos do contexto em que poderiam afetar a experiência do leitor. Os princípios da informação jornalística (novidade, brevidade, inteligibilidade e, sobretudo, falta de qualquer conexão entre uma notícia e outra) contribuem para esse resultado tanto quanto a diagramação e a forma linguística" (Benjamin, 1980b, p. 31). A prevalência de uma linguagem prático-comunicativa sobre a narração exclui a história e a memória, porque construída sobre o imediatamente presente e o existente. Nela a exclusão da "experiência do leitor" significa a impossibilidade do contacto com aquilo que era o cerne da narração, ou seja, o acontecimento como o que estava impregnado na vida do narrador e que era oferecido aos ouvintes como experiência (Benjamin, 1980b, p. 31). Esta prevalência da linguagem prático-comunicativa, que se estende também para outros discursos, incluindo até o científico, faz da narração um lugar cada vez mais apenas tolerado, numa cultura constituída pela dimensão instrumental.[4] Talvez o que possa ainda caber a ela é dizer "que a única experiência que pode ser ensinada hoje é a de sua impossibilidade", como afirma J. M. Gagnebin ao comentar o poema de B. Brecht "Apague as pegadas" (Gagnebin, 1994, pp. 69-70).

Tomando a noção de "conselho" como um dos traços característicos da narração para Benjamin, talvez se possa, valen-

---

[4] Essa extensão para outros discursos atinge até mesmo o da literatura, na sua forma de literatura de consumo.

do-se do comentário de J. M. Gagnebin, perceber o núcleo da impossibilidade da narração numa cultura como a contemporânea. Para Benjamin "o conselho é de fato menos resposta a uma pergunta do que uma proposta que diz respeito à continuidade de uma história que se desenvolve agora. Para recebê-lo seria necessário, primeiro de tudo, saber narrá-la. (Sem levar em conta que uma pessoa só se abre a um conselho na medida em que verbaliza a sua situação)" (Benjamin, 1980a, p. 59). Assim definido, o "conselho" não está referido a uma linguagem prático-comunicativa nem a "características psicológicas ou pragmáticas", mas como afirma J. M. Gagnebin, o ato de dar e receber um conselho seria definido por sua "especificidade narrativa": "O conselho só pode ser, portanto, dado, se uma história conseguir ser dita, colocada em palavras, e isso não de maneira definitiva ou exaustiva, mas, pelo contrário, com as hesitações, as tentativas, até as angústias de uma história 'que se desenvolve agora', que admite, portanto, vários desenvolvimentos possíveis, várias sequências diferentes, várias conclusões desconhecidas que ele pode ajudar não só a escolher, mas mesmo a inventar, na retomada e na transformação por muitos de uma narrativa à primeira vista encerrada na sua solidão" (Gagnebin, 1994, pp. 72-3).

Essa noção de conselho, que implica o fato de que uma história possa ser dita, colocada em palavras, supõe antes uma memória, isto é, a ancoragem dos sujeitos numa história constitutiva de si próprios. E se essa história colocada em palavras se faz de uma maneira não definitiva nem exaustiva, mas implicando uma abertura para "sequências diferentes" e "conclusões desconhecidas", é porque ela supõe a possibilidade de reconstruções dessa história a partir de outros pontos de vista. Isto significa que o conselho e consequentemente a narração supõem uma temporalização que rompe com o tempo do imediatamente presente e do existente, possibilitando uma singularização dos sujeitos. Numa cultura, como a contemporânea, caracterizada pelo "puro presente" como extensão homogênea, pelo "tempo infernal" a que se refere Benjamin "em que transcorre a existência daqueles aos quais não é dado realizar nada daquilo que começaram" (Benjamin, 1980b, p. 46), não há lugar para a distensão temporal que está suposta na narração e no conselho.[5]

A temporalização inerente à narração e ao conselho se supõe simultaneamente uma memória e uma abertura para sequências desconhecidas, supõe por isso mesmo que neles não existem nem um começo, nem um fim delimitados.[6] Desse modo as aberturas retrospectivas e prospectivas caracterizam a narração e é a partir desse entendimento que é possível compreender a referência de Benjamin às "experiências que pudessem ser transmitidas como um anel, de geração em geração" (Benjamin, 1985, p. 114). Essa referência apontava para a existência de uma tradição ou de um patrimônio transmissíveis, de uma dimensão simbólica a ser compartilhada, compartilhamento de uma "experiência" que seria retraduzida a partir de uma escuta referida aos contextos próprios daqueles que a ouvem. Mesmo porque, em não se tratando de uma linguagem prático-comunicativa, essa transmissão é uma

---

[5] Possivelmente por isso, nessa cultura, ainda é a literatura que pode ter o significado de uma advertência. Como afirma J. M. Gagnebin: "Segundo Benjamin, as grandiosas aporias da literatura contemporânea, aquelas que agem em Proust ou em Kafka, nos advertem da necessidade de uma longa permanência perseverante nesse *no-man's land* narrativo, 'no avesso do nada', como o dirá a propósito de Kafka; elas deveriam nos impedir também de recorrer rapidamente demais a estas tentativas de 'reconciliação apressada' (Adorno) que certas correntes do pensamento religioso ou psicológico fazem brilhar a nossos olhos como a promessa de encontros bem-aventurados" (Gagnebin, 1994, p. 73).

[6] "(...) quando contamos a nossa história, seja a nós mesmos, seja aos outros, nosso relato desenrola-se entre um início e um fim que não nos pertencem, pois a história da nossa concepção, do nosso nascimento e da nossa morte, depende de ações e de narrações de outros que não nós mesmos; não há portanto nem começo nem fim absolutos possíveis nessa narração que fazemos de nós mesmos" (Gagnebin, 1994, pp. 95-6).

"transmissão sem inteligibilidade" no sentido em que indica J. M. Gagnebin, "não de tudo compreender, de tudo explicar", mas na atenção ao que "escapa", ao "que se esquiva de todo o vocabulário e de toda sintaxe" (Gagnebin, 1994, p. 124). É a partir desse tipo de transmissão que ressignificações podem ser construídas e que uma história pode ser retomada em outras direções. Transmissão e retomada de uma herança cujo sentido se aproxima daquele da frase de Goethe, citada por Freud, "para falar da transmissão psíquica das experiências arcaicas da humanidade": "O que herdaste dos teus pais, é preciso que o conquistes se quiseres possuí-lo". Descoberta permanente "que não pode se objetivar porque diz respeito a processos psíquicos inconscientes que (...) não param de tender para o recalque, a recusa, o esquecimento [e] pode tornar-se parte do patrimônio psíquico de alguém numa marcha muito lenta, com seus avanços e seus recuos, ativamente reconduzida, sem parar" (Moscovici, 1994, pp. 74-5) e cuja condição primeira é a de que uma história possa ser narrada, colocada em palavras.

Essa última aproximação permitiria a referência, então, à "longa narração da psicanálise", instigantemente trabalhada por J. M. Gagnebin, como uma formulação que ela remete ao próprio Benjamin. "Além da descrição ou da explicação dos fatos, a história humana teria assim por tarefa paradoxal a transmissão daquilo que não pode ser contado, a fidelidade ao passado e aos mortos mesmo — principalmente — quando não conhecemos nem seus nomes nem seu sentido. Estranha narração da qual já testemunha a tradição mítica, cuja força salvadora surge mais de sua própria enunciação que dos conteúdos enunciados". E, referindo-se a uma das "Imagens de pensamento" de Benjamin, "Conto e Cura" (Benjamin, 1987, p. 269), destaca que "a história contada pelo doente na curta anamnese da consulta médica ou na longa narração da psicanálise, a que Benjamin alude nas suas anotações, ou ainda, poderíamos acrescentar, a retomada de uma história coletiva até aí fadada ao silêncio e à noite, todas essas narrativas devem, para ser 'o começo de um processo curativo', ter a força de romper o que como 'uma barragem [...] resiste ao fluxo narrativo', isto é, 'a dor', essa dor que não quer saber de sua história" (Gagnebin, 1994, p. 126).

A possibilidade de entrada nesse "fluxo narrativo", que também é o da longa narração da psicanálise, supõe uma experiência do tempo que é, simultaneamente, a de uma distensão temporal e de uma distensão da própria subjetividade, que em tudo se contrapõe à vivência no eterno presente e às relações imediatas com o existente. Assim é então que, na narração, "o indício de (sua) verdade (...) não deve ser procurado no seu desenrolar, mas pelo contrário, naquilo que ao mesmo tempo lhe escapa e a escande, nos seus tropeços e nos seus silêncios, ali onde a voz se cala e retoma fôlego" (Gagnebin, 1994, p. 115). Assim é, ainda, que nela um sujeito "não fala de si para garantir a permanência de sua identidade, mas que, ao contar sua história, se desfaz de representações definitivas e ousa afirmar-se na incerteza" (p. 103).

Entrar nesse "fluxo narrativo" supõe ainda uma experiência com a linguagem que está fora do registro prático-comunicativo. A narrativa, não sendo instrumento de comunicação de informações nem propriamente um mero relato de fatos, é caracterizada por um tipo de linguagem cujo núcleo é uma nomeação e não uma comunicação. O ato de nomear, através da palavra, é o ato de produzir figurações, imagens, através de um fluxo narrativo conduzido pela memória, que descongela o inominado e que neste movimento se abre para novas figurações. Na narrativa como uma linguagem metafórica, o sentido da palavra não é unívoco nem para aquele que a diz nem para aquele que a escuta. Guarda uma ambiguidade que permite a irrupção do estranho como "o lugar mais íntimo da fala — lá onde ela rompe com toda intenção de comunicação" (Fédida, 1988, p. 122). E poder-se-ia dizer também, rompe com a temporalidade de um eterno presente sem memória ou com uma linearidade temporal, a do encadeamento dos fatos, características de uma linguagem prático-comunicativa. A narrativa é pontuada ainda pelos silêncios, condição de toda fala e de toda escuta. Silêncio que é tempo de formação de palavras e tempo para que ela possa se escutar no que diz (Fédida, 1991, pp. 21-2, 29).[7] Essas experiências do tempo e da linguagem são cada vez mais estranhas numa cultura como a contemporânea. Essa cultura reduzida a uma homogeneidade temporal, a um presente sem história e sem memória, cujo alcance temporal não vai além do imediato, pode produzir individualidades "condenadas ao eterno presente de um psiquismo incapaz de transcender o aqui e o agora (...)" (Rouanet, 1981, p. 83).[8]

E então como para os pichis o que se produz é o estado de "comunidade prática" incapaz de acesso a um simbólico cuja condição é a história e a memória. E como eles os indivíduos dessa cultura sofrem os efeitos de uma história mas desconhecem as suas origens, porque incapazes de narrá-la como algo constitutivo de

---

[7] É interessante citar aqui uma passagem de Benjamin, relativa à questão do silêncio, a que Fédida faz referência e que, embora tenha uma proximidade com a psicanálise, foi escrita num outro registro: "O diálogo tende para o silêncio e aquele que escuta é primeiramente aquele que faz silêncio. É dele que aquele que fala recebe o sentido, o silencioso é a fonte não captada do sentido (...) O silêncio se engendra... ele próprio a partir do diálogo... No diálogo a força é renovada: aquele que escuta conduziu o diálogo ao limite da língua e aquele que fala criou o silêncio de uma nova língua da qual ele é o primeiro a se por à escuta... Fazer silêncio é a fronteira interior do diálogo". Benjamin, "Métaphysique de la jeunesse", "Le dialogue", *Alea*, nº 6, 1985, *apud* P. Fédida, "Passé anachronique et présent réminiscent: epos et puissance mémoriale du langage", *L'Écrit du Temps*, nº 10, aut. 1985.

[8] Esta citação está remetida, no texto de Rouanet, à análise de Freud sobre a transmissão da tradição: "(...) o superego de uma criança é, com efeito, construído segundo o modelo não de seus pais, mas do superego de seus pais; os conteúdos que ele encerra são os mesmos, e torna-se veículo da tradição e de todos os duradouros julgamentos de valores que dessa forma se transmitiriam de geração em geração. (...) A humanidade nunca vive inteiramente no presente. O passado, a tradição da raça e do povo, vive nas ideologias do superego e só lentamente cede às influências do presente, no sentido de mudanças novas (...)" (Freud, 1976, p. 87).

si próprios. É neste sentido que poder-se-ia dizer que a narrativa da própria história sequer se coloca como questão para aqueles cuja vivência está restrita a um presente como dimensão homogênea e que são incapazes de transcendê-la. A permanente referência ao imediatamente presente e a predominância quase que absoluta de uma linguagem prático-comunicativa tendem a abolir a dimensão do simbólico e a própria possibilidade de uma busca de singularização a partir de uma ancoragem primeira de reconhecimento numa história. Se se entender que essa busca de singularização significa a possibilidade de sentimento de um "mal-estar na cultura", que se abre a partir de um conflito do sujeito diante de algum tipo de projeto de domínio ou de algum tipo de "ideal do bem", poder-se-ia dizer que a questão da possibilidade de se narrar a própria história sequer se coloca como um "mal-estar" na cultura contemporânea. O "mal-estar", que está sempre referido a uma situação conflitual de um sujeito na busca de sua singularização no interior da cultura, supõe também que este processo de singularização se dê diante de uma "dívida simbólica que contraiu com o Outro para se constituir" (Birman, 1996, p. 65). A possibilidade de reconhecimento desta "dívida simbólica", do reconhecimento de uma filiação e tradição transmitidas, implica antes de tudo que uma história possa ser construída, condição primeira para que o "sujeito possa [a partir daí] descobrir e inventar as formas singularizadas de saldar a sua dívida simbólica" (Birman, 1996, p. 65).

O que se apresenta aqui como questão, numa cultura reduzida à dimensão de uma "comunidade prática", é se a narrativa de uma história, constitutiva do próprio sujeito, como condição primeira de acesso à dimensão simbólica, como possibilidade de reconhecimento de uma "dívida simbólica", pode constituir-se ainda como uma demanda no interior dessa cultura.

Se a narrativa de uma história constitutiva do próprio sujeito ainda surge como possibilidade de romper a "barragem" da dor de existir, de uma "dor que não quer saber de sua história". Ou se, pelo contrário, a cultura contemporânea desenvolveu outros mecanismos como "alternativa social ao mal-estar" que podem "aliviar o fato de existir" (Melman, 1992, pp. 97-8).

Se a psicanálise pôde se constituir numa resposta cultural ao "mal-estar" na cultura e se nela a longa narração supôs sempre uma experiência do tempo e da linguagem, hoje cada vez mais distantes da vivência contemporânea (reduzida a alguns poucos nichos, dentre eles a literatura), no momento presente é possível perceber o que poderia ser a possibilidade do seu fim, no sentido de um "desaparecimento cultural" (Fédida, 1988, p. 111). A problematização da possibilidade de tal desaparecimento, cujo lugar ainda é o da psicanálise — a problematização do "seu mal-estar próprio" (Moscovici, 1994, p. 18) — não pode hoje ser considerada uma questão dominante na cultura contemporânea, nem mesmo no interior da própria psicanálise. Como diz Fédida, "o fim da psicanálise — no sentido do seu desaparecimento cultural — seria acelerado pelos próprios psicanalistas devido à profissionalização liberal de sua prática e de uma modelização pseudocientífica de sua teoria. A profissionalização implicaria em numerosas concessões cujo resultado seria reduzir a exigência da situação analítica em proveito da comunicação interativa das condutas terapêuticas. Quanto à modelização pseudocientífica, esta proviria da importação para a metapsicologia de organizações conceituais emprestadas às ciências positivas (psicologia cognitiva, neurobiologia): os modelos utilizados por estas ciências estariam privados de um uso metafórico e ficcional (...)" (Fédida, 1988, p. 111).[9] Este desaparecimento cultural seria evidenciado, ainda, pela

---

[9] O comentário de M. Moscovici é também elucidativo quanto a este ponto: "Exigências começam a pesar simultaneamente sobre a teoria e sobre a questão dos 'resultados' da prática" (...), as exigências de "modificação da técnica" e de "renovação clínica". "A psicanálise é cada vez mais interrogada a partir de fora e, em certa medida, fragilizada a partir de dentro, pelo desenvolvimento de outras disciplinas consideradas, estas sim, como verdadeiramente 'científicas' e que podem parecer, no nível da observação, apro-

prevalência de uma "clínica da normalidade do eu". Nesta direção o que se avalia são os "resultados externos, tais como capacidades melhoradas de reflexão e de ação, estabilidade das relações afetivas, mobilidade na flexibilidade das adaptações, (...)" que indicam, a partir da noção de "eu", "as positividades das mudanças obtidas" (pp. 113-4). A "clínica da normalidade do eu" implica a relação com uma linguagem, que não seria mais especificamente psicanalítica, porque a sua orientação pela ideia de "bem-estar", e não pelo que caracterizaria propriamente a psicanálise — a insistência no negativo —, provocaria a impossibilidade do pensamento associativo e uma interrupção no trabalho de análise. A posição de insistência no negativo é aquela que possibilitaria a abertura da fala e nesse sentido o "negativo é análise e se representa na função da linguagem" (pp. 47, 113-4, 120-1).

A dominância de uma linguagem comunicativa, hoje, na psicanálise, faz com que, no entender de Fédida, "o sítio do estrangeiro", que caracteriza a situação analítica, fique "soterrado sob a funcionalidade exacerbada da comunicação, a partir do modelo da interlocução (...). O uso que fazemos de nosssa língua — dita moderna — geralmente permanece prisioneiro das intenções conscientes de significar e de um saber daquilo que queremos dizer para nos fazer compreender (...). A língua (...) ameaça então fazer-nos esquecer que apenas o estrangeiro que nela reside torna possível a escuta" (Fédida, 1991, p. 58).

A funcionalidade exacerbada da comunicação, tomando-se por base o modelo da interlocução, implica excluir da psicanáli-

---

ximar-se de certos fenômenos que teriam em comum com ela: especialmente as patologias psíquicas, mas também o funcionamento do pensamento, da memória, da linguagem". O que passaria a configurar a exigência que "vem de fora", mas que em grande parte passa a ser incorporada dentro da própria psicanálise, de estabelecimento de "pontes", de uma "reconciliação entre a psicanálise e a realidade científica" (Moscovici, 1994, pp. 30-1).

se, entendida como uma longa narração, uma experiência da linguagem e uma experiência do tempo.

Esta experiência da linguagem é a da "liberação da fala [que] por si mesma representa uma emocionante aposta em favor da razão entendida como linguagem, e da linguagem entendida como um poder de recolhimento e de reunião no seio da dispersão. Aquele que fala e que aceita falar junto a um outro encontra, pouco a pouco, as vias que farão de sua própria fala a resposta à sua fala. Esta resposta não lhe vem de fora, fala do oráculo ou fala de deus, resposta do pai à criança, daquele que sabe àquele que não quer saber, mas sim obedecer, fala petrificada e petrificante que se gosta de carregar no lugar de si mesma como uma pedra. É preciso que a resposta, mesmo vindo de fora, venha de dentro, volte para aquele que a escuta como o movimento de sua própria descoberta, permitindo-lhe reconhecer-se e saber-se reconhecido por este estranho, vago e profundo outrem que é o psicanalista e onde se particularizam e se universalizam todos os interlocutores de sua vida passada que não o escutaram" (Blanchot *apud* Fédida, 1988, p. 120).

A experiência do tempo inerente a esta experiência da linguagem é a de uma "duração necessária para que a fala receba de si mesma — desde o lugar da linguagem — sua própria condição (ou capacidade) de ressonância e, assim, o poder de expansão de seus tempos em movimento" (Fédida, 1988, p. 121).

Este tipo de problematização, que parte da própria psicanálise, sobre a possibilidade do seu desaparecimento cultural, indica ainda um fenômeno significativo hoje: é como se a psicanálise, que teria como dimensão constitutiva dela própria considerar a situação analítica como o "sítio do estranho" (Fédida, 1991, pp. 51 a 64), estivesse se tornando cada vez "mais socializada, mais familiar, quase que se poderia dizer, mais caseira" (Moscovici, 1994, p. 30). Como se o momento cultural da psicanálise tivesse sido ultrapassado.

E. Roudinesco, tematizando a questão contemporânea da "resistência à psicanálise", nesta linha de reflexão, indaga, a partir da análise de Derrida, "até que ponto esta é uma época que já passou: hoje tudo se passa como se a psicanálise tivesse sido tão assimilada pela sociedade ocidental que já pudesse ser esquecida e, quem sabe, até mesmo, ser relegada, como um medicamento abandonado no fundo de uma farmácia cuja validade tivesse vencido: 'Isso pode servir em caso de urgência ou na falta de outros recursos, mas já foram inventados outros muito melhores'". E, "esse esquecimento (...) caminha de mãos dadas com o retorno de uma explicação puramente organicista dos fenômenos psíquicos, alimenta-se de uma outra resistência, uma resistência da psicanálise em relação a si mesma, instituída desde sua origem como um processo autoimunitário" (Roudinesco, 1996).

A explicação organicista dos fenômenos psíquicos vem-se inscrevendo como o discurso dominante na sociedade contemporânea. Discurso que procura invalidar a psicanálise do ponto de vista da sua ineficácia funcional para a produção do "bem-estar" e do seu longo tempo de elaboração dos processos psíquicos incompatível com as exigências sociais da vida imediata. Ou, ainda, que busca associá-la, já transmutada numa "psicoterapia breve" como coadjuvante nos processos terapêuticos por medicamentos. Estes, ao abrirem a possibilidade de se viver uma vida mais prazerosa, vão requisitar a psicoterapia para uma readaptação social daquele que se isolou da sociedade e precisa agora de ajuda para reaprender a se relacionar socialmente.

O discurso dominante da explicação organicista dos fenômenos psíquicos, o discurso das neurociências, que aparece hoje sob a forma de indicação das causas genéticas e/ou químicas daqueles fenômenos, que os explicam como produtos de um desequilíbrio no processo químico de neurotransmissores, tais como a serotonina ou a noradrenalina, pode denominar agora, de modo científico, as doenças psíquicas cujo fundamento é orgânico, em virtude do próprio avanço destas ciências. Assim é que as "novas" doenças identificadas como síndromes, a depressão, a distimia, a euforia, o pânico, a fadiga crônica, podem entrar num registro do que seja a "doença", como disfunção físico-orgânica, pela possibilidade de distinção cada vez mais nítida entre o comportamento patológico e o normal.

A contrapartida necessária a esse discurso da explicação organicista dos fenômenos psíquicos é o tratamento pelas drogas (os neurolépticos, os antidepressivos, os tranquilizantes) cujo objetivo primeiro é o da busca do "bem-estar".[10] Essa busca significaria a possibilidade de uma vida sem conflitos, na medida em que o registro aqui é o da adaptação social, que não pode comportar aquilo que por princípio a negaria, ou seja, a possibilidade de uma singularização individual e sobretudo psíquica. Trata-se da recusa da ideia do "mal-estar", como o lugar de um conflito pulsional dos sujeitos, constitutivo deles próprios no interior da cultura, cujo reconhecimento é a condição da sua possibilidade de singularização.

Esse discurso e a sua prática vêm-se propondo como "alternativa social ao mal-estar" e faz das drogas farmacêuticas um dos principais veículos desta alternativa na cultura contemporânea. Como diz C. Melman, hoje, "os produtos de síntese, tais como os benzodiazepínicos, revelam-se perfeitamente eficazes contra a dor de existir. As reações salubres de um sujeito contra um real que não lhe deixava mais lugar: a revolta e a indignação, o desgosto ou a piedade, a depressão e a insônia podem ser assim tratados como sintomas mórbidos. A passividade assim obtida se fará ao preço de uma adição, desta vez legal e tida como um elemento favorável do prognóstico, na medida em que se toma regularmente seus medicamentos" (Melman, 1992, p. 120).[11]

---

[10] Cf. a noção de "ideologia do bem-estar" conforme pensada por Calligaris e retomada por Jurandir Freire Costa (Costa, 1994, pp. 42-3).

[11] Aqui não é possível deixar de fazer a referência ao próprio Freud de "O mal-estar na civilização", quando ao problematizar o que seria essa "dor de existir" afirma que "a vida, tal como a encontramos, é árdua demais para nós; proporciona-nos muitos sofrimentos, decepções e tarefas impossíveis. Afim de suportá-la, não podemos dispensar medidas paliativas (...). Existem

O alívio da "dor de existir" ou a possibilidade de colocar a existência em suspenso torna-se possível hoje, cada vez mais, a partir do momento em que se tem produtos capazes de fazer isso e "como sabemos, um grande número de produtos inventados pelos laboratórios (neurolépticos, tranquilizantes etc.) estão nesse caso — são drogas, nada as diferencia da droga comum, senão no fato de que são entregues por receita médica. Creio que está aí a especificação desses produtos: voar, flutuar, isto alivia o fato de existir" (Melman, 1992, p. 98).

Este tipo de afirmação aparentemente chocante de equiparação da droga para fins terapêuticos à droga comum tem na análise de Melman uma construção importante. O que as aproxima seria o fato de que viriam a ocupar uma mesma função, na relação do sujeito com o objeto de satisfação. Esta relação, profundamente modificada na sociedade contemporânea, seria a expressão de uma "mutação cultural" significativa. A "sociedade de consumo" teria a expressão da sua "verdade" no "desejo do neurótico, que é a existência de um bem soberano, que encontraríamos, se se consentisse em ir até o fim de nosso desejo, sob a forma de um objeto que viria nos preencher, nos satisfazer...".

Esta "mutação cultural" significa, no âmbito da sociedade de consumo, a dominância do que ele chama uma "relação dual com o objeto" que viria substituir um tipo de relação que se dava sob a forma de uma "triangulação". "Em nossa cultura a relação do sujeito com o objeto suscetível de satisfazê-lo não [era] jamais uma relação dual (...), é triangular em virtude da referência que é feita sistematicamente a uma instância terceira que pode ser nomeada de diversas formas. Pode ser Deus, a figura paterna, a moral, a razão, [a lei]. Em todos os casos somos guiados, somos sustentados em nossa relação com o objeto de satisfação por nossa

---

talvez três medidas deste tipo: derivativos poderosos, que nos fazem extrair luz de nossa desgraça; satisfações substitutivas, que a diminuem; e substâncias tóxicas, que nos tornam insensíveis a ela" (Freud, 1978, p. 140).

relação com esta instância terceira que aí introduz um fato de regulação e de temperança". Esta "triangulação" significa a referência a uma "instância terceira", que é a de uma lei, em relação à qual o sujeito está referido e para a qual sacrifica parte de seu gozo. No dizer de Melman, o que "nossa cultura suprimiu [foi] precisamente o sacrifício. Na realidade, é bastante claro que nossa existência cotidiana, ou seja, nossa relação com o gozo, é marcada 'normalmente', quer dizer, segundo esta norma, pelo sacrifício permanente desta subtração de gozo que é assim cedida a esta instância terceira. É isto o que de outro modo, na teoria psicanalítica está fixado sob o registro aparentemente obscuro de castração" (Melman, 1992, pp. 94-5 e 101-2).[12]

A predominância de uma relação dual em detrimento de uma triangulação, o que em outros termos significaria um esvaecimento da dimensão simbólica, senão a sua abolição, talvez possa expressar de um outro modo, a ideia de uma cultura que poderia ter o seu limite no estado de uma "comunidade prática", na vivência sem conflito referida ao imediato e ao puro presente. E assim como na narrativa de Fogwill, os "personagens" dessa cultura "veem o que lhes acontece", mas não se questionam sobre a "origem daquilo que lhes acontece", apenas "sofrem os efeitos de um certo

---

[12] Este tipo de análise tem pontos em comum com as realizadas por Jurandir Freire Costa e Contardo Calligaris. A referência ao "modelo de sucesso": "modelo que reafirma a importância da posse de objetos de consumo como espelho identificatório. Eu sou aquilo que possuo, e quanto mais possuo, em qualidade e quantidade, mais sou bem-sucedido (...). A posse dos objetos passa a ser o foco da disputa imaginária de individualização ou da promessa de felicidade e do bem-estar individual. Quem tem 'é'; quem não tem 'não é' (...)" (Costa, 1994, pp. 47-8). Cf. ainda a distinção estabelecida por Calligaris entre o "querer ser" e o "querer ter", e a sua indicação de que nas "sociedades capitalistas ditas avançadas", a "adesão à droga" aparece como um "tipo de relação a um objeto que possa ser sabido como o único bem", questão que se coloca do "lado do ter" e não "do ser" (Calligaris, 1991, pp. 116-8).

A narrativa silenciada

arranjo de eventos que desconhecem". Mas são extremamente "hábeis para lidar com os efeitos imediatos", habilidade esta que não requisita para si nem a memória, nem a história, que perdem sentido neste estado de "miséria simbólica".

E com base neste horizonte é possível pensar, então, no recuo cultural de uma demanda pela psicanálise, como longa narração. Recuo da possibilidade de narrativa de uma história como experiência temporal e de linguagem incompatíveis com a extensão do tempo homogêneo da relação imediata com os objetos. Este recuo pode então significar que numa vivência sem conflitos "não se vive o fim da história mas o fim da possibilidade de falar a própria história", como diz J. Kristeva.

O fim da possibilidade de falar a própria história, cujo horizonte é o de um esvaecimento da dimensão simbólica nas sociedades contemporâneas e a presença cada vez mais dominante das "novas" alternativas sociais ao mal-estar, significa a diminuição e, no limite, a abolição de uma demanda de singularização cuja condição primeira seria dada, justamente, pelo que se pretende abolir: o sentimento de mal-estar inerente à percepção de um conflito pulsional constitutivo do próprio sujeito. A vivência num mundo aparentemente sem conflitos não abole, no entanto, os efeitos psíquicos desta própria tentativa de abolição, mas estes efeitos deverão ser terapeuticamente tratados, como indicativos de algum tipo de desadaptação social.

Este deslocamento cultural do eixo do mal-estar para aquele que o discurso dominante da explicação organicista dos fenômenos psíquicos expressa de maneira tão clara — a perspectiva do bem-estar e da adaptação social — significa então o fim da possibilidade de falar a própria história, cujas implicações são extremamente inquietantes, do ponto de vista individual e cultural.

No estado atual da cultura contemporânea, o que está se chamando de "fim da possibilidade de falar a própria história" varia evidentemente desde o limite da abolição mesma da história de um sujeito como questão — a perspectiva terapêutica mais *hard* e mais científica das neurociências — até as que, com nuances diferentes, transitam em torno de uma clínica da normalidade do eu, para as quais a história de um sujeito não é abolida, mas deve ser "normalizada", a partir de algum tipo de signo de adaptação social.

Se, para a psicanálise, a questão da história de um sujeito é central, é porque se trata de uma história que, colocada em palavras, na longa narração que a caracteriza, está sujeita, como se procurou mostrar anteriormente, a experiências do tempo e da linguagem constitutivas dela. E, se uma história pode ser, de início, narrada, é porque ela se constituiu numa ancoragem primeira do sujeito, num "saber sobre sua ontogênese psíquica". Como diz Piera Aulagnier: "O eu não pode ignorar 'um saber sobre sua ontogênese psíquica' ou, para deixar de lado as metáforas, sobre a sua própria história libidinal e identificatória. É uma necessidade de seu funcionamento situar-se e ancorar-se numa história que substitui um tempo vivido-perdido pela versão que dele o sujeito dá, graças à sua reconstrução das causas que o fizeram ser, que dão conta de seu presente e tornam pensável e investível um eventual futuro" (Aulagnier, 1989, p. 14).

A possibilidade de falar a própria história significa ainda a possibilidade "que o sujeito tem de reconhecer-se ou estranhar--se" em relação a ela. E se "essa versão de si será confrontada numa análise" (Tanis, 1995, p. 33) é porque a demanda por ela terá partido de algum tipo de sofrimento indicativo de um conflito pulsional, cujas evidências para o sujeito são os seus sintomas, como a presença de um "corpo estranho", como o reconhecimento da "presença nele mesmo de uma força que o obriga a pensamentos, atos, comportamentos dos quais se recusa a reconhecer-se agente". Se, como diz Aulagnier, "ignora o conceito de 'recalcado', não ignora o impacto e as consequências de um não conhecível ao qual imputa o sofrimento de que padece: ignora a palavra 'recalcado', não ignora que vive os efeitos da 'coisa' cuja nomeação lhe falta" (Aulagnier, 1989, p. 14).

Assim, a demanda de uma análise, ao partir de uma percepção de repetições sintomáticas, nelas, o sujeito pode vir a perceber a sua própria implicação e então a análise pode ser entendida como "a reconstrução histórica de um percurso pessoal que subitamente para alguns indivíduos revelou-se como sobredeterminado. O sintoma, em psicanálise, é algo que o sujeito atua repetitivamente por não ter a pré-história de como tal movimento se constituiu". Isso porque "o ser humano é falado desde antes de seu nascimento ou até de sua concepção. Constrói-se sobre este ser uma teoria. Terá um nome, uma expectativa de sexo e todo um conjunto de fantasias e projetos elaborados a partir das vivências de cada um dos pais (...). Ao nascer não cai no vazio. É aprisionado por toda esta construção simbólica (...)" (Schiller, 1991, pp. 35, 69, 26).

A possibilidade então de uma elaboração em análise de uma história de um sujeito implica que, antes de tudo, a situação analítica seja o lugar da fala: o lugar que possibilita a longa narração de uma história — colocada em palavras — condição de acesso a algum tipo de simbolização e de singularização do sujeito.

Acesso este que pode se dar a partir de um certo tipo de "fluxo narrativo", que supõe experiências do tempo e da linguagem estranhas a qualquer tipo de linearidade, progressão ou comunicação intersubjetiva. Um "fluxo narrativo" que, tendo como lugar a situação analítica, faz da fala uma experiência de "liberação" dela própria, no sentido a que se referia Blanchot e comentado por Fédida, de uma fala "que fala sua experiência do possível na medida em que se torna, na sua própria escuta, receptividade aos tempos de seus acontecimentos; (...) uma fala que receba de si mesma (...) sua própria condição (...) de ressonância e, assim, o poder de expansão de seus tempos em movimento" (Fédida, 1988, p. 121).

"O fim da possibilidade de falar a própria história", "o recuo cultural" de uma demanda da psicanálise, a percepção do seu "desaparecimento cultural" surgem como problematizações no interior dela própria. Evidenciariam, no dizer de M. Moscovici, o "seu mal-estar próprio". É a partir dessa posição que ela pode afirmar então o caráter de inatualidade da psicanálise — não no sentido evidentemente do inatual como um "corpus ultrapassado", de "uma época que já passou" — mas no "sentido que lhe dava Nietzsche, o que implica que esse pensamento e os fenômenos de que ele trata nada têm a ver com nenhuma 'atualidade', qualquer que ela seja. E talvez a teoria do inconsciente — lugar e objeto do inatual como nenhum outro — mereça mais do que nenhuma outra teoria ser assim definida" (Moscovici, 1994, pp. 11-2).

É com base, ainda, nessa posição de um mal-estar próprio, que Moscovici questiona se este não seria inerente à própria psicanálise desde o seu início. Os movimentos de assimilação da psicanálise pela cultura, de torná-la mais "própria ao consumo",[13] ou mesmo os movimentos de recusa ou de invalidação dela teriam existido de forma intermitente ao longo de sua história. E nesta direção, ela avança uma hipótese instigante referente ao próprio caráter do objeto da psicanálise, o inconsciente: "Lembrando à memória as observações sempre 'atuais' feitas a Freud por Lou Andreas-Salomé, que não pertencia à nossa época, reputada aos olhos de alguns como sendo a do 'fim', mas, ao contrário, ao período fundador: '(...) levanta-se a questão de saber até que ponto o objeto de suas pesquisas, o Ics [o inconsciente], não tem em si a necessidade de não se deixar abordar de outro modo que não seja com essas intermitências (...). Pois, por mais científico que seja o método de abordagem, ele sempre tenderá a escapar, como o sonho escapa à vigília; consagrar-se a esse objeto exigirá um *esforço quase não natural*'" (Moscovici, 1994, p. 18).[14]

(1997)

---

[13] Referência feita por Moscovici a uma carta de Freud a Pfister de 1919, em que ele, se referindo aos esforços de Jung, afirma que "este pretendia não rejeitá-lo, mas corrigí-lo, para torná-lo próprio ao consumo" (Moscovici, 1994, p. 28).

[14] Aqui Moscovici se refere à "coação de pensar (o Denkzwang) — e precisamente nos objetos 'impensáveis', naqueles que inspiram repulsa, e que

REFERÊNCIAS BIBLIOGRÁFICAS

ADORNO, T.; HORKHEIMER, M. "Elementos do antissemitismo". In: *Dialética do esclarecimento*. Rio de Janeiro: Zahar, 1985.

AULAGNIER, P. *O aprendiz do historiador e o mestre feiticeiro: do discurso identificante ao discurso delirante*. São Paulo: Escuta, 1989.

BENJAMIN, W. "Experiência e pobreza". In: *Obras escolhidas*, vol. I. São Paulo: Brasiliense, 1985.

_____. "O narrador: observações sobre a obra de Nicolai Lescov". In: *Benjamin, Adorno, Horkheimer, Habermas — Os Pensadores*. São Paulo: Abril Cultural, 1980a.

_____. "Sobre alguns temas em Baudelaire". In: *Benjamin, Adorno, Horkheimer, Habermas — Os Pensadores*. São Paulo: Abril Cultural, 1980b.

BIRMAN, J. "Indeterminismo e incerteza do sujeito na ética da psicanálise: uma leitura sobre o fundamento ético do discurso freudiano". In: FRANÇA, M.I. (org.). *Ética, psicanálise e sua transmissão*. Petrópolis: Vozes, 1996.

CALLIGARIS, C. "A sedução totalitária". In: ARAGÃO, L. *et al*. *Clínica do social: ensaios*. São Paulo: Escuta, 1991.

COSTA, J. F. *A ética e o espelho da cultura*. Rio de Janeiro: Rocco, 1994.

FÉDIDA, P. *Clínica psicanalítica: estudos*. São Paulo: Escuta, 1988.

_____. *Nome, figura e memória: a linguagem na situação psicanalítica*. São Paulo: Escuta, 1991.

_____. "Passé anachronique et présent réminiscent: epos et puissance mémoriale du langage". *L'Écrit du Temps*, nº 10, automne 1985.

---

são os mesmos que constituem obstáculo para o pensamento — é a coação à qual se submetia Freud ao inventar a psicanálise. Esse 'ir contra', esse 'chocar-se com', essa subida contrária à sua própria inclinação, esses momentos de avanço, que devem permanentemente ganhar terreno sobre os seus próprios recuos e suas próprias derrotas, permaneceram ligados, creio eu, à psicanálise, seja do lado do divã, seja do lado da poltrona, tanto na prática quanto no pensamento" (Moscovici, 1994, p. 16).

FREUD, S. "O mal-estar na civilização". In: *Freud — Os Pensadores*. São Paulo: Abril Cultural, 1978.

_____. "Novas conferências introdutórias sobre a psicanálise". In: *Sigmund Freud: edição standard brasileira das obras psicológicas completas*, vol. XXII. Rio de Janeiro: Imago, 1976.

GAGNEBIN, J. M. *História e narração em Walter Benjamin*. São Paulo: Perspectiva, 1994.

MELMAN, C. *Alcoolismo, delinquência, toxicomania: uma outra forma de gozar*. São Paulo: Escuta, 1992.

MOSCOVICI, M. *A sombra do objeto: sobre a inatualidade da psicanálise*. Rio de Janeiro: Zahar, 1994.

ROUANET, S. P. *Édipo e o anjo: itinerários freudianos em Walter Benjamin*. Rio de Janeiro: Tempo Brasileiro, 1981.

_____. *Teoria crítica e psicanálise*. Rio de Janeiro: Tempo Brasileiro, 1986.

ROUDINESCO, E. "A discórdia silenciada". *Folha de S. Paulo*, Caderno Mais!, 25/02/1996, p. 6.

SARLO, B. "Não esquecer a Guerra das Malvinas". In: *Paisagens imaginárias: intelectuais, arte e meios de comunicação*. São Paulo: Edusp, 1997a.

_____. "Os militares e a história: contra os cães do esquecimento". In: *Paisagens imaginárias: intelectuais, arte e meios de comunicação*. São Paulo: Edusp, 1997b.

SCHILLER, P. *O médico, a doença e o inconsciente: a psicossomática à luz da psicanálise*. Rio de Janeiro: Edições Revinter, 1991.

TANIS, B. *Memória e temporalidade: sobre o infantil em psicanálise*. São Paulo: Casa do Psicólogo, 1995.

15.
OS SILÊNCIOS DA NARRATIVA

Retrato calado[1] é o título do texto de Salinas, enigmático porque construção que remete simultaneamente a dois silêncios: àquele que lhe "roubou a palavra, comeu a fala, cortou a língua" (p. 103) — o calar-se (*tacere*) — e ao *silere*, o silêncio reencontrado na escrita — "ainda uma nova forma de silêncio", como diz — o "único recurso", o "antídoto", o "alinhamento das palavras", a "inscrição como resposta" (p. 102).

Retrato calado é o modo de nomear a figuração que vai sendo construída no texto, a partir das diversas posições do sujeito narrativo, que resulta da possibilidade deste encontro do silêncio — tempo de formação da palavra e tempo para que ela possa se escutar no que diz (Cardoso, 1997, p. 180). Trabalho insistente e doloroso que produz o pensamento e a fala sobre o que está calado — "e eu aqui insistindo sobre tão insignificantes eventos, querendo me fazer de importante (...), não riam, por favor, pois a dor é séria" (p. 105). "É aqui, neste exato momento, que se trava a luta. Cada traço inscrito é um tiro, é um golpe (...), cada linha é lança, gume, faca que penetra na carne dura do inimigo vário. Plural..." (p. 102).

---

[1] Diante de uma narrativa como *Retrato calado*, de Luiz Roberto Salinas Fortes, que nasce de um silêncio e é por ele construída, não cabem a análise nem o comentário: apenas a "experiência de leitura", que reconstrói alguns de seus traços pela repercussão naquele que lê.

Retrato calado foi publicado postumamente em 1988, com base nos manuscritos deixados por Salinas, que faleceu em 1987.

Insistência narrativa que vai deslocando o calado — posição do que não se compreende e a partir da qual sobrevêm os delírios que fazem esquecer —, que se defronta com o real "este real que parece um delírio circular, ele também" (p. 103), e por via da memória — "confissões" — procura "não deixar que tudo se perca, se evapore", no "esforço de compreensão" de si mesmo e da "época complicada, labiríntica" (p. 89).

Retrato calado inscreve-se no difícil gênero das narrativas que problematizam a impossibilidade mesma de narrar a partir de situações extremas, na não garantida busca de uma compreensão, do que talvez, no limite, não seja comunicável, porque "o horror, por sua natureza mesma, nos empurra para os confins da linguagem, para aquilo que pode ser vivido sem poder ser dito" (Bernardi, 1988, p. 40).

"Há algo que se rompe, pois não é impunemente que se passa pela experiência da prisão" e da tortura. E Salinas continua: "A passagem pelos subterrâneos do regime, o contato com o avesso do milagre, eram, nestas condições, a ocasião para um aprendizado tão importante quanto inútil, pelo menos durante muitos anos. Mas, de qualquer maneira, experiência decisiva no interior da selvagem fenomenologia. Guinada. Depois dela, depois de termos ingressado no espaço da ficção oficial, passávamos para outra figura do espírito, para o delírio, em cujos breus parecem comprometidas as fronteiras entre o imaginário e o real. Tudo teria sido então pura ficção? Tudo ficará por isto mesmo? A dor que continua doendo até hoje e que vai acabar por me matar se irrealiza, transmuda-se em simples 'ocorrência' equívoca susceptível a uma infinidade de interpretações, de versões das mais arbitrárias, embora a dor que vai me matar continue doendo, bem presente no meu corpo, ferida aberta latejando na memória" (p. 29).

É ele próprio quem se pergunta: "Pois é. Por que escrevo tudo isso??? Por que relembrar águas passadas e repassadas e bem passadas? Qual a importância, afinal, do gênero — como chamá-lo? — 'memorial'?" (p. 80).

"A única coisa que sou capaz de dizer no momento é que se

as escrevo — as memórias — é para dar a mim mesmo, conceder-me em benefício próprio, uma 'anistia ampla, geral e irrestrita', já que ninguém me concede. Por que não? Quem impede? Uso deste espaço para não deixar que tudo se perca, se evapore. E continuo dizendo dessa forma canhestra e imprecisa, infiel e abstrata. O fato é que tudo mudou, que era o mundo antes, o meu, bem diferente. E tudo vai ficar por isto mesmo? Eles torturaram, mataram, destruíram, tripudiaram, achincalharam, humilharam e continuam aí, juízes finais, são eles que decidem o que é certo ou errado, o que é bom ou mau. Mas esqueçamos as transas 'morais' e retornemos à descrição dos eventos" (pp. 80-1).

Memorial, memórias, confissões, autobiografia?

Como constituir um sujeito narrativo a partir de uma "vida cesurada", como diz, "corte (...) certamente fundo, bem no fundo" (p. 39). Como narrar, se a consciência tem dificuldade em reviver, em evocar com exatidão o primeiro ato do pesadelo, e se esforça, ao contrário, por mantê-lo "recalcado, fora de seu âmbito?" (p. 29). *Retrato calado colado* na experiência vivida no "inferno" que produz a indistinção entre o real e o imaginário. Qual a possibilidade de uma narrativa a partir da "erosão do sujeito desfalecente", de um "eu (...) demolido", pela "lógica incontornável" das circunstâncias? (p. 50). "Como contornar a lógica da tendência se o sabotador, com toda a sua malícia, instalou-se dentro da cabeça, enfiou-se no interior do interior, sugando os esforços e comprometendo a objetividade do pensamento?" (p. 100). Como fazer fluir a memória se as grades estão nela ainda "duramente plantadas", "grades que continuam imaginárias, a me comprimir o cérebro?" (p. 100).

É desse modo que a narrativa vai se construindo, debruçando-se sobre a sua própria impossibilidade. As questões de modo angustiado e doloroso vão emergindo sem nenhum tipo de censura ou complacência, especialmente em relação a si próprio, a partir do silêncio, reencontrado na escrita.

Retrato calado, a narrativa que trata da impossibilidade da narrativa, assume o risco da construção literária da experiência vivida que não pode ser dita — a literatura falando daquilo que se cala (Sarlo, 1997, pp. 27-8). É necessário então o registro rigoroso da experiência, como diz Salinas, "da sua descrição, da constituição do material fenomenológico, da sua transcrição literária. Contra a ficção do gênio maligno oficial se impõe um minucioso relato histórico e é da *boa mira* neste alvo que depende o rigor do discurso" (p. 29).

É desta posição que a narrativa vai se construindo, a da *boa mira*, que se move e se desloca permanentemente ao longo do texto, sem se fixar num fio condutor cronológico, dando lugar aos vários tempos da experiência que se entrecruzam nas suas diferentes intensidades — tempo vazio, tempo da morte, rotina da sobrevivência, abismo do tempo, intervalo, outro tempo, tempo acelerado, tempos difíceis, espera — e que vão fazendo falar os até então mudos sujeitos que não podiam emergir das suas posições armadas de fora, armação que no entanto *cala* fundo, *retratos calados*.

Narrativa ofegante e entrecortada que expressa a impossibilidade de compreender os nexos entre as coisas e a própria condição de Coisa: "Que me espera agora? Que crimes cometi, afinal?" (p. 37). "Vestido. De novo Gente. Ou quase. Coisa, depois de tudo o que acontecera, que eu já nem julgava mais possível" (p. 44).

Impossibilidade de compreender o ritmo delirante da realidade, que não pode ser narrado a partir de nenhuma linearidade: "este real que parece um delírio circular, ele também" (p. 103). Delírio circular do real, imagem que convoca a "visão de espanto", os "dedos remos", a "caneta âncora para navegarem no mar das coincidências" (p. 103). "Jogo incessante de imagens que se superpõem" (p. 92), "sem a mediação-deformação do narrador historiador" (p. 91), como diz na análise que faz do filme visto em Paris, no tempo agora livre da nova vida das ruas estrangeiras, mas familiares, na carta ao amigo transcrita/inscrita no texto. A inserção/inscrição não gratuita da análise do filme na narrativa induz o leitor a vê-la naquele registro do jogo incessante de imagens que se superpõem, que é, no entanto, ainda, como diz a respeito do filme, "fruto da mais inteligente construção" (p. 91).

Sem a mediação-deformação do narrador historiador a narrativa vai se construindo graças a um sujeito que constantemente se depõe de suas posições e vai cedendo lugar a um outro que surge quando, como diz ainda Salinas a respeito do filme, "de repente, o espectador sente de maneira intensa como sendo o lugar do trabalho do cinegrafista", quando ainda o "jogo incessante de imagens que se superpõem, se neutralizam num comentário, em que é possível distinguir vários patamares expressivos" (p. 92). Um "achado narrativo" (p. 93) do filme, como diz, que parece ser também o da sua própria narrativa.

Lugar do trabalho insistente, da insistência narrativa a partir do qual se pergunta: "Como deixar de me pôr totalmente em questão, ali diante de tão vil desfecho? Como não me perguntar pelo sentido de todo esse movimento passado, atendo-me exclusivamente à fria descrição dos eventos? Como não mobilizar o espanto diante de tantos significantes de consequências tão devastadoras?" (p. 37).

Posição do sujeito narrativo, que emerge da *boa mira* móvel, aqui e ali no texto, diante das demais posições marcadas pelos "significantes" devastadores, pelo "destino" que "ia se decidindo misteriosamente lá fora" (p. 86), pelo "Mar das Coincidências" (pp. 103-4), no qual se vê "envolvido, ilhado e circundado por acasos mais pesados e fatais do que qualquer necessidade" (p. 104).

Cena primitiva e *Repetição*: modos como o narrador nomeia a ordenação possível do relato destas experiências a serem decifradas. Esta ordenação não pode ser a da ordem cronológica, embora o narrador se angustie por retomá-la de algum modo: "Não confundamos as coisas e tentemos reconstituir a chamada ordem cronológica, pois Cronos é um deus muito poderoso e voraz que nos consome tanto que já não podemos mais deter o fluxo, o fluxo tão sonhado que de repente arrebenta" (p. 86).

Duas prisões em 1970, outras duas em 74. OBAN, DOPS; DEIC, OBAN.

Cena primitiva se abre no "velho edifício do largo General Osório", o DOPS, meses depois dos dez dias de detenção na OBAN. Mas agora as coisas seriam bem diferentes e logo, "logo seria dado ao protagonista que vos fala a ocasião única, o privilégio imerecido de vir a conhecer o famoso instrumento de tortura já há muitos e muitos anos corriqueiramente utilizado por nossas forças policiais em toda a vastidão do território nacional" (p. 9).

"Só quando chegamos percebo, de repente, o que me espera e entendo o sorriso. É que o tal do magricela nervosinho e gozador me mandara carregar, envolto em jornais, para disfarçar, nada mais, nada menos do que o aparelho de choque, a cujas iluminações, dali há pouco, paudeararizado, viria eu a ser submetido graciosamente. O grupo explode em gargalhadas quando o pacote é desembrulhado, deixando a descoberto aquela sorte de pequeno realejo, cubo de madeira com uma manivela pendurada de um dos lados. E eu, atônito, catatônico, arremessado de repente em meio ao inferno, transferido de súbito para esta dimensão nova onde tudo se passa velozmente, embora dure uma eternidade e embora se propague pela eternidade a fora" (pp. 9-10).

Na reconstrução da Cena, o jogo rápido de alternância das imagens, que se traduz nos modos diversos de enunciação possíveis: o sujeito narrativo oscila entre posições que dão origem ora a uma fala que está colada à Cena, ora àquela do distanciamento em relação a ela, que parece tão penoso construir. Oscilação entre um eu colado e um ele que produz a distância, que expressa literariamente a quase que impossibilidade de reconhecimento da Cena, do seu absurdo. Não é possível que aquele personagem da Cena seja eu, e no entanto ele é a minha irredutível condição.

"Nu, completamente nu. Obrigam o paciente a sentar no chão. Amarram-me as mãos, que protegem com uma cobertura de pano, uma contra a outra. Forçam-no a manter os joelhos unidos, dobrados contra o peito e envolvidos pelos braços amarrados. No vão entre os braços e o joelho enfiam uma barra de ferro e penduram-na — penduram-me — em dois cavaletes. Rápidos, eficientes, bem treinados" (p. 10). E vão fazendo "funcionar o aparelhinho que eu mesmo carregara como perfeito idiota" (p. 11). "Com seu paciente trabalho junto à manivela, o hílare servidor, arrebatado por formidável furor científico, ia buscando estabelecer a verificação empírica da veracidade das proposições que eu formulava e respondia e vomitava em meio à dor, ao pânico e à reconfortante revolta que não mais me abandonaria" (p. 12).

Abertura da *Cena primitiva* e, como diz, "repetição monótona da macabra cena inaugural do espetáculo pirotécnico do Brasil grande do fim da década de 60 e do começo dos 70 (...)" (p. 11).

As questões vão se colocando, "perguntas que não deixam de se impor e insistir o tempo todo" (p. 12), deslocando os sujeitos emudecidos, confrontando o real e o imaginário, dissolvendo os delírios num movimento de entrelaçamento da busca de uma consciência de si, a partir da vida cesurada e de uma consciência do real para além dos seus também delírios circulares.

Como diz: "Tais perguntas ou dúvidas, talvez suspeitas ou supérfluas aos olhos do entendimento, só se justificam nesta sua configuração hiperbólica, se o que pretendemos é justamente nos dedicar às questões radicais, ou se o que nos inquieta é a radicalização das questões que prolongam no espaço da reconstituição a Questão primeira, tornando tão difícil a exposição dos eventos e toda a lítero-analítica a que nos conduz obrigatoriamente a necessidade do exorcismo" (p. 13).

Diante da situação da tortura no DOPS se pergunta: "Terei falado demais? Herói ou covarde? É certo que o herói perfeito jamais colocaria tais questões, o que significa, talvez, que pelo simples fato de enunciá-las já me denuncio como Guerreiro pouco valente. Ou me desqualifico para as finais da copa do heroísmo" (p. 12). Situação que repete a da OBAN, meses antes, diante da exigência da "colaboração", que tortura o "espírito até hoje" embora sem "consequências mais dramáticas": "Como agir? Que dizer? Nada falar, tal como o vietcongue?" (p. 20).

"Deveria ter saído do país? Não sei. Partido para a clandestinidade e me comprometido com a luta armada, desta vez para valer? Talvez. Mas, que perspectiva nos oferecia, que não a suicida, a ação violenta contra o regime? Não estaríamos antes obrigados a resistir sobrevivendo, do que a morrer lançando a força contra a força neste combate desigual (...)?" (pp. 33-4).

Radicalização das questões que incide sem complacência sobre si próprio, mas também pode discriminar o tipo de lógica da tortura que leva aqueles que são a ela submetidos, e que não são inteiramente destituídos da própria subjetividade, a se constituírem nas figuras do herói ou do traidor, na polaridade entre heroísmo e vergonha, lógica incorporada em certa medida pelos próprios torturados e grupos aos quais pertenciam.

Questões radicais que podem pensar "os delírios circulares do real", sem nenhum tipo de condescendência com o regime, com a sua aceitação pela sociedade e também com o "militantismo radical".

"Lá fora, o melhor dos mundos, como se nada tivesse acontecido. Os generais prosseguiam, meticulosos, na patriótica azáfama; o povo brasileiro deixava-se salvar ao som estridente do 'eu te amo meu Brasil' e se preparava para o Grande espetáculo, enquanto seu pacífico esquadrão [não o da Morte] sob o comando de Pelé e Tostão, aprestava-se para as próximas batalhas, que as TVs transmitiriam do México" (p. 33). "Regime hipócrita e todo-poderoso de um lado. De outro, grupos de combatentes decididos mas amadorísticos, com escasso apoio popular, cegos pelas suas estreitas categorias teóricas ou pela fé ingênua nas virtudes do militantismo radical, acreditando que um assopro seria suficiente para conduzir à conflagração geral, à avassaladora explosão das massas enfurecidas, pondo abaixo o edifício da iniquidade" (p. 34).

"Tomar consciência do real". "Aceitar calmamente, este real que parece um delírio circular, ele também": o "Mar das Coincidências", o dos "acasos mais pesados e fatais do que qualquer necessidade" (pp. 103-4), do qual é preciso emergir.

Repetição — modo como nomeia outro movimento da narrativa — que produz "a sensação de destino", que "converte (...) a vida em morte" (p. 86).

"Meu destino ia se decidindo misteriosamente lá fora" (p. 86). "Pois é, depois da OBAN e do DOPS, o DEIC... Não imediatamente: quatro anos depois" (p. 77). E ainda novamente a OBAN. Como reconstruir o tempo, como interromper o tempo da repetição, delírio do tempo? Como inscrever as experiências que não têm registro, que "teórica e oficialmente nunca existiram" e "residem no território da ficção?" (p. 81).

Entrecortada pelas questões, a narrativa vai se construindo a partir mesmo dos cortes — que outro modo? — da vida cesurada, do corte bem fundo, bem no fundo.

"Como manter a lucidez em meio à complexidade? Como proceder à leitura do texto denso, desvendar os liames sutis, os vínculos que se entremostram, como evitar as pistas falsas, como fugir à tentação preguiçosa da facilidade? Às vezes a relação parece nítida, a correlação rica em promessas de resultados fecundos. Da minha janela, olho o muro em frente, do outro lado da rua [naquela época eu passava horas e horas em contemplação do muro da rua em frente, sentado em frente à janela] e sonho com o mundo em que não haveria polícia. Mas ela insiste em me acompanhar. Lembro-me bem daquele dia em que olhava pela janela e contemplava o muro cinzento em frente, do outro lado da rua. De repente eles chegaram, de novo. Rádio-patrulha, vermelho e negro, dois guardiães. Estacionaram o carro na entrada da vila e um deles desceu. Teria sido um sonho? Até hoje não sei muito bem. Teria sido projeção da megalomania que de mim se apoderara e que me dotara do sentimento permanente de trazer guardada dentro de mim a mensagem fatal, definitivamente fatal para a ordem vigente? Mas naquele momento nada parecia mais real" (p. 100).

Repetição ainda, mas também agora, a possibilidade do "exorcismo", como diz, "que se renova a cada instante, a cada hora, a cada dia, a cada semana, a cada ano, a esperança que rejuvenesce, de quebrar as grades, voar, essas grades imaginárias" (p. 100).

À imagem do muro cinzento em frente, que contempla sentado junto à janela, se superpõe a do "muro alvo", no jogo incessante delas que atravessa a narrativa: "Aqui no meu muro alvo, imitando o mestre, as confissões. Tramadas no inferno e recapturadas à luz das ruas ensolaradas, vestidas de cor e corpo completo sonhado, não mutilado (...). Os inimigos nos olharão com desprezo: coitado, dirão, até hoje ainda falando de tudo isto. E os traços da aventura menor já foram talvez até apagados dos arquivos, borrados dos anais e certamente suplantados por milhares de outras histórias mais excitantes que se repetem diuturnamente e eu aqui insistindo sobre tão insignificantes eventos" (p. 105).

Insignificantes eventos, que no entanto *calaram* fundo, bem no fundo, cuja intensidade só pode ser reconstruída a partir de um outro movimento da insistente narrativa, inter-*calado* entre os outros dois, *Suores noturnos*, que reabre os sentidos, já não fechados, de *Cena primitiva* e *Repetição*.

Suores noturnos são páginas inter-*caladas* de um Diário escritas por Salinas em 59 e 60 — num quarto de pensão em São Paulo, vindo da "interiorana cidade natal", como diz — transcritas e inscritas na narrativa *Retrato calado*.

"Sinto-me só. Fora do mundo. Como personagem do livro *The outsider*, de Colin Wilson (...). Diz este autor: 'Quem sou eu? Eis aí o problema essencial do Estrangeiro'. E eis aí porque me identifico.

O futuro me parece um abismo. Tenho medo. Acho que sempre fui assim, pensando bem. O mundo sempre me pareceu hostil (...). Não sei onde é o meu lugar certo. Sempre fiquei meio de fora, como um estranho, mesmo entre os amigos mais próximos.

O futuro está aí, ao meu lado, imenso, incerto, desconhecido. É preciso decidir logo, agora mesmo. É preciso me libertar destes naufrágios quotidianos. Devo escolher um caminho e sofrer até o fim as consequências dessa escolha (...), meu destino é o de refletir sobre mim mesmo e o mundo.

Devo me libertar antes de tudo da tirania do outro. Mas para isto é preciso, talvez, mergulhar cada vez mais na solidão.

Sinto-me limitado, tenho dúvidas acerca das minhas possibilidades. Que fazer? Antes de tudo, quero enxergar claro. Lucidez: eis a principal exigência" (pp. 64-5).

Destino, Lucidez, Medo, inquietação diante da "radicalização das questões", aqui como lá.

Destino: "acabo de ler 'L'espoir' de André Malraux. Belo, belo. Diz ele que a 'possibilidade infinita' do destino dos homens é mais 'inquietante' do que 'sua presença sobre a terra'" (p. 67).

Lucidez: "Por que escrevo? Alinhar palavras, construir frases (...), de que adianta tudo isto? As coisas continuam a deslizar pelo abismo do tempo afora (...). Não sei por que escrevo, mas não importa. Vou continuar escrevendo, vou me submeter às palavras e deixar que elas corram livremente. Alguma coisa vai ser retida, talvez, quando futuramente eu procurar fazer um 'balanço vital'" (pp. 67-8).

Medo: "Tenho me lembrado muito ultimamente daquele antigo, digamos, surto neurótico infantil. A mesma cena repetiu-se durante muitas noites seguidas (...). De repente, uma horrível visão me atacava e me botava em verdadeiro pânico. Era a seguinte: eu me via, de repente, morto, dentro da sepultura. O que mais me aterrorizava era o fato de eu não compreender como poderia a alma — que me haviam ensinado imortal — desprender-se do corpo, libertar-se dele. Acreditava que isto não fosse possível, imaginava então que continuaria consciente, (...) na eterna escuridão tenebrosa da sepultura (...). Até mesmo os terrores do inferno me apareciam como menos terríveis do que a perspectiva de uma prisão perpétua dentro da cova (...). Fazia esforços sobre-humanos para compreender o enigma, suava e estremecia, e o fracasso da investigação obscura me arrancava lágrimas de pânico" (pp. 65-6).

Retrato calado, a narrativa que não se fecha. Que não imobiliza a existência num "sempre passado", morto, mas se constitui em "obra de uma memória viva, vital, que quer e pode recuperar o tempo em seu próprio movimento" (Blanchot, 1997, p. 237). A construção insistentemente retomada, a forte impressão causada pela leitura de *Suores noturnos*, mas também registrada por Salinas, no que escreve como acréscimo posterior, quando da preparação dos originais, referindo-se à noturna cena relatada: "mas o episódio contém certamente muito material, traz certamente oculto nele muitas pistas para a explicação do ulterior evoluir. A ele devo retornar. E insistir. Tentar decifrá-lo" (p. 67).

Narrativa que não se fecha, mas que fechou a vida de Salinas. Como ele disse, ainda, no Diário, referindo-se à morte recente de Camus — "este meu amigo íntimo": "essa figura foi ludibriada, sua vida convertida em 'destino', como dizia Malraux, porra, como a morte é uma coisa besta" (p. 70).

(1998)

REFERÊNCIAS BIBLIOGRÁFICAS

BERNARDI, R. "Psychanalyse et étayage sociale". *Patio/11 — La terreur subjective*. Paris: Éditions de l'Éclat, 1988.

BLANCHOT, M. "Olhares de além-túmulo". In: *A parte do fogo*. Rio de Janeiro: Rocco, 1997.

CARDOSO, I. "A narrativa silenciada". In: CARDOSO, I.; SILVEIRA, P. (orgs.). *Utopia e mal-estar na cultura: perspectivas psicanalíticas*. São Paulo: Hucitec/Programa de Pós-Graduação em Sociologia da USP, 1997.

SALINAS FORTES, L. R. *Retrato calado*. São Paulo: Marco Zero, 1988.

SARLO, B. *Paisagens imaginárias: intelectuais, arte e meios de comunicação*. São Paulo: Edusp, 1997.

Este livro foi composto em Sabon, pela Bracher & Malta, com CTP da New Print e impressão da Graphium em papel Pólen Soft 80 g/m² da Cia. Suzano de Papel e Celulose para a Editora 34, em setembro de 2013.